P–F

The Rosenzweig Picture-Frustration Study

スタディ

アセスメント要領 ［第2版］

Kazuhiko HATA

秦　一士 ［著］

JN081695

北大路書房

第2版のまえがき

　初版の『P-F スタディ　アセスメント要領』を出版してからすでに 13 年が経過し，その間に多くの心理臨床家の方々に本書が利用され，出版社から 5 回目の増刷の話があった。ちょうどそのときは，筆者が共編著者として P-F スタディ成人用Ⅲ版および手引きの『P-F スタディ解説〈2020 年版〉』を三京房より改訂出版するところであった。そこで P-F の改訂出版を待ったうえで，その改訂内容に沿って書き改めたいと思ったのが本書を改訂することにした大きな理由である。

　P-F の改訂に伴って，いくつかの用語を修正した。主な変更は，従来のアグレッション型である「要求固執」を「欲求固執」にしたことと「障害優位」を「障碍優位」に変更したことである。フラストレーションに関する用語として「害」よりも「碍」がふさわしいと考えて，これまで用いてきた阻害や障害を「阻碍」と「障碍」に変えた。ただし「心身障害」の用語は現在でも公的に使われているので，その意味では「障害」の用語も用いている。さらに，実施手続きで今まで明確にされていなかった段階を「自由反応段階」と「質疑段階」に分けて，そこで得られた反応をそれぞれ「初発反応」と「二次的反応」に明確化した。

　本書の目的は P-F を使用するための適切な方法を理解してもらうことであり，手引きを補う実践に重点を置いたつもりである。第2版では初版の趣旨は変わらないが，P-F に関する知識をいっそう広げるために全体を 6 章から 11 章に増やし，内容を大きくⅠ理論編，Ⅱ実践編，Ⅲ資料編に大別して記述した。そこで，主な改訂の内容について概説しておきたい。

　1 章から 3 章までは理論編として，テストとしての概要とローゼンツァイクの理論を中心に解説している。ローゼンツァイクの理論にはパーソナリティ理解にかかわる考えを新たに加えた。フラストレーションの反応分類に関する理論的側面は，初版では複数の章にまたがって記述されていたのを見直して，3 章にまとめて解説した。

　4 章から 8 章までは実施から解釈までの実践編で，それぞれの章においてその後に得られた知見を加筆している。とくに 4 章の実施法では，テスト記入後の処理として質疑について細かく解説したことと，解釈にも役立つ反応記録の作成を勧めて

いる。5章のスコアリング法では，P-Fの多くの使用者がスコアリングに迷う反応をできるだけ具体的に取り上げて解説した。6章の整理法では，P-Fの改訂によって整理票の一部が変更されたので，その説明を加えている。7章の解釈法は，初版と同様に形式分析と内容分析を含めた解釈の仕方について解説しており，内容的に大きな変化はない。8章はP-Fを学習するための方法を新たに解説した。

　9章から11章は資料編である。9章は事例の紹介であり，初版で紹介した3つの事例はそのままで，新たに成人用Ⅲ版による事例Dを加えた。なお，各事例の反応記録票はスコアリングの練習ができるように，スコア欄を空白にしている。また，主な場面についてスコアリングの注意事項を解説した。10章は各場面の特徴であり，青年用と児童用もスコアリング上で多少の修正を加えている。成人用Ⅲ版は，従来の成人用と違って場面の登場人物の性別が等しくなるように作成されているので，全面的に書き換えた。最後の11章は，ローゼンツァイクの紹介である。ローゼンツァイクはP-Fの著者としてよく知られているが，彼がP-F以外でも臨床心理学の幅広い領域で顕著な業績を残していることはあまり知られていないように思われるので，新たに章を設けて紹介した。

　第2版の改訂にあたって，北大路書房の若森乾也氏には大変ていねいに原稿をチェックして適切な助言をいただいた。厚くお礼を申し上げたい。本書がP-Fを実際に使用している方々に，少しでもお役に立つことを願っている。

令和6年2月

秦　一士

Table of Contents　目　次

理論編

$$\text{II}$$

実践編

資料編

I
理論編

P-F スタディの概要

P-F スタディ（以下 P-F と略）を実践するにあたって，P-F の特徴や基礎的な理論についての知識をもつことが基本的に必要である。そこでまず本章では，P-F のテストとしての特徴や実践にかかわる理論について，原著者ローゼンツァイクの考えを中心に概説する。

1. P-F スタディの歴史的経緯

1 P-F スタディの誕生まで

P-F の原著者であるソール・ローゼンツァイク（Saul Rosenzweig）は，ハーヴァード大学のマレー（Murrey, H.）の研究室に所属して，精神分析の理論（抑圧）に関する実験的研究（不快な経験と記憶の関係）を進めた。研究の方法としてフラストレーション事態を設定して，その状況下での対象の反応をみることが有効であるとして，フラストレーション反応を査定するための 4 種のテスト（理想と現実という 2 種の質問紙，行動評定，投映法）を作成した。その中の投映法として作成したのが P-F の原形である。

P-F はフラストレーションに関する追究，および投映法の技法的側面を検討する研究の手段として考案されたもので，臨床的査定を第一の目的として作成されたものではない。したがって，P-F の背景には原著者によるさまざまな理論が関係している。P-F に対して "Test" ではなくて "Study" という名称をつけているのは，P-F は心理測定的な意味での「テスト」ではなく，研究手段としての「技法」であることを強調しているからである。

2 P-F スタディの刊行

P-F は，正式名称 "Rosenzweig Picture-Frustration Study"（ローゼンツァイク絵画 - 欲求不満研究）の略であるが，この名称も「欲求不満反応を査定するための絵画 - 連想研究（the Picture-Association Study for Assessing Reactions to Frustration）」を省略したものである。

原図版はローゼンツァイクが「絵画連想法とフラストレーション反応研究への

2　I　理論編　1章　P-Fスタディの概要

適用」という題目で，"*Journal of Personality*" 誌上に P–F の成人用を発表したことから始まる（Rosenzweig, 1945）。次いで児童用（Clarke et al., 1947）が刊行され，最後に青年用（Rosenzweig, 1976）が順次出版された。現在の原図版の手引きは，3 種の年齢版に共通する基本マニュアルと，各年齢版のスコアリング・マニュアルの 4 冊がセットになっている。それぞれの出版年は，基本手引き（Rosenzweig, 1978a），成人用（Rosenzweig, 1978b），児童用（Rosenzweig, 1981a），青年用（Rosenzweig, 1981b）である。

　日本版が正式に出版されたのは，日本版 P–F 作成の代表者である林勝造が原著者のローゼンツァイクの承認を得て，児童用 P–F を出版したことに始まる（住田・林, 1956）。次いで成人用（住田・林, 1957）および青年用（林, 1987）が発刊された。その後児童用Ⅲ版（林・一谷, 2007），成人用Ⅲ版（秦・安井, 2020）などの改訂が行なわれて現在にいたっている。

　なお，日本版における P–F の歴史的経緯については，『P–F スタディ解説〈2020 年版〉』（秦・安井, 2020）に各年齢版の改訂に応じた序文の中で紹介されている。

2. テストの内容

① 刺激図版

a. 人物構成

　どの場面も 2 人以上の人物が登場する。左の人物はフラストレーションに関連する刺激文として発言している阻碍者（frustrater）であり，右の人物はフラストレーションを起こされた被阻碍者ないし被碍者（frustratee）で，答えを記入するための空欄が付けられている。受検者は，この被碍者と同一視して答えを空欄に記入していくだろう，というのが基本的な仮説である。ただし，一応場面の話し手がすべて阻碍者と称されているが，必ずしも話し手が真の阻碍者でない場面がある。たとえば，児童用場面 16 では話し手が大人の女性で，真の阻碍者は小さい女の子である。また，成人・青年用場面 3 では発言者以外の帽子をかぶっている女性や，場面 12, 23 では実際には場面に登場していない第三者が真の阻碍者である場面も含まれている。

　登場人物の関係をどのように認知するかは，個人によって異なることがあるし，その認知の仕方が反応内容に影響する。とくに個別的な理解を目的とする場合は，人物関係の認知を考慮しながら反応内容を検討していくことが望ましいし，人物関係に関するテスト後の質疑から得られる情報は貴重な資料になる。

児童用Ⅲ版は，いくつかの場面で旧日本版から変更されている。場面全体の特徴として，子どもの人物描写が旧版に比べてやや年齢が高い印象を与えるように変更されている。刺激文は，旧版ではすべて平仮名の分かち書きであったのを，必要最低限の漢字を使用して，振り仮名がつけられている。これらの変更は，これまでの

表 1–1　成人用（旧版）場面の人物構成

阻碍者 (frustrater)	被阻碍者 (frustratee)	
性	男	女
男	1, 4, <u>7</u>, <u>8</u>, 9, <u>10</u>, 11,12 13, <u>16</u>, 18, <u>19</u>, 22, 24	2, 6, 14, 15, 20, <u>21</u>
女	3, <u>5</u>, <u>17</u>, 23	

注：下線は超自我阻碍場面

表 1–2　成人用（Ⅲ版）場面の人物構成

阻碍者 (frustrater)	被阻碍者 (frustratee)	
性	男	女
男	1, 4, 8, 9, <u>10</u>, <u>19</u>	11, 12, 13, <u>16</u>, 18, 22
女	3, <u>5</u>, <u>7</u>, <u>17</u>, 23, 24	<u>2</u>, 6, 14, 15, 20, <u>21</u>

注：下線は超自我阻碍場面

表 1–3　青年用場面の人物構成

阻碍者 (frustrater)		被阻碍者 (frustratee)	
年　代	性	男	女
青　　年	男	4, 8, <u>10</u>	6, 12, 22
	女	<u>5</u>, <u>7</u>, 18	<u>2</u>, 15, 20
成　　人	男	1, 9, <u>19</u>	11, 13, <u>16</u>
	女	<u>17</u>, 23, 24	3, 14, <u>21</u>

注：下線は超自我阻碍場面

表 1–4　児童用（Ⅲ版）場面の人物構成

阻碍者 (frustrater)		被阻碍者 (frustratee)	
年　代	性	男	女
児　　童	男	<u>6</u>, 9, <u>12</u>, 20	3
	女	2, 18	<u>8</u>, 16, 21, 5
成　　人	男	11, <u>13</u>, <u>14</u>, 17	1, <u>7</u>, 10
	女	4, 15, 17, <u>19</u>, <u>22</u>, 23, 24	

注：下線は超自我阻碍場面

人物描写がどちらかといえば幼い印象があったのを，中学生でもあまり違和感をもつことがないように配慮された結果である。

　人物構成の性別に関して，成人用Ⅲ版と青年用は阻碍者と被阻碍者の性別が等しくなるように統制されている。しかし，児童用では男子が女子よりも多く登場しているし，成人用の原図版や日本版の旧版は男性が多い。成人用・青年用・児童用の各場面の人物構成を，阻碍者と被碍者についてそれぞれ年代と性別に分けて示したのが表 1-1 ～ 1-4 である。

b. フラストレーションのタイプ

　精神分析的考え方に基づいて，ローゼンツァイクは P-F の場面を自我阻碍場面（ego-blocking situation）と超自我阻碍場面（superego-blocking situation）に大別している。超自我阻碍場面は，フラストレーションの原因が被碍者にあるために超自我の心理的作用が想定される場面であり，自我阻碍場面はその原因が他者にあるか自他いずれとも不明な場面である。

　しかし，場面の内容を詳細に検討してみると，全 24 場面を自我阻碍場面と超自我阻碍場面にはっきり 2 分できるわけではない。すなわち，あらかじめ設定された自我阻碍場面と超自我阻碍場面は，受検者によって必ずしもその通りに認知されない場合がしばしばみられる。たとえば，児童用の場面 10「悪いことをしたばつに，外に閉め出して悪かったわね」，11「静かにしないか，お母さんが眠れないじゃないか」などは自我阻碍場面として設定されているが，自分が悪かったと謝る反応（/I/）が多く出現するので，/I/ が各場面における最頻反応の GCR スコア（group conformity rating；集団的一致度）として設定されている（各反応の分類については 3 章を参照）。このことは，それらの自我阻碍場面では明らかにフラストレーションの原因が右の人物（被碍者）にある超自我阻碍場面として認知するものが多いことを示している。

　場面が自我阻碍であるか超自我阻碍であるかは，ローゼンツァイク自身も指摘しているように，あらかじめ設定された阻碍場面の分類によるのではなくて，受検者自身の認知を重視すべきである。一方，フラストレーションの原因が自分にある超自我阻碍を自我阻碍と認知することは少ない。

② 反応の形式

　P-F の刺激として絵画と会話による言語刺激があり，反応として会話を求めることも他の投映法と違った特徴といえる。言語連想法のような単語でもなく，TAT（thematic apperception test；絵画統覚検査）のように物語を作成するというよう

な複雑な反応でもなくて会話の反応を求めている。それはある面では反応を限定しているともいえるが，一方では反応の分類（スコアリング）が容易になって，解釈上で集団基準を利用できるので信頼性や妥当性を検証するのに役立っていることが特長としてあげられる。

③ 準投映法

P-F の場面はすべてが日常生活で経験するようなフラストレーション状況で，人物が登場する絵画刺激と言語刺激が書かれている 24 の場面から構成されている。各場面は，フラストレーションを起こさせた左の人物（阻碍者）とフラストレーションを起こしている右側の人物（被碍者）が登場する。

受検者は各場面の阻碍者による発話に対して，被碍者がどのように答えるかを空欄に記入していくのが標準的な実施法である。受検者によって自由に書かれた言語反応は，アグレッションの方向と型からなる 11 種類の要素（因子）に分類（記号化）された形式分析と，生の反応による内容分析を総合して分析解釈される。

人物描写の特徴として，人物の顔に目・鼻・口などが描かれていないことがあげられる。これは人物の表情によって，あらかじめ特定の反応を誘発することを避けるために工夫されたことであって，投映的特徴を促進させることを意図したものである。この点に関して，子どもの中には「のっぺらぼう」などと発言するものもみられるが，テストを実施するうえでほとんど支障はない。

投映法としての性質を維持するために教示にも工夫がなされている。それは「最初に思いついた言葉を記入してください」という教示である。受検者がこの教示通りに答えるかどうかは別にして，これは P-F の投映法という性質を維持するために考えられた教示である。

他の投映法との関係として，絵画刺激は TAT を参考にし，言語刺激に対する言語反応を求めるところは言語連想検査を参考として作成されていることがある。また，反応を分類し，記号化するところはロールシャッハに類似している。いわば当時の代表的な 3 つの投映法の特徴を集約したテストともいえるだろう。しかし，一方では投映法として刺激場面がフラストレーションに限られているので，TAT ほどの自由度はない。このようなことから，ローゼンツァイクは P-F を制限つきの準投映法（a limited semiprojective technique）と呼んでいる。

3. 3種の年齢版

① 各年齢版の特徴

　成人・青年・児童それぞれの年齢版について共通部分と相違部分がある。人物構成の違いについてはすでに述べたが，それ以外の点についてみてみよう。

　成人用・青年用と児童用で内容的に共通する場面は，ローゼンツァイクによると24場面中16場面となっている。しかし，実際に成人用と児童用の場面内容を検討してみると，フラストレーション内容においては共通点があるものの，状況においてかなりの相違がみられる。たとえば，児童用場面1「お菓子は兄さんにあげたから，もう1つもありませんよ」と，成人・青年用場面18「すみません。ひとつだけ残っていたのもたった今売り切れてしまいました」を取り上げてみよう。両場面とも確かに，「ほしいものがすでになくなって，手に入れることができない」というフラストレーション内容においては共通点がある。しかし，児童用では，状況が家庭で人物が母子関係とみられるのに対して，成人・青年用では，店頭で店員と客という他人同士の人物関係である。このように，状況や人物関係がかなり違っていることが指摘できる。

　場面状況の違いについて，児童用は社会的状況，家庭の親子・きょうだい関係，学校場面などが領域として設定されているものの，成人用と青年用では学校場面と家庭の親子関係とみられる場面がなく，もっぱら社会的状況でのフラストレーションを表わしている。児童用Ⅲ版の標準化の際に中学生を対象として，同一人物に青年用と児童用を実施したところ，他罰（/E/）や他責（E-A）を除いて，GCRを含めた他の指標はかなり低い相関しか得られなかった。この結果から，児童用と青年用は同じP-Fでも，かなり違った場面内容をもったテストとしてみるべきであり，児童用と青年用を単純に平行テストとして扱うには問題があるだろう。

② 適用範囲

　3つの年齢版（日本版）の標準化は，児童用Ⅲ版が小学生と中学生，青年用は中学生・高校生・大学生，成人用Ⅲ版は大学生と一般社会人が対象になっている。したがって，各年齢版の適用範囲は，標準化集団に合わせた年齢群になる。

　従来の児童用旧版では4歳以上から適用できるとして幼稚園児の標準も示されていたが，児童用Ⅲ版では幼稚園児は標準化の対象になっていない。しかし，幼稚園児には実施方法として3章で説明する「口答法」で行なえばP-Fの実施は可能であり，小学1年生のデータを参考にすることもできる。

健常児では 4 歳以上に適用が可能だとしても，知的障害児の場合にはどの程度可能であろうか。この問題についてこれまで調べた研究がいくつかある。これらの研究結果を見ると，やはり精神年齢 4 歳というのが一つの境界であり，精神年齢が 6 歳以上であればほとんど可能であるが，知的障害児でも興奮性で落ち着きがないとか，言語障害を伴う場合には実施が困難であることが報告されている。児童用Ⅲ版の標準化では，スコア不能の U（unscorable）スコアが 3 つまでとして処理しているが，実際に 4 つ以上の U がみられたケースがあったとしても，スコアできた範囲で解釈することは十分可能である。

4. P-F スタディの研究

① 信頼性

　一般的なテストの信頼性は項目間の同質性ないし整合性と，テストの繰り返しによる再検査信頼性ないし安定性の 2 つに分けることができる。

　これまでに折半法などによる P-F の場面間の整合性についての研究が行なわれているが，いずれも低い値であることが指摘されている。それに対してローゼンツァイクは，P-F のような投映法は，項目間の同質性よりもむしろ異質性を意図して作成されているので，質問紙法のような心理測定的な方法に求められる整合性を投映法の一種である P-F に適用することは誤りであると主張しているが，この見解は妥当なものと考えられる。

　再検査信頼性については，日本の標準化に伴って成人用Ⅲ版，青年用，児童用Ⅲ版のいずれについても実施されている。実施間隔などの条件によって信頼性の値は影響を受けるが，いずれの場合も GCR，カテゴリー，因子などの各指標の相関値は $r=0.4$ から $r=0.7$ の比較的高い値を示している。なお，各場面で同じ反応がどの程度再現されるかについて調べたところ，全場面の平均再現率は児童用が 48%，成人用が 49% であり，ほぼ半数の反応（因子）が変動していないことを示している。

　P-F の場合は，異なった評定者間におけるスコアリングの一致の信頼性についても検討されている。ローゼンツァイクらによると，スコアリング一致に関する一連の結果，最終的には 100 名のデータについて 2 名の一致率は 85% であり，不一致の中で 5% は一致の可能性があるので，残りの 10% は一致が期待できないスコアであると報告している（Clarke et al., 1947）。

　日本でのスコアリング一致の信頼性は，標準化に伴って実施されている。組み合わせ方や対象数に違いはあるが，2 組のペアによる平均一致率は児童用Ⅲ版が 83%，

青年用は 83％，成人用（Ⅲ版）は 80％であった。これらの結果から，スコアリングの一致については，およそ 80％を目途にすることが妥当ではないかと思われる。

2 妥当性

ここでは，ローゼンツァイクが P-F の信頼性と妥当性について論評した著書（Rosenzweig, 1978c）で結論としている結果の中に，修正が必要と思われる点についてふれておきたい。

a. 因子分析

ローゼンツァイクは因子分析について「因子分析は P-F スタディのような仮説演えき的技法の妥当性の検証にはあまりふさわしくない手法である」と述べている。これは日本における林と一谷（1976）の一連の研究についての批判である。しかし，彼らの研究結果は多くの対象について，E-I と E-M に相当する因子を抽出しており，そこから考えられるパーソナリティの特徴をさまざまな方法で実証している。したがって，むしろ P-F の反応分類の構成的妥当性を支持しているというように，肯定的にみてもよいのではないだろうか。

b. 発達傾向

ローゼンツァイクは，アメリカ，インド，日本の児童用の標準化データから，共通して年齢とともに他罰反応が減少することを示して，普遍的な文化の影響がみられると結論している。しかし，日本版児童用Ⅲ版の標準化データでは因子の出現状況について年齢的な一様の変化がみられなかった。この結果は『P-F スタディ解説〈2020 年版〉』（秦・安井, 2020）の資料に掲載されている。とくに，低い年齢層では初版のデータに比較して他罰反応が低くなっている。最近はほとんどの幼児が集団生活をするようになったという，生活用式や文化の影響がかかわっているのではないかと思われるが，それを確証する根拠はない。

c. 性差

「文化的な影響としての性差は，児童や成人にはみられないが，青年において認められる」というのがローゼンツァイクの結論である。しかし，これまでに実施した児童用Ⅲ版，青年用，成人用Ⅲ版はいずれも明らかに男性は女性に比較して他罰反応が高いという結果を示しており，性差は青年に限られたことではないといえる。

3 臨床的研究について

なんらかの心理的なはたらきかけが行なわれたときに，P-F での反応に反映されることが明らかになっている。たとえばアサーション訓練では E-A 反応が増加

し，逆に内観療法では I-A や M-A が増加することが認められている。しかし，この変化は時間の経過に伴って減少する（元に戻る）ことも認められているので，実施時期が重要な意味をもっている。

　臨床群に関しては，たとえば不登校（登校拒否）の場合に反応方向のタイプ（E, I, M）と予後との関係を見た一谷ら（1974）の研究がある。それによると，EタイプやIタイプに比べてMタイプの予後がよくないという結果を示している。この結果は，ある臨床群をひとまとめにすることの問題と，P-F の反応によって予後が異なるという事実を示しており，単純にある臨床群をまとめて P-F の結果を示すことに疑問を感じる。

　社会的望ましさに関して，これまでに複数の研究が実施されており，教示によって操作をしたときに好ましい反応は，E，E-A が減少し，I-A，M-A，N-P が増加する結果が示されている。

　さまざまなフラストレーションの経験は，P-F の結果に影響を及ぼすことが明らかにされている。とくに影響を受けやすいのはタイプよりも方向であり，影響を受けにくいのは方向よりもタイプといえるだろう。

　P-F のスコアでみるかぎり，発達傾向が明確でないことはすでに述べたが，反応の見方によっては発達的変化がみられることがある。たとえば，2 つの因子による結合スコアの状況を調べたところ（安井・秦，2013），男子に比較して女子が有意に高いことや，小学 1・2 年生は他の学年と比較して結合の反応が少ないという結果を示している（7 章　表 7-1 参照）。

5. 使用状況

① 諸外国の標準化

　P-F はアメリカだけでなくさまざまな国で標準化が行なわれている。具体的にはフランス（成人用：1956，児童用：1956，青年用：1970），ドイツ（成人用：1957，児童用：1950），イタリア（成人用：1955, 1958, 1976，児童用：1955），ポルトガル（成人用：1970），スペイン（成人用：1968，児童用：1961），スウェーデン（成人用：1968，児童用：1968）やアジアではインド（成人用：1968，児童用：1959）などの諸国である。韓国では，金泰蓮（梨花女子大学）によって試案が作成されているが，公に標準化されるにはいたっていない。

② 日本における使用の実態

　さまざまな心理相談機関における心理テストの使用状況に関するこれまでの調査結果をみると，アメリカで使用されている主要な投映法の中に P-F が含まれていない。したがって，P-F が生まれたアメリカでは臨床場面であまり使用されていないと思われる。

　日本における同様の調査では，たとえば小川（2011）の臨床心理学会員を対象にした結果によると，投映法 13 種のうち 6 位（32.3％）である。ただし，若手（10 年以下）は 25.6％，中堅（11 ～ 20 年）は 30.4％，ベテラン（21 年以上）39.4％となっていることから，若手の臨床家に対するはたらきかけが必要と思われる。

　以上のように，各種の相談機関での P-F の使用率は比較的高いことが示されている。また，諸外国で再標準化されたという情報は得ていないので，おそらく P-F の再標準化を含めて，日本が最も適切に使用しているといえるだろう。

6. P-F スタディの長所と短所

　P-F に関する長所と短所は，次のようなことがあげられるだろう。

① 長所

①**刺激図版が漫画風で，抵抗感が少ない**：P-F は刺激として漫画風の図版となっているので，子どもでもとっつきやすくて抵抗感が少ない。

②**実施時間が短い**：実施に要する時間は年齢にかかわらず 15 分前後であり，教示から質疑を含めても 30-40 分程度で終えることができる。

③**対象の幅が広い**：投映法であるが，個別法だけでなく集団でも実施できる。対象年齢の幅が広く年齢に応じた 3 つの年齢版が用意されている。また，読み書きが十分できない対象には口答法を用いることができる。

④**スコアによる量的な分析ができる**：反応をスコアとして分類するので量的な評価を可能にしている。各指標の標準は，年齢や性別に応じて設定されている。

⑤**日常行動と対照しやすい**：P-F は日常行動，とくに言語行動を反映すると仮定されているので，行動観察などから P-F に対する行動水準を推定しやすいし，結果の説明も受検者や関係者に理解しやすい。

② 短所

①**意識的なコントロールの影響を受けやすい**：テストに反応を記入するときに，と

くに社会的に好ましくない反応が抑止されやすい。

②**実施がルーズになりやすい**：標準的な実施法は刺激語を自分で読んで書いていく方法なので，実施がルーズになりやすい。テスト中における質疑や行動観察は解釈にも影響するので，標準的な実施法に従うことが大切である。

③**スコアリングや解釈に経験を要する**：多様な反応を9種のスコアに分類することは必ずしも容易ではない。ある程度の学習と経験を必要とするのは，ロールシャッハ・テストと同様であろう。

④**解釈のむずかしい指標がある**：P-Fの指標の中で，とくに反応転移についての解釈はむずかしいといわれている。これはテスト中における心理的構えの変化という複雑な要因が，反応転移値だけでは判断できないところにある。

ローゼンツァイクの理論

P-F は，ローゼンツァイクのフラストレーション理論，パーソナリティ理解に関する個性力動論，テスト技法論などに深いかかわりがある。そこで，本章では，これらの理論について，主として P-F の実践にかかわるローゼンツァイクの考え方を概観しておこう。

1. フラストレーション理論

① フラストレーションとは

フラストレーションについて，ローゼンツァイク（Rosenzweig, 1938b）は次のように定義している。「有機体がなんらかの主要な欲求の充足を求める過程で，多少とも克服しがたい妨碍や障碍に出合ったときに生じるのが欲求不満（frustration）で，このような妨碍のある状況をストレス（stress）といい，これに対応する生体の不快が緊張（tension）である」。さらに，フラストレーションの原因ないし状況を，能動的欲求がありながら充足されない一次的フラストレーションと，欲求充足の途中で妨害される二次的フラストレーションに分類している。

以上のフラストレーションの発生に関するローゼンツァイクの考え方は，次のようにまとめることができる。欲求の存在は，すでに何かが欠けている状態を示しているので，行動に移す以前に一次的フラストレーションが存在する。次に，欲求を充足するための目標指向行動をとる過程で，なんらかの妨害によって妨げられた状態が二次的フラストレーションである。一般的にフラストレーションと呼ばれているのは，ローゼンツァイクによると，二次的フラストレーションにあたる。

さらに，ローゼンツァイクはフラストレーション状況について，最初から目標に到達することが不可能な欠如（privation），以前にもっていたものが失われる剥奪（deprivation），欲求と抑止の葛藤（conflict）の 3 つに分類し，それぞれについて外的に存在する人や事物の要因と，心理内的な要因に分けている。これらの分類をまとめたのが表 2-1 である。

この分類を人間のさまざまな問題と関連させると，「貧困」は外的欠如ないし剥奪，「非行」は外的葛藤，「心身障害」は内的欠如ないし剥奪，「情緒障害」は内的葛藤

表2-1　フラストレーション状況の分類（Rosenzweig, 1938aより作成）

	外　　的	内　　的
欠如 (privation)	欲求の対象が外部に存在しない	能力がないために欲求の充足ができない
剥奪 (deprivation)	親しい人との別れ，所有物の喪失	以前にもっていた能力が失われる
葛藤 (conflict)	欲求の対象は存在するが，手に入らない	欲求と心理的抑制との葛藤

などの例をあげることができる。

2　フラストレーションと防衛

　ローゼンツァイク（Rosenzweig, 1944）は，フラストレーションの概要について述べた論文で，統一した有機体がさまざまな障碍から防衛する水準を次の4つに分けている。

　　第Ⅰ水準：細胞的，免疫学的水準
　　第Ⅱ水準：自律的，危機的水準
　　第Ⅲ水準：中枢的，自我防衛的水準
　　第Ⅳ水準：社会的，集団的水準

　たとえば，「苦痛（過去）」は第Ⅰないし第Ⅱの水準，「恐怖（現在）」は第Ⅱないし第Ⅲの水準，「不安（将来）」は第Ⅲの水準に該当する。この中で，心理学が研究の対象としているのは，主として第Ⅲの中枢的，自我防衛的水準である。

3　フラストレーション耐性

　フラストレーションにかかわる問題として，ローゼンツァイク（1944）は適応の観点から欲求不満耐性（frustration tolerance）の概念を取り上げている。欲求不満耐性を「心理生物学的な適応に失敗することなく，すなわち不適切な反応様式によらずに，フラストレーションに耐える個人の能力」と定義している。つまり，緊張に耐える能力とフラストレーション解消に成熟した方法をとる能力，というように2つの要因にまとめることができるだろう。

　また，ローゼンツァイク（1944）は欲求不満耐性の水準という観点から，精神障害者・神経症者・健常者の相違を連続的に考えることや，適応度という観点から，知能指数のように，欲求不満耐性を量的に測定できる可能性があると述べている。その具体的査定方法として，P-Fの解釈指標として設けたGCR（集団的一致度）やカテゴリーの標準からのずれの程度や，反応転移の有無などをあげている。

2. 個性力動論

① 個性界の諸次元

　ローゼンツァイク（Rosenzweig, 1951, 1958, 1986）は，非常に複雑で矛盾したものを抱えていながら，個としての統一した人間に対する科学的なアプローチとして「個性力動論（idiodynamics）」を提唱している。この理論は，個人の心理的理解を中核において，精神分析論を基本としながら他のさまざまなパーソナリティ理論（特性論・現象学的自己論・ゲシュタルト論など）を統合して，新たな理論構成を目指したものである。

　個性力動論にはどのような要因がかかわっているかについてまとめたのが図 2-1 である。

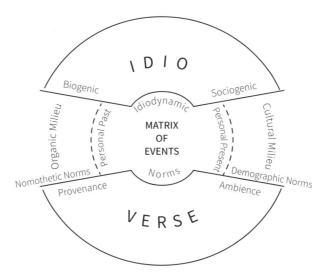

IDIOVERSE（個性界）　　MATRIX OF EVENTS（事象のマトリックス）
Biogenic（生物発生的）：生物的要因　　Sociogenic（社会発生的）：社会的要因
Provenance（起源）：生得的要因　　Ambience（環境）：環境的要因
　遺伝と環境の関係は，加算的関係でなく，両者の相互作用による相乗的関係にある
Organic Milieu（器質的環境）：生得的で器質的な素質，生物的要因として
Cultural Milieu（文化的環境）：生後の文化的環境による影響，社会的要因として
Personal Past（個人的過去）：過去の個人的経験
Personal Present（個人的現在）：現在の個人的経験
Idiodynamic Norms（個性力動的基準）：個人の諸事象を母集団とした基準
Nomothetic Norms（法則定立的基準）：人間に共通の普遍的基準
Demographic Norms（人口統計的基準）：特定集団内の集団的基準

図 2-1　個性界の諸次元（Rosenzweig, 1986）

② 個性力動論の特徴

　個性力動論は，次のような特徴をもっている。

①個性界優位：彼の理論によると，個々の人間はそれぞれ独自の経験的事象
　（events）を示しており，それらの個人的な世界を個性界（idioverse）と呼ぶ。こ
　れらのさまざまな個人的事象を母集団として，事象間に作用している独自の法則
　を理解することが人格理解にとって重要である。

②反応優位：個性力動論の立場では，刺激と反応の関係について，「反応優位
　（response dominance）」という考え方に立っている。つまり，刺激を客観的，
　絶対的な存在としてみたり，その「刺激−反応」の対応関係を明らかにすること
　を目的とするのではなく，刺激はある反応を誘発させる役割であって，そこに示
　された「反応−反応」の関係，つまり認知と反応の関係を重視するというもので
　ある。

③形態優位：個々の個人にかかわる事象が特定の意味を有しているというよりも，
　全体の中でそれぞれの事象がどのように布置しているかという，全体−部分の関
　係を重視する形態優位（configuration dominance）の立場である。全体と部分の
　関係は，ゲシュタルト心理学や，行動理解に人格の全体性を重視するアドラー
　（Adler, A.）のパーソナリティ理論とも共通している。

3. 個人理解の基準

① 3つの基準

　人間理解のよりどころとなる基準として，ローゼンツァイク（Rosenzweig,
1951）は，次のような3つの基準を示している。

　　①人間一般に共通する機能的原理である普遍的（universal）または法則定立的
　　　（nomothetic）基準

　　②個人が所属している文化や階層の集団内に共通の集団的（group）または人口
　　　統計的（demographic）基準

　　③個々人にかかわる経験的事象を母集団として，その人として何が通常であ
　　　り，何が異常であるかの基準となる個人的（individual）または個性力動的
　　　（idiodynamic）基準

　以上のような3つの基準について，心理学的理論と関連させて明確化したのが表
2-2である。

表 2-2　心理学的理論における個人と基準（Rosenzweig, 1951）

理論的行列	一般的 − 実験的	統計的 − 心理測定的	精神分析的 − 投映的（個性力動的）
目　的	一般化された人間の精神に適用できる刺激 − 反応関係の原理を確立すること	個人差の分布による集団によって，集団内での個人を位置づけること	所与のケースを理解したり，人格機能の原理を見いだすために，個人内的（反応 − 反応または欲求 − 反応）関係を明らかにすること
個人の役割	断片的な刺激 − 反応行動における反応の1標本である	集団の1つの構成要素または成員で，集団が基本的単位である	母集団として個人の事象界（個性界）が分析の対象になる
基準の種別	普遍的：一般に暗黙的であるが，すべての人間に例外なく一定の条件下で作用すると仮定される行動の関数的基準である	集団的：一般に顕現的で，集団平均への個人の同調度を測定したり，集団の分布内に位置づける統計的基準である	個人的：何が個人の特徴や独自性であるかという文脈で，個人の行動を理解するために，暗黙的または顕現的に参照する準拠枠である
健常さの基準	法則的な一連の行動を起こす条件の頻度で，それが少なければ病理的である	ある社会的集団または文化内で求められる行動の頻度で，それが少なければ異常である	個人内的体制における効率と有効性で，非効率のときは不健康である

　たとえば，精神分析の防衛機制はすべての人間に共通する普遍的基準であり，精神測定的な方法によって得られる知能指数や性別・年齢別の集団内における平均や標準偏差は集団的基準であり，個人の通常の状態を基準として，その個人内でのかたよりを問題にするのが個人的基準である。重要なことは，特定の個人を理解するには個人的基準だけでなくて，これらすべての基準が必要となることである。

② P-F スタディと基準

　これらの理論を P-F に関連させると，P-F の客観的な刺激としての各場面をどのように主観的に認知するかは，個人によって異なり，そのことがすでに一種の反応といえる。この主観的認知は，TAT（絵画統覚検査）でいう統覚（apperception）にあたり，その個人的な認知に基づいて個性的な反応が表出される。出された反応は，理論的に構成された一定の基準（普遍的基準）に従って分類され，記号化される。そして，それぞれのスコアが集計され，性別・年齢別に標準化されているのが集団的基準である。P-F の解釈は，通常それぞれのスコアリング因子やカテゴリーが標準と比較して多いか少ないかが問題にされることが多い。その中で，前半の反応と後半の反応を比較する反応転移は，個人ごとに前半の反応に対する後半の反応への影響をみる（算出する）指標なので，個人的基準にあたる。

集団的基準と個人的基準が関係している指標として，原図版ではすでに用いられていて，児童用Ⅲ版で新たに採用された主要反応（total pattern）がある。主要反応は，各個人の中で最も多い反応から順に３つあげる，いわばフラストレーション事態におけるその個人の代表的反応を表わすものである。これは個人内の相対的に多い反応をあげるので，個人的基準に基づいているが，それらの因子を集団的基準と比較することによって，主要反応がその集団の一般的傾向と同じなのか特異なものかを判断することができる。

　個性力動論の立場からすると，P-F の解釈ないし個人的査定は，個々のスコアの大小を比較する集団基準によるだけでは不十分である。反応転移，反応の相互関係，全24場面における反応の流れ，などの個人的基準に注目しながら，記号化される以前の個々の生の反応なども考慮した総合的アプローチが，受検者の独自性を明らかにする個性力動的な解釈のために必要とされるだろう。

4. 反応水準

　ローゼンツァイク（Rosenzweig, 1950a）は，パーソナリティを評価する心理テストに反映する行動ないし反応水準についての見解を発表している。この反応水準は，P-F と密接に関連しているので，ここで簡単に紹介しておこう。

① ３つの反応水準

　表2-3を参照すると，心理テストに反映する水準として３つの水準が想定されている。

　第１は意見（opinion）水準で，受検者は自己報告式の質問紙でなされるような自己批判的な意識した回答をする。

　第２は顕現（overt）水準で，日常の生活場面で実際に行なっている行動に対応する反応である（もし顕現水準ではないという情報がなければ，P-F の反応に表現されるのは，一般的に顕現水準と考えられる）。

　第３は暗黙（implicit）水準，すなわちパーソナリティの潜在的あるいは空想水準を反映する。

表2-3　パーソナリティ評価の一般的方法における反応水準（Rosenzweig, 1950b）

水準	心理診断の方法	テスト場面で引き起こされる行動	予測の様式
I 意見水準	主観的：受検者は自己を直接観察の対象としてみる[例：インベントリーや質問紙意見や態度調査，自伝]	意見：受検者は何が正しいか適切か，知的か社会的に承認されるかという自己の考えにそって自己批判的，検閲的な反応をする	他の自意識的に批判的な場面における「予測」
II 顕現水準	客観的：検査者は受検者を観察の対象としてみる[例：時間見本観察法，縮図的な生活場面，生理的測定，評定尺度]	顕現的：受検者は日常生活の実際場面に対応するような，観察可能な行動をする。そして受検者のおおまかな行動サンプルを提供する	外的に規定された類似の場面における「予測」
III 暗黙水準	投映的：受検者と検査者はともに自我－中性的な対象を別の角度からみる[例：ロールシャッハ，TAT，言語連想，遊戯法，その他表出的動作（筆跡,歩き方,音声）]	暗黙的：受検者は無意識や潜在的感情や思考によって，非個人的に反応する	顕現的な内容からその根底にある要因の「解釈」

2 P-F スタディと反応水準

　これらの3つの水準を投映法と関連させてみると表2-4のようになるだろう。

表2-4　投映法および P-F スタディと反応水準

反応水準	投映法	P-F スタディ
意見	SCT	社会的望ましさ
◎顕現	P-F スタディ	日常生活行動
暗黙	TAT・ロールシャッハ・描画法など	欲求表現

　つまり，SCT (sentence completion test；文章完成法) は，受検者自身に関することを自ら考えて記述するので意見水準に近い，ロールシャッハ，TAT，描画法などは，受検者にとって何を知ろうとしているかが未知なので暗黙水準，P-F は日常生活で経験するような場面で構成されているので顕現水準がそれぞれ該当するだろう。

　P-F の反応はテストの性質上，受検者の日常におけるさまざまなフラストレーション反応ないし広い意味での攻撃行動の中で，とくに言語的な行動と密接に関連すると仮定されている。しかし，受検者は常にこの顕現水準で反応しているわけではない。受検者のパーソナリティや検査を受ける状況によって，意見水準や暗黙水

準に変動することがある。したがって，受検者がどの水準で反応したかを知ることが解釈上重要である。

さらに，テストの刺激図版と受検者との関係について，ローゼンツァイクは投映距離（projective distance）という概念を用いている。投映距離は「刺激に表現されている状況と，投映的絵画刺激に反応するパーソナリティとの間における，さまざまな点での類似ないし相違の総量」と定義づけられており，受検者の年齢・性・皮膚の色・職業・趣味，などにおいて刺激場面と類似しているほど，投映距離は近くなる（Bell & Rosenzweig, 1965, p.161）。これらを前述の反応水準に関連づけると，投映距離が最も大きい場合が暗黙水準，最も近い投映距離が意見水準，中間的な投映距離が顕現水準にそれぞれ対応するだろう。

フラストレーションの反応分類

　P-Fでは書かれた反応を一定の基準に従って分類し，記号化する手続きが行なわれる。実践的な面については5章の「スコアリング法」で解説するが，現在の反応分類は，さまざまな考え方があって今日にいたっている。そこで，ここではスコアリングの根底にある基本的な反応分類についての考え方，用いられている専門用語，反応分類間の関係などについて解説する。

1. フラストレーション反応分類の経緯

① 方向の分類
　P-Fで最も重要な部分を占めている反応分類の発展過程は，アグレッション方向の分類から始まり（Rosenzweig, 1934），次いで型の分類，さらに方向と型の組み合わせによる分類という順に進んできた経緯がある。

　アグレッション方向の3分類（E, I, M）に関して，その後精神分析学者のホーナイ（Horney, 1937）は，基本的な対人態度として，①人に向かう（approach people）：M，②人に逆らう（against people）：E，③人を避ける（away from people）：Iという3つの分類を示しており，この3分類については妥当なものといえるだろう。

② 分類の内容
　最初にローゼンツァイクによって3つのフラストレーションの反応分類が提示されたときは現在のようなアグレッション方向と型の組み合わせではなくて，方向のみの3分類であった。これらの方向間の関係について「精神分析的な見地からすると，他罰的（extrapunitive）と自罰的（intropunitive）は攻撃的欲求から発生し，無罰的（impunitive）は性愛欲求によると考えられるので，無罰的反応は他罰的と自罰的の中間的なものではなく，それらに相対するものである」と述べている（Rosenzweig, 1934）。

　さらに，フラストレーションに対する主観的反応類型と関連する心理的背景について表3-1のようにまとめている。ただし，この表は便宜的に簡約したものであっ

表3-1 フラストレーションに対する主観的反応型 (Rosenzweig, 1934)

	他　罰	自　罰	無　罰
症候的特徴			
情　緒：	怒り（敵意を伴う）	罪悪感（自責を伴う）	当惑（羞恥による）
判　断：	外界非難	自己非難	自他ともに許容
仮説的な精神分析的概念			
力動的および発生的見地			
本　能：	外部に向けられた攻撃欲求	内部に向けられた攻撃欲求	性愛欲求
	（憎しみ－罪悪感）		（愛情－罪悪感）
同一視への態度：	処罰を恐れる	処罰を望む	愛情喪失を恐れる
精神病理的側面			
防衛様式：	投射	置き換え・分離	抑圧（自己欺まんを伴う）
精神異常：	妄想的（妄想型分裂病）	強迫的（緊張型分裂病）	ヒステリー的（破瓜型分裂病）
リビドー型：（S. フロイト）	自己愛	強迫的	性愛的

て，あまり厳密に考えるべきでないとことわっている（Rosenzweig, 1934）。

　フラストレーションの反応分類では，発生順序が早期であるほど基本的なものと考えてもよいのではないかと思われる。この構成要素の分類は，単にP-Fの反応分類にとどまらず，フラストレーションに対する一般的な反応の分類にも適用できるだろう。

③ 反応型の出現

　1938年に，「フラストレーションに関する概要」（Rosenzweig, 1938b）という論文で，はじめて防衛的と固執的という型に関する記述がみられる。これは直接的にフラストレーション反応の分類について書かれたものではなくて，適応という観点からフラストレーション反応を分類したものであるが，現在のP-F反応分類に関して重要な事柄といえるだろう。

　これらの反応分類について図示したのが図3-1である。これまでの他罰・自罰・無罰はいずれも自我の安定を守ろうとするはたらき（自我防衛）である。これに対して，阻碍された欲求をあくまでも追求しようとするはたらきがあり（欲求固執），結果として阻碍された欲求そのものでなくても代理で満足するようなことやさまざまな形の昇華が考えられるとして，これを固執型としている。

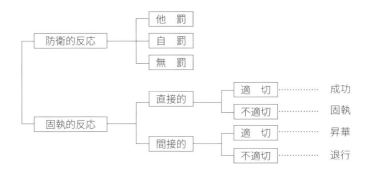

図 3-1　フラストレーションと適応（Rosenzweig, 1938b より作成）

　その後，P-F 発刊当初の整理票のプロフィール欄として，表 3-2 のように障碍優位型が加わって反応の方向と型との組み合わせによる 9 種類の因子からなる P-F の分類が示された。P-F が正式に発表されたときには，この反応分類の名称は「攻撃の方向（direction of aggression）」が太字で **E，I，M**，「反応型（type of reaction）」が O-D，E-D，N-P になっており，各因子には特別の名称が与えられていなかった。

表 3-2　プロフィール欄 (Rosenzweig, 1945)

	O-D	E-D	N-P	Total	%
E	E′	E, E̲	e		
I	I′	I, I̲	i		
M	M′	M	m		
Total					
%					

４ 現行の分類

　1960 年になって現行（表 3-3）のような 9 種の各因子に名称が与えられ，型については "type of reaction" が "type of aggression" に変更され，方向の "direction of aggression" と並んで，いずれも "aggression" の語に統一された。これは，ローゼンツァイクの "aggression" についての見解が語源に近いより広い意味をもつもの（後述）として公にされたことと関連していると考えられる。

　分類の構成要素は，それぞれ 3 つのアグレッション方向と型（カテゴリーと称する）と，その組み合わせによる 9 つのスコアリング因子，および 2 つの変型因子（E̲，I̲）を加えた 11 種の因子から成っている。変型因子は超自我阻碍場面にしか出現しない因子である。

表 3-3　P-F スタディのスコアリング要素（Rosenzweig, 1978）

アグレッション型／アグレッション方向	障碍優位 (O-D) (Obstacle-Dominance)	自我防衛 (E-D) (Ego-Defense) (Etho-Defense)	欲求固執 (N-P) (Need-Persistence)
他責 (E-A) (Extraggression)	他責逡巡 (E') (Extrapeditive) 欲求不満の障碍を強く指摘する	他 罰 (E) (Extrapunitve) 周囲の人や物に責任を負わせ，敵意的攻撃を向ける E：E の変型で，自分に向けられた罪を攻撃的に否認する	他責固執 (e) (Extrapersistive) 欲求不満事態の解決を他の人がしてくれることを強く期待する
自責 (I-A) (Intraggression)	自責逡巡 (I') (Intropeditive) 欲求不満の障碍がなかったとか，ある意味ではかえってよかったとみなすとか，ときには自分が他の人に欲求不満を起こさせたのではないかと当惑する	自 罰 (I) (Intropunitive) 自分自身を責めるとか非難する I：I の変型で，自分の責任は認めるものの，不可避の状況だったと，自分の過失を本質的に否認する	自責固執 (i) (Intropersistive) 通常は罪悪感によって，自分から問題解決のために，償いを申し出る
無責 (M-A) (Imaggression)	無責逡巡 (M') (Impeditive) 欲求不満事態の障碍がほとんどないかのように，軽視する	無 罰 (M) (Impunitive) 欲求不満の責任追及をまったく回避して，欲求不満を不可避の事態とみなし，とくに不満の原因になった人を許容する	無責固執 (m) (Impersistive) 時間の経過や通常予期される状況が問題を解決してくれることを期待する表現で，忍耐や順応を示す

2. 構成要素の用語

1 一般的用語

　P-F ではさまざまな記号が用いられているので，まずそれらについて説明しておきたい。反応分類の最小単位はスコアリング因子（単に因子ともいう）であり，その他，因子を構成するもとになっている 3 つの方向と型をカテゴリーと呼んでいる。さらに GCR（集団的一致度）や反応転移などを含んだ全体をスコアリング要素（scoring component）としているが，これは場合によっては「指標」とでもしておくのが理解しやすいかもしれない。

　日本版では，成人用旧版・青年用・児童用旧版で用いられていた因子の呼称が，

児童用Ⅲ版の作成時に一部変更されている。変更の理由は，原図版の呼称に合わせたためであり，変更された因子は矢印（→）で示した。

E′：イー・ダッシュ→イー・プライム
I′：アイ・ダッシュ→アイ・プライム
M′：エム・ダッシュ→エム・プライム
E ：ラージ・イー
E̲ ：イー・バー→イー・アンダーライン
I ：ラージ・アイ
I̲ ：アイ・バー→アイ・アンダーライン
M ：ラージ・エム
e ：スモール・イー
i ：スモール・アイ
m ：スモール・エム

② 特殊な用語

　ローゼンツァイクはP-Fの反応分類に関して，"aggression"の用語を一般とは違った特別な定義をしている。また"peditive"，"Etho-Defense"などの独自の用語を用いている。そこでP-Fの反応分類に関するこれらの用語について，簡単に述べておきたい。

a. aggression

　"aggression"の定義は研究者によってさまざまであるが，一般的にはバロン（Baron, 1977）のような「それを避けようとしている他者に対して，傷害や損傷を与えようとする行動」という意味で用いられていることが多い。ローゼンツァイクは1960年にカテゴリーの一つである，"type of reaction"を"type of aggression"と変更して，P-Fの反応をすべて"aggression"の用語で統一した（Rosenzweig, 1960）。しかし，そこで用いられている"aggression"はバロンが述べているような，敵意的ないし破壊的なものとみなす一般的な意味とかなり違っている。

　ローゼンツァイクの"aggression"についての考えをまとめると，およそ次のようになる。"aggression"の基本的な意味は自己主張（assertiveness）であり，生存を維持するために，あるいは究極的な目標と現在の不安定な状況間に存在する障碍を克服するために，目標に向かって前進し，処理することである。このような意味では，"aggression"はすべての目標指向行動に含まれるもので，この段階での行

為的手段は中性的であるが，これらの手段は結果として建設的（他者や事物に損害，傷害，侮辱を与えない場合）か，破壊的（そのような結果をもたらす）かに分かれる。したがって，敵意的攻撃（hostility）は，さまざまな"aggression"の反応様式の一つとして，P-Fの自我防衛反応がこれに該当するにすぎない（Rosenzweig, 1978c）。

このように，彼は"aggression"を語源（何かに向かって歩いていく）に近い広い意味で用いている。ただし，"aggression"を「主張性」と表現すると「自分も相手も大切にした自己表現」というような肯定的な意味に誤解されるおそれがある。したがって，肯定的でも否定的でもない中性的な語源に近い意味で「フラストレーションに対する対処」という表現がもっともローゼンツァイクの定義の意味に近いかもしれない。

"aggression"の定義に関して「フラストレーションの結果は攻撃（破壊的）をもたらし，攻撃は常にフラストレーションによる」という著名なエール学派のフラストレーション―攻撃説がある。これに対してローゼンツァイクは，フラストレーションの結果は必ずしも（破壊的）攻撃とはならず，（破壊的）攻撃のすべてがフラストレーションによるとはいえないし，フラストレーションに対して建設的な反応（P-Fの欲求固執型）も存在すると主張している（Rosenzweig, 1978c）。

P-F青年用の日本版標準化と同時に，それまで用いられてきたスコアリング因子やカテゴリーの名称の邦訳についても再検討が行なわれ，表3-3のように改訂された。とくにカテゴリーの名称が「攻撃」ではなくて「アグレッション」と表示しているのはローゼンツァイクによる定義と一般的な攻撃の意味上の混乱を避けるためであり，その経緯については『P-Fスタディ解説〈2020年版〉』（秦・安井，2020, pp.221-223）に述べられている。

b. peditive

障碍優位のスコアリング因子につけられた名称の"extrapeditive"，"intropeditive"，"impeditive"は1960年の論文から用いられている。しかし，その語句の由来について言及した文献がなく，日本のP-F研究家の中でも，語尾の"peditive"が何を意味するかについての疑問があった。

筆者が直接ローゼンツァイクに確かめたところ（1984年9月），"peditive"は，障碍優位型（Obstacle-Dominance）の「障碍」の表現として，"obstacle"の語に形容詞がないために，障碍と同一の意味をもっている"impediment"を代用し，その形容詞形である"impeditive"を採用したことが明らかになった。したがって，障碍優位欄における"peditive"の本来の意味は，"ped"（足）ではなくて"impediment"（障碍）という意味である。

c. Etho-Defense

ローゼンツァイクは，表 3-3 に示した P-F における反応分類を人間以外の動物を含めた有機体のアグレッション反応の分類に広く適用することを考えた。しかし，自我防衛 (Ego-Defense) 型にある "ego"（自我）は人間の精神構造についての構成概念で抽象的な存在であり，人間以外の他の動物にまで "ego" の概念を適用できるかどうかという問題がある。そこで，動物も含めた行動の分類として "ego" の代わりに "etho" の語を用いて，"Etho-Defense" という用語を採用したわけである。

これはフラストレーションに遭遇したときに，有機体自身を防衛するという意味である。したがって，語源的には "ethology"（動物行動学）と同様の "ethos" によると考えられ，邦訳をあてるとすれば「生態防衛」あたりが適当ではないかと思われるが，統一された邦訳はない。

3. アグレッションの方向と型に関する理論

① アグレッション方向の再考

ローゼンツァイクのアグレッション 3 方向の考えに関して，筆者はこれまでの因子分析やクラスター分析の結果などを参考にして，アグレッション方向間の関係についての仮説を表 3-4（秦，1993, 2007）のように修正したほうが理解しやすいのではないかと考えた。

・反応内容：外界を非難するのが他罰，自己を非難するのが自罰，自他ともに許容して非難を避けるのが無罰である。
・反応方向：顕現的な言語反応の方向として，外へ向かう他罰，内へ向かう自罰，自他いずれにも向かわないのが無罰である。
・欲求と対象：基本的な欲求と，その欲求が向かう対象との関係について，基本的

表 3-4　アグレッション方向間の関係（秦，1993, 2007）

	自 罰 (Intropunitive)	他 罰 (Extrapunitive)	無 罰 (Impunitive)
反応内容 :	自己非難	外界非難	自他許容
反応方向 :	内方向	外方向	無方向
欲求と対象 :	自己攻撃 ◀━▶ 他者攻撃・自己愛 ◀━▶ 他者愛		
情 緒 :	罪悪感 ◀━▶ 怒り・憎しみ ◀━▶ 愛情		
欲求充足の方法 :	二次的	一次的	二次的
欲求阻止の場面 :	超自我阻碍場面	自我阻碍場面	

欲求を攻撃欲求と性愛欲求の2つに分けると，攻撃欲求が外部の人や物に向けられるのが他罰，それが実現できずに自己に向けられる場合は自罰となる。性愛欲求が他者に向けられるのが無罰，それが実現できない場合は他罰と結びつく。以上のことから，他罰は2つの異なった欲求に基づく反応が含まれると考えるのが妥当だろう。

・情緒：情緒との関係については，他罰は怒りと憎しみ，自罰は罪悪感，無罰は愛情に分かれる。罪悪感は怒りと対立し，愛情には憎しみが対立すると仮定した。P-Fの場面で無罰が生じるのは，他者から直接，間接に被碍を受けたフラストレーション場面（自我阻碍場面）なので，このような場面における他罰反応は加害者に対する憎しみの情緒を伴うであろう。

　一方，自罰が生じるのはフラストレーションの原因が自分にある超自我阻碍場面であり，これらの場面での他罰反応は，相手に対する憎しみの情緒によるよりも，「自分の非をとがめられたことに対する怒りの情緒」を伴うと考えられる。

・欲求充足の方法：攻撃欲求では，基本的に他者に対するものが一次的な欲求充足の方法で，それが阻止された場合に自分に向けられる。一方，愛情欲求は自分に対する愛情から，他者に対する成熟した愛情へと発達していく。またローゼンツァイクは，フラストレーションに対する反応として，他罰→自罰→無罰の順序で発生すると仮定している（Rosenzweig, 1944）。しかし，他罰が一次的な反応として認めることはできるにしても，自罰の次に無罰が生じるというよりも自罰と無罰は状況の違いと関連して発生するので，ともに二次的な反応と考えたほうが妥当と思われる。

・欲求阻止の場面：フラストレーションの原因が誰にあるのかがあいまいな場面では，それぞれ他罰・自罰・無罰の反応が独自に発生し得る。ところがP-Fでは自我阻碍場面か超自我阻碍場面に分かれており，超自我阻碍場面では他罰か自罰，自我阻碍場面は他罰か無罰の反応が出現するというように，フラストレーションの状況ないし原因の違いによって反応が影響されている。また，他罰は外向きの積極的反応であり，自罰と無罰はともに内向きの消極的な反応という意味では共通点があるだろう。

② アグレッション方向と相互関係

　アグレッションが向かう方向で，E-Aは，アグレッションの方向が外部に向けられる反応である。フラストレーションの原因をもっぱら外部に求めるので，他責的傾向を示す。これらの反応は，自己の責任を感じることが少なく，他者に対して

寛容でない自己中心的なパーソナリティと関連している。他責反応全体は，必ずしも攻撃的指標といえないが，E-A が高ければ相手に対する直接的な攻撃（/E/）も高いことが多い。その他に不平・不満の表明（E′//）やフラストレーションの解消を相手に依存する反応（//e）が含まれる。

I-A は，アグレッションの方向が内部，すなわち自分に向けられる反応である。フラストレーションの原因が自分にあるとする自責的傾向を示す。責任感とかかわりがあり，超自我の作用が強く，高い倫理観や罪悪感が強い受検者によくみられる反応である。内容的にはフラストレーションを否定したり（I′//），自己の非を認めたり（/I/），償いやフラストレーションを自分で解決する自立的な反応（//i）に分かれる。

M-A は，アグレッションの方向を内外ともに向けずに，回避する反応である。とくに対人関係で，相手との対決を避けて妥協する傾向を示す。寛容であるともみられるし，抑圧的とみられることもある。この反応が多いことは，相手に対する親和欲求が強いことが考えられる。さらに，フラストレーションを軽くみなす（M′），相手を許容する（M），社会的習慣に従って対処する反応（//m）に分かれる。

これらの3方向の関係を示すと図3-2のようになるだろう。つまり，E-A には超自我阻碍場面における I-A に対する反応と，自我阻碍場面の M-A に対する反応という2種類の異なった反応が含まれる。さらに，I-A と M-A は E-A と対立している他責方向以外の反応としての非他責という点で共通の側面をもっていると言えるだろう。

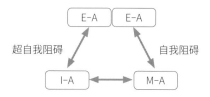

図3-2　アグレッション方向間の関係

③ アグレッション型の特徴

フラストレーションが生じたときの反応について，アグレッション型に関していくつかの観点から比較することができる。それをまとめたのが表3-5である。これはスコアリングするときのアグレッション型の判別だけでなく，解釈するときにも参考になるだろう。

表 3-5　アグレッション型の特徴

観点	O-D	E-D	N-P
表現	感情的	言語的	行動的
時制	過去	現在	未来
志向	障碍指摘	責任追及	欲求充足
解決様式と段階	未解決一次	破壊的解決二次	建設的解決三次
対人関係	自分	相手	相手と自分
適応機制	抑止	自我防衛	目標追及

　まず表現であるが，P-Fへの反応はすべて言葉による表現である。しかし，その内容をみると，O-Dでは不快や不満（E-A），羞恥や戸惑い（I-A），関心の乏しさなどの感情的な反応が該当している。E-Dは，直接相手に向かって言葉で，責任が誰にあるかをはっきりさせる反応内容であり，N-Pはこれからどのように問題解決に向かうかという行動に関する反応である。

　さらに，時制からみるとO-Dはすでに生じたフラストレーションに対する受け取り方に関する反応なので過去であり，E-Dは現在の対処，N-Pはこれからどのように対処するかという将来に向けての反応である。

　反応の志向方向は，O-Dが障碍の程度に関心があり，E-Dは障碍の責任が誰にあるのかに焦点が向けられ，N-Pは阻碍された欲求の充足に向けられる。阻碍された欲求の解消という面では，O-Dは解決にはいたらない段階であり，E-Dは破壊的な解決であり，N-Pは建設的な解決である。なお前述のように，ローゼンツァイクは，O-D → E-D → N-Pというような問題解決の段階を想定している。

　対人関係ではO-Dは自分に向かって言った独り言のような表現であり，E-Dは直接相手に向かった発言であり，N-Pは相手との約束事などのやりとりを表わしている。適応機制としてはE-Dが最も直接的な自我防衛反応であり，それが抑止されたときにO-Dが生じ，N-Pはフラストレーションに対してあくまでも欲求充足の目標を追求しようとする反応である。

4 アグレッション型と問題解決段階

　ローゼンツァイクは，3つのアグレッション型間の関係について表3-6のように，それぞれ異なった段階（stages）を表わすという考えを示した（Rosenzweig, 1970）。

　彼は，「最初の段階は障碍優位で，被阻碍者は障碍に気づいているがそれ以上には進展しない。この人の行動は中性（neutral）であり（0），少なくともその時点で

表 3-6　アグレッション型の反応段階 (Rosenzweig, 1970)

アグレッション型／アグレッション方向	Types or Stages of Aggression アグレッションの型ないし段階		
	(0) 障碍優位 (O-D) (Obstacle-Dominance)	(−) 自我防衛 (E-D) (Ego-Defense) (Etho-Defense)	(+) 欲求固執 (N-P) (Need-Persistence)
(外：out) 他責 (E-A) (Extraggression)	他責逡巡 (E′) (Extrapeditive)	他　罰 (E) (Extrapunitve)	他責固執 (e) (Extrapersistive)
(内：in) 自責 (I-A) (Intraggression)	自責逡巡 (I′) (Intropeditive)	自　罰 (I) (Intropunitive)	自責固執 (i) (Intropersistive)
(無：off) 無責 (M-A) (Imaggression)	無責逡巡 (M′) (Impeditive)	無　罰 (M) (Impunitive)	無責固執 (m) (Impersistive)

は当惑とか窮地に追い込まれているようにみえる。第 2 の型または段階は欲求固執で，被阻碍者は肯定的な方法によって障碍を乗り越えるか迂回しようとする。この人のアグレッションは建設的 (constructive) で (＋)，障碍にもかかわらず目標を追求していく欲求固執的である。しかし，この建設的なアグレッションが阻碍された場合に，第 3 の反応型である自我防衛が続いて生じる。ここではじめて否定的ないし破壊的 (destructive) なアグレッション (−) がみられる。これは外界または自己に向けられたある種の敵意であるが，場合によって，おそらく社会的承認の喪失をおそれるために抑圧されることがある」と述べている。

　さらに，筆者に対する個人的な説明として，図 3-3 のような図を示して型間の関係を説明した (1984 年 9 月)。人 (P) と障碍 (O) と目標 (G) との関係は，障碍にぶつかるだけが O-D，障碍から自分を守ろうとするのが E-D，障碍を乗り越え阻碍された欲求ないし目標に到達するのが N-P である。

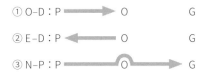

図 3-3　人 (P)，障碍 (O)，目標 (G) の関係図 (Rosenzweig, 1984)

5 アグレッション型と自我防衛

　これに対して住田ら（1964）は，アグレッション型間の関係について図3-4のように，フラストレーション反応が生起する過程について2段階の見解を示している。すなわち，自我防衛型に属する反応が基本的で直接的な表現としての一次的反応である。二次的反応は2つに分かれ，抑止機能の調整による障碍優位型の反応と，欲求固執機能に基づく不満の解決策としての欲求固執型の反応を想定している。

　ローゼンツァイクと住田らの違いは，ローゼンツァイクはフラストレーション事態における「問題解決」という観点からの段階であり，住田らは「自我防衛」という心理機制を中心とした考え方に基づいたところからきている点である。反応の生起順序については，刺激の潜在的な認知から顕現的な反応にいたるまでに，たとえば個人的な欲求の強さやパーソナリティの違いなどの要因によって影響されるので，単純に反応の種別と反応時間の関係を調べるだけでは十分な根拠にできない問題であろう。

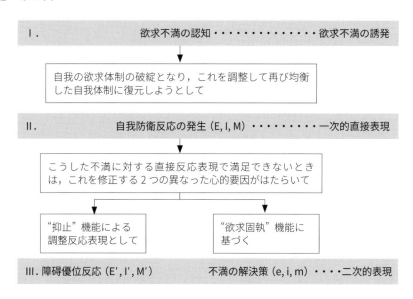

図3-4　不満反応の時間的経過による現われ方（住田ら，1964を一部修正）

6 アグレッション型と建設性

　アグレッション型のもつ意味についてローゼンツァイクは，障碍優位（O-D）は中性的，自我防衛（E-D）は破壊的，欲求固執（N-P）は建設的という考えを提唱している。これに対して住田ら（1964）は「E-D に属するスコアリング因子の他罰

（/E/）は他者攻撃，自罰（/I/）は自己攻撃なので破壊的とすることには異論はないが，無罰（/M/）の反応は相手も自己も責めないのでむしろ建設的ではないか」と疑問を呈している。

　/M/ の反応を「破壊的」と考えるのは，一方で社会的な慣習に従って問題を解決する，いわゆる昇華の「建設的」な //m を設けているのに対して，/M/ の根底に防衛機制としての「抑圧」を想定しているので，精神的な健康さという点からみると破壊的に入ることになるのだろう。もちろん社会的な観点からすると，ある程度抑圧的な対応をすることが要請されているので，これを建設的という見方が出てくることも当然かもしれない。しかしながら，アグレッション型についての基本的な考え方として，ローゼンツァイクの主張は理解できる。

7 アグレッション方向と型の関係

　これまでのスコアリング因子についての因子分析やクラスター分析の結果などから，アグレッション方向と型の関係をまとめると，表3-7 のようになる。端的に言うと，方向では他責が自責と無責に対応しており，型では障碍優位が自我防衛や欲求固執と対立関係にある。

表 3-7　アグレッション方向と型の関係

アグレッション方向 ＼ アグレッション型	O-D（障碍優位）	E-D（自我防衛）	N-P（欲求固執）	方向間の関係
E-A（他責）	E′	E・<u>E</u>	e	他　責 ↑
I-A（自責）	I′	I・<u>I</u>	i	↓
M-A（無責）	M′	M	m	非他責
型間の関係	問題未解決 ←	（破壊的）◀━━▶（建設的） →　　問題解決		

①**アグレッション方向**：アグレッション方向の相互関係は，基本的に他責対非他責（自責と無責）の対立がみられた。これは，アグレッション反応が他者に向かうか否かによって大別できることを示している。さらに，自責と無責の反応の違いは，表3-4 で示したように，超自我阻碍場面か自我阻碍場面というフラストレーション場面の違いによるところが大きい。

②**アグレッション型**：アグレッション型の相互関係は，障碍優位が自我防衛および欲求固執に対立する傾向がある。これは，フラストレーションを解決しようとす

る反応，つまり問題解決的反応（自我防衛型・欲求固執型）か問題非解決的反応
（障碍優位型）かの対立である。ローゼンツァイクによると，解決の方法として
自我防衛型は破壊的で，欲求固執型は建設的になる。

③**アグレッションの方向と型**：アグレッションの方向と型内におけるカテゴリーの
相互関係は，型よりも方向内におけるカテゴリー（他責・自責・無責）のほうが
明確に分離できる。

　3つのアグレッション型内における3つのアグレッション方向の識別につい
て，ローゼンツァイクは「自我防衛型または段階において最も容易に識別でき，
これら3つの方向は欲求固執型にもみられるが，障碍優位型では不完全な形で
あり，方向の識別が一般にむずかしい」と述べている（Rosenzweig, 1970）。こ
れはローゼンツァイクが考案したフラストレーション反応型の分類が自我防衛
に始まり，次いで欲求固執，最後に障碍優位が加わったという経緯とも並行し
ている。

4. 反応分類の細分化

☐1 スコアリング因子の下位分類

　P-F における 11 種のスコアリング因子は，それぞれが他の因子とは違う独立し
た意味をもっている。しかし，実際に P-F の反応をスコアしてみると，1 つの因
子にも異なった意味をもついくつかの反応が含まれていることがわかる。P-F の
結果を解釈するときに，因子の内容も細かくみていくことが，個人理解を深めるた
めに望ましいことである。そこで，それぞれの因子内で質的にどのような異なる反
応が含まれているかを明確にすることが，各因子のスコアリングや解釈に役立つと
考えた。因子については3種類，特殊因子は2種類の下位分類とした。

　表 3-8 は因子の下位分類をまとめたものであり，その内容や具体例については拙
著（秦，2007, pp.98-104）で解説しているが，その後多少修正を加えている。

　なお，下位因子の番号は，何かの順位を表わすものではないが，比較的単純な反
応から複雑な反応の順に配列している場合が多い。

表 3-8　スコアリング因子の下位分類（秦，2010 を改編）

アグレッション方向 ＼ アグレッション型	障碍優位 (O-D) (Obstacle-Dominance)	自我防衛 (E-D) (Ego-Defense) (Etho-Defense)	欲求固執 (N-P) (Need-Persistence)
他責 (E-A) (Extraggression)	他責逡巡 (E′) (Extrapeditive) ①単純な不快感情 ②障碍の指摘やいらだち ③困惑や失望	他罰 (E) (Extrapunitive) ①敵意の攻撃 ②主張の攻撃 ③責任の指摘 (E)：責任の否認 ①責任の否定 ②正当性の主張	他責固執 (e) (Extrapersistive) ①即時の欲求充足 ②弁償の要求 ③依存的解決
自責 (I-A) (Intraggression)	自責逡巡 (I′) (Intropeditive) ①羞恥や当惑 ②障碍の否認 ③障碍の肯定	自罰 (I) (Intropunitive) ①単純な謝罪 ②特別な謝罪 ③責任の自認 (I)：釈明 ①単なる弁解 ②正当化	自責固執 (i) (Intropersistive) ①行為の改善 ②償い ③自己解決
無責 (M-A) (Imaggression)	無責逡巡 (M′) (Impeditive) ①軽度の障碍指摘 ②障碍の軽視 ③理由つき障碍軽視	無罰 (M) (Impunitive) ①単純な許容 ②相手への気遣い ③相手の事情を理解	無責固執 (m) (Impersistive) ①欲求充足の遅延 ②代償 ③社会規範による解決

② 各因子の分類に関する注釈

　実際の反応から各下位分類の因子に振り分けるときに，因子内での判別の参考になる事項について説明する。

- E′ //：①は単純な不快感情の表出であり，あいづちによる表現も含まれる。②は怒りに関連するような不快感情が言葉で表現された反応であり，疑惑の反応はここに入る。③は困惑を中心とするような，失望や悲嘆などが表現された個人内的な不快感情である。これらは主に自我阻碍場面の反応である。
- I′ //：①は超自我阻碍場面における当惑や羞恥などの反応である。E′ // の反応と類似しているが，E′ // は他責的な表現であるのに対して，I′ // は自責的なフラストレーション反応という違いがある。②は障碍をまったく感じていない反応が該当する。③は障碍がかえってよかったという，障碍を肯定する反応である。
- M′ //：①は障碍を感じるものの，軽度であることを表明する反応である。②は障碍自体をほとんど感じていない反応である。③は障碍の程度が軽いことの理由が述べられた反応である。

- /E/：①は敵意的な非難や攻撃的な反応であり，人をけなすような人格についての低評価も含まれる。②は主張性と関連する反応であり，忠告，反論，批判などがある。ただし，相手の要請を拒否する反応は，相手を責めるよりも自分の欲求充足を優先する意味で②であるが，脅迫などは①に該当する。人以外の規則などにクレームをつける反応も②に含まれる。③はフラストレーションの責任を阻碍者や第三者に帰する反応である。責任逃れという意味では /E/ ②と共通しているが，表現に違いがある。

- /E/：①は相手の主張や自分の責任を否定する反応である。②は正当性を述べることによって，自分に非がないことを主張する反応である。ただし，責任を他人に転嫁する反応は /E/ ③になる。

- /I/：①は単純な決まり文句の謝罪である。②は通り一遍でない，丁寧な謝罪である。「許してください」という反応は，責任を見逃すように要請する意味であれば e// ①になるが，謝罪の意味であればここに入る。③は責任が自分にあることを認める反応であり，後悔，反省，自己卑下的な反応も含まれる。

- /I/：①はありふれた言い訳で，情状酌量の余地があまりない内容である。②は過失を認めるものの，自分の行為を正当化するために，一理ある弁解をする反応である。

- /M/：①はごく一般的な許容の反応である。②は相手に対する気遣いが感じられる表現で，情緒的な受容を示す反応である。③は許容することについての理由を述べる反応で，理性的な受容である。

- e//：①は直ちに欲求充足を求める反応であるが，予約などの行為もここに含まれる。②は阻碍された欲求の補償を相手に求める反応である。③は自分で解決できそうな事柄でも，相手に頼るような依存的反応である。

- //i：①は行為の改善を約束する反応である。②は自分の過失を償う反応であり，超自我阻碍場面に出現する。③はフラストレーション事態を自分で解決しようとする反応であり，自我阻碍場面に出現する。

- //m：①は欲求充足の時期を延ばして，フラストレーションの解決を自然の成り行きに任せる反応であり，将来の欲求充足を期待する反応もここに含まれる。②は阻碍された欲求の代償を求める反応である。③は耐忍，話し合い，相手に合わせる，規則を守るなどの社会規範に則って解決する反応である。

II
実践編

4章

実施法

　本章ではまず実施の前にP-F全体の実施から解釈にいたる流れをみたうえで，標準的な実施法にかかわる一般的な問題，テスト実施の中でよくみられる場面の誤認，年少児や障害児などに対する特別な実施法などについて述べる。

1. P-Fスタディの実施から解釈まで

　P-Fの実施に関する解説をする前に，反応の過程やテストの処理段階といったP-F全体の流れについて説明しておこう。

1 P-Fスタディの処理段階

a. 4つの処理段階

　P-Fを実施するには大きく分けて4つの段階ないし過程がある。図4-1のようにテストの実施に始まり，反応のスコアリング，スコアリング結果の整理という段階を経て最終的な解釈にいたる。

　実施法はそれほどむずかしいものではないが，テストの終了後に行なわれる質疑

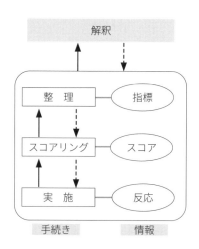

図4-1　P-Fスタディの処理段階

でどのような事柄についてどのような質問を行なえばよいかを適切に身につけるには経験を積む必要がある。また、実施後の作業として受検者の反応を記録することは、P-F のその後の過程をスムーズに処理するためには不可欠のことである。

　スコアリングは受検者による自由な反応を一定の基準に従って分類し、記号化する手順である。スコアリングのよりどころになる基準と各場面でのスコアリング例や注意事項が手引きに示されているものの、具体的な反応をスコアにすることはそれほど簡単ではない。おそらく、P-F の学習で初心者が困難を感じるのがこのスコアリング段階だろう。スコアリングが適切に行なわれるには評定者個人の中でスコアリングの基準を自ら確立する必要がある。そのため、長い目で見るとスコアリングに迷うことは評定者内の基準の設立にとって大切なこととなる。熟達者に疑問を聞いてそのままそれを踏襲するだけでは、評定者のスコアリング能力を高めることにはならない。

　整理法は、スコアリングで記号化された因子を一定の規則によってまとめる作業である。整理法は個人的な判断を必要としない客観的な処理である。指標の中には処理上でやや複雑なものもあるが、一度理解すると整理法で迷うことはない。また、現在はコンピュータ処理もできるようになっていることもあり、経験による差はほとんどない。しかし、個人理解を深めるためには既存の指標だけでなく、心理的に意味のある新たな指標を創設するための研究が望まれる。

　P-F の解釈法には決まった様式はない。これまではどちらかといえば整理された因子に基づいた形式分析によって解釈されることが一般的であった。最近では反応内容を解釈に取り入れることが多くなる傾向があり、それだけ P-F による個人理解が深まると同時に、ますます P-F の実施法に関する経験や学習の重要さが増してきたといえるだろう。

b. 処理段階の相互関連性

　解釈は整理した結果だけではなくて P-F 実施の過程で得られたすべての情報に基づいてなされることが望ましい。解釈にいたるまでの各段階は、手続き上は独立しているようにみえるが、解釈という観点に立つと相互に関連があるといえる。図4-1 は各段階の手続きと得られる情報との関係を示したものであるが、実線の矢印は処理の順序を示し破線の矢印は逆に後の処理段階からみて前の段階での改善すべき点を検討することを示したものである。

　たとえば、適切なスコアリングや解釈のためには実施の段階でどのような質疑を行なうことが望ましいかの情報を得ることができる。スコアリングにおいても、とくにスコア不能のＵスコアや正規のスコアとして認められなかった反応を記録し

ておくことによって，解釈に新たな情報をもたらすことがある。整理法についても，解釈という点からみて新たな指標を設けることも考えられる。実施からスコアリングまでの全体の情報が解釈に活かされることが望ましい。

手続きの順序とは逆に，解釈の観点から手続きをみたときに，望ましい解釈のためにどのような指標を設ければよいのか，どのようなスコアリングの仕方をするのか，どのような実施をするのかといった各手続きの改善が行なわれなければならない。指標でいえば，既存の整理法以外に必要に応じて新たな指標を設けることが考えられるし，スコアリングについてはどのような反応をどのように因子（記号）として表現するのかが問われるし，実施法ではとくに質疑のあり方が解釈に大きく影響する。

② P-F スタディの反応過程

P-F の実施から反応プロトコルが得られるまでの一連のプロセスについて考えてみよう。

図 4-2　P-F スタディの反応過程

①客観的刺激：P-F の客観的な刺激場面としての特徴は，すべてが日常生活で経験するようなフラストレーション状況であること，フラストレーションの阻碍者とその被碍者という2人の人物が登場する絵画刺激であることであり，また阻碍者のフラストレーションにかかわる発言が書かれた24の場面がある。これらのさまざまなフラストレーションの種類，登場人物および人物関係，阻碍者の発言などが客観的刺激として受検者に呈示される。

②刺激図版の認知：成人用・青年用・児童用とも，刺激場面はそれぞれ24個のフラストレーション場面から構成されている。それらの各場面に対して場面の状況，被阻碍者への同一視，登場人物の関係などについて受検者一般に共通した見方があると同時に，人によっては独自の見方をする余地がある。このような個人的な場面認知の違いは，受検者のパーソナリティや過去経験，現在の置かれている状況などが影響するだろう。

P-F の刺激場面はフラストレーションの原因が他者にあるのかあるいは誰にあるのかがあいまいな自我阻碍場面と，その原因が自分にある超自我阻碍場面に

あらかじめ大別されている。しかし，実際には自我阻碍場面であってもしばしば超自我阻碍場面と認知することは珍しいことではない。この場合は必ずしも場面の誤認として見るべきではなくて，あくまでも受検者の認知に従ってその後の処理をすべきである。

　刺激場面の中の人物関係をどのように認知するかは，P-F の反応に影響することがすでに明らかにされている。とくに家族か他人か，社会的な地位の上下などの人間関係の認知の違いは，反応に影響する大きな要因である。したがって，このような人物関係の認知を質疑で知ることは，反応の意味を理解するうえで役立つ資料である。

　人物との同一視について考えてみると，同一視の対象は場面の右の人物である被阻碍者が一般的であるが，必ずしもそうとは限らず，場合によっては逆に左の阻碍者に同一視して答えるような受検者もいるだろう。したがって，常に右の人物の答えが受検者の立場に立ったものとして一方的にみるのではなくて，各場面における人物関係を慎重に考慮しながらみていくことが望ましい。

　たとえば，攻撃的な反応がみられたときに，自分（受検者）がいつもそのように「言っている」からではなくて，「言われている」から出てきた反応である可能性も考慮しなければならない。また，実際の行動として表われていなくて，空想の世界でそのようなことが行なわれているかもしれない。いずれにしても，その場面で「攻撃的な対人関係」が受検者の心に生じたことは間違いがないだろう。

③内的反応：受検者が刺激場面をどのように認知したかによって，心の中でさまざまな感情や反応が生じる。ある反応が心の中で起きたときに，それが直ちに言語反応として表現されるとは限らない。心の中で起きた最初の反応が刺激となって，連想的に別の反応が生じることもあるだろう。それは最初の反応と類似していることもあるし，まったく違った反応が浮かんでくる場合もあるだろう。たとえば，相手が悪いと認知したときは相手を責めたり非難したりする反応が起きるが，それに続いてこのくらいは大目に見ようとか，あるいは自分にも多少責任があると思ったり，障碍がそれほど深刻でないと感じたときはたいしたことがないという反応が起きるかもしれない。

④判断：教示では「一番はじめに思いついた言葉を書いてください」となっているが，すべての受検者がその教示に忠実に従って反応をするわけではない。前述したように，最初に頭に浮かんだ内容に個人差があるだけでなく，人によっては，あるいは刺激場面によっては最初に答えが頭に浮かんでも，それをそのまま書くとは限らない。とくにその答えが社会的に受け入れられないと考えたときは，社会的

に望ましい言葉に変更して答えることはよくあることである。そのことは，2章で述べた反応水準である「……すべきである」という意見水準，「……している」という顕現水準，「……したい」という暗黙水準と関連している。

⑤**外的言語反応**：われわれがP-Fの結果を分析するのは，通常この外的言語反応を対象としている。これらの反応は，いずれスコアリングの過程を経て分析されることになる。標準的実施法は，書かれた刺激文を自分で読んで記入していく自己記述法によっているので，反応は「文章として表現された言語反応」であり，正確には，記述された文章が分析の対象となる。したがって，どのような文章表現であるかも解釈の資料として個人理解の手がかりになる。

表現された言語反応が同一であっても，そこに込められている心理的な意味が同じとは限らないこともある。たとえば，超自我阻碍場面で「すみません」という反応をした場合に，ある受検者は「自己の非を認めて心から謝罪する気持ち」で言ったかもしれないし，また別の受検者は「それほど自分が悪いとは思っていないが，とりあえず謝ってその場を逃れたい気持ち」で言ったかもしれない。言葉は必ずしもそのような心理的背景までも表わしたものでなく，ある程度のあいまいさをもったものであることを心にとどめておくことが解釈するうえで大切である。

このような経過で生じたP-Fの反応結果は，日常生活でのフラストレーション場面における行動，とくに言語行動と類似すると仮定されている。しかし，これは一般的な仮定であって，すべての受検者やすべての反応に日常生活の行動がそのまま反映されるとは限らない。

③ P-Fスタディの反応段階

P-Fの実施に関する段階として，教示によって反応を記入していく段階と反応記入後に質疑を行なう2つの段階がある。その各段階と得られる反応との関係についてこれまではっきりとした区別がなされていなかったが，『P-Fスタディ解説書〈2020年版〉』（秦・安井, 2020）の出版時に明確化されたのでここに紹介しておこう。

図4-3のように教示にしたがって反応を記入していく段階を「自由反応段階」と

図4-3　教示から反応まで

し，そこで得られた反応を「初発反応」とした。次に自由反応段階後に実施される「質疑段階」で得られた反応は「二次的反応」として初発反応との違いを明確にした。

2. 実施の方法

① 標準的実施法

標準的な実施法は，読み書きができる受検者には，受検者が自分で刺激文を読みながら，マイペースで吹き出しの空欄に記入していく自己記入法（the written method of self-administration）によるのが一般的である。とくに個別法では，反応の記入後に質疑を実施することが標準的方法に含まれる。

P-F は標準的方法として，集団でも用いることができることが，同じ投映法でも他のロールシャッハや TAT と違うところであり，これもこのテストの特徴の一つである。P-F の個別法は，標準的な自己記入法と，読み書きができない受検者に対して口頭で回答を求める口答法に分かれる。

実施法で日本版が原版と違うところは，実施の方法を理解しやすくするために，原法には含まれていない「例」が特別に設けられているところである。

② 特別な実施法

a. 口答法

年齢の低い児童や精神遅滞，視覚障害などのために読み書きがむずかしい受検者には，検査者が各場面を示しながら刺激文を読み，受検者が口頭で答えた反応をテスト用紙に記入していく「口答法」を用いることになる。口答法の場合，受検者の前にテスト用紙を 2 つ折にして広げ，一場面ずつ指で示しながら刺激語を読んで，答えた反応を別の用紙に記入する方法が一般的である。

とくに注意の集中が困難な受検者には，刺激場面を一部ずつ切り離してカード式にしたものをあらかじめ作っておいて，それを使用する方法も考えられる。ただし口答法では，一般的に自己批判的な心理作用によって，社会的に望ましい反応が生じやすいといわれているので，この方法を用いた場合は，そのことを考慮しながら解釈することが望ましい。

b. その他の方法

研究の手段としては，スライドを用いる方法や，あらかじめ各場面で代表的な答えを設ける選択肢法などを用いている例がある。しかし，これらの方法についてローゼンツァイクは，投映法としては好ましくない実施法であると述べている。

3. 実施上の諸問題

① 実施前

a. テストの選択

P-F には児童用，青年用，成人用の年齢別による3つの版がある。実施の対象が中学生・高校生・大学生のときに，どの年齢版を用いるのが適切かについての問題がある。つまり，中学生は青年用か児童用，高校生は青年用か成人用旧版，大学生は青年用か成人用Ⅲ版を使用することができる。このように年代別の P-F は，対象の年齢や校種によって特定の版が用いられるのではなくて，選択できる余地があるので，テストの目的や受検者の特徴によって適切な年齢版を選ぶことになる。

現在の時点で，年齢によって重なる P-F の図版をどのように選ぶのが望ましいかについて著者なりの考え方を参考までに示しておこう。中学生の場合は，青年用では社会的場面が多く，家庭や学校場面がほとんど含まれていないので，児童用のほうが中学生の実生活に近いことや，標準化が青年用よりも新しいので児童用が望ましい。

大学生については，新たに刊行された成人用Ⅲ版は性別が統制された図版であり，20歳以上の一般成人と大学生について標準化されたので，成人用Ⅲ版を用いるのが適切だろう。

高校生を対象にしたときは青年用か成人用旧版になるので，青年用を用いるのが一般的である。しかし，青年用は場面状況に家庭や学校場面が含まれていないので，高校生の実生活を反映しているとはいいがたい。その問題を解決するために，児童用と成人用の図版を参考にして高校生や大学生にもふさわしい場面で構成した新たな学生用 P-F の作成を進めているところである。

b. 実施の状況

いつ，どこで，どのような理由で実施したかは，解釈上の情報として重要である。P-F は状況の影響を受ける可能性があるので，テスト状況には慎重な配慮が求められる。まずテストの場所であるが，臨床相談や治療機関ではテスト室，集団では学校の教室や会議室などが一般的である。テスト室では，検査者は教示が終わって受検者がテストに答えを記入し始めたら，少し離れたところからテスト中の行動を観察する。

集団法の場合は，受検者同士の影響をできるだけ少なくする配慮が必要になる。したがって，個々の机の間隔はできるだけ離して配列する，「声を出さない」とか「隣の人の答えを覗かない」などについても，あらかじめ注意しておくことが必要であ

る。集団法の場合に，検査者のほかに，テストの補助者をつけることが望ましい。補助者の数は，小学低学年では2名，中学年以上であれば1名程度でとくに支障はないであろう。

c. 場面の誤認

　テストの実施中に，受検者によっては場面の理解が困難であるとか，場面状況を誤認することがある。このような場面があることを検査者があらかじめ知っておくことは，テストをスムーズに遂行するうえで大切である。これまでの諸研究から，児童用と青年・成人用で誤認しやすいと指摘されている場面を参考までにあげておく。

〔児童用〕

・場面3：おしゃべりをした罰として残されていることが理解できない。

・場面16：とがめられているのが小さい女の子ではなくて，自分だと誤認して謝る。

・場面18：「誕生日に呼んであげる」と誤認して，お礼をいう。

・場面19：自分ではなくて，弟が叱られていると誤認する。

〔青年用・成人用〕

・場面2：花瓶が左側の人物によって壊されたと誤認する。

・場面3：前の席に座っている女性の帽子がフラストレーションの原因だと理解できない。

・場面7：左側の人物が発言する前に言った言葉として記入する。

・場面11：青年用の「交換手」が何を意味しているかが理解できない。

・場面14：左側の話し手が遅れてきて，右側の人物に言い訳をしていると誤認する。

　以上の場面以外に，青年用と成人用においてフラストレーションの原因が，その場面以外の第三者にあるような場面（3・12・14・18・20）は，場面の状況を正確に認知できないことがある。精神障害者や精神年齢の低い受検者に実施するときは，以上のような場面に誤認がないかどうかを注意することが望ましい。もし，場面の誤認が明らかになった場合は，その場面についてやり直しをするか，それができないときはスコア不能（U）となる。

d. テストバッテリー

　P-Fが他の心理テストとバッテリーを組むときに配慮することが望ましい事柄がある。一つは，パーソナリティテストに反映する反応水準である。すでに説明したようにP-Fは顕現水準に対応すると仮定されているので，他のテストとして意見

水準に相当する質問紙や投映法では SCT，暗黙水準ではロールシャッハ，TAT，描画法などをバッテリーとして組めば 3 つの反応水準を考慮した総合的なアセスメントに近づくことができるだろう。

　次に注意すべき点として，テスト実施の順序がある。これもすでに紹介したところであるが，P-F は状況の影響を受けやすいことが指摘されている。したがって，他のテストよりも優先して先に実施することが望ましい。たとえば知能検査を実施したあとで P-F を実施したときは，受検者が「どのように答えるか」よりも「どのように答えるのが正しいか」というような社会的に望ましい反応に引きずられるおそれがあるので，その点も配慮することが望ましい。

2 テスト実施中

a. 教示で重要なこと

①場面の人物はどのように答えるかであって，あなたならどのように答えるかではない：実施法で守らなければならない重要な事柄がいくつかある。まず刺激場面に描かれている右の人物に対して「<u>この人（右の人物）はどんなふうに答えるでしょうか？</u>」ということである。受検者が右の人物と同一視して，ある程度「自分のこととして」書くことを想定しているが，教示では自己批判的な答えをしないように，「<u>あなただったらどのように答えるか</u>」と言ってはいけないのが原則である。

②最初に思いついた答えを書く：「<u>最初に思いついた答えを書いてください</u>」という教示は，受検者があまり自己検閲的な態度で答えないように，できるだけ意見水準を超えた投映的な反応を求めることを意図した教示である。

③できるだけ速く書く：P-F は本来各個人のペースに従って記入していくことを基本としている。「できるだけ速く書くように」という教示は，自己検閲による意見水準からできるだけ顕現や暗黙水準の反応を引き出すことを目的として設定されているが，受検者の中には「速く書くこと」を重視したために，簡単な反応で終わってしまうものもいる。基本的にはマイペースで書くことなので，「速く書くこと」をあまり強調しすぎないことが望ましい。

④答える順序は場面配列に従う：刺激場面の順序に従って実施していくことも必要な条件である。これは，記入漏れを避けることと，解釈でテストの前半と後半の反応の差異をみる「反応転移」に影響するからである。

⑤教示で付け加えること：書き損じたり書き換えたりするときに，<u>消しゴムを使わないで</u>，書き直しは修正部分に線を引かせる方法が望ましい。それらは，スコア

リングのときに役立つし，テスト後の質疑で書き直しの理由を聞いてみると，受検者の理解に役立つ情報が得られることがある。ただし，原図版の教示ではこのような指示は書かれていないので，日本版独自の教示である。

　原図版の初版では「ユーモラスな答えをしないように」という教示が設けられていたが，その後の調査でこの教示がなくてもほとんど結果に影響がみられなかったとして，現在では教示から削除されているし，日本版の教示にも含まれていない。

　集団法では，テストが終了したときや質問があるときの行動（例：手を上げる）やテスト後の過ごし方（例：本を読む）などもあらかじめ考えて，教示で伝えておくことが必要である。当然のことながら，質問があれば質問者のところへ検査者が行って，個別に答える。

　テストが終了したときは，終わった人から部屋の外に出ていくと，まだ書いている人にせき立てられる感じを与えることがあるので，テストが全部終わるまでは外に出ることを許可しないほうが望ましい。また，無理に全員が終わるまで続けるのではなくて，ある程度の時間がたって（約30分）ほとんどの受検者が終了していれば，まだ書いている人がいても途中で終了することが適切だろう。

b. 検査者の行動

検査者の影響をできるだけ少なくすることに配慮すべきである。そのために，読み書きのできる受検者の個別法では，受検者から少し離れたところに座って，受検者に緊張感や圧迫感をもたせないように，書いているところを静かに眺めるようにする。自己記述法だからといって，受検者が書いている間に席をはずすようなことは避けるべきである。

　集団法では，検査者は必要以上に室内を歩き回らないで，静かに受検者の様子を観察することが望ましい。

c. 受検者の行動

テスト実施の状況とともに，受検者の教示の理解や受け入れかたといったテストに対する態度，テスト中の行動が積極的か消極的か，熱心か，興味をもって取り組んだか，いい加減で仕方なく受けていたか，投げやりかといったことなどの観察記録も大切である。

　また，テスト中の態度の変化として，飽き，疲れ，いらいらなどの有無は反応転移の解釈とも関連してくる。その他質疑の内容，書き直しや時間のかかる場面はあるか，テスト後の発言や感想なども解釈に役立つ資料である。

d. 所要時間

実施についての重要な事柄の一つは，テストが終了した時点で所要時間を記入す

ることである。所要時間を記録することは，集団で実施した場合でも，終了したときに手を上げさせて回収したときに検査者が時間を記入する方法をとれば可能である。また，時計をもっている受検者の場合は，自分で時計を見て記入してもらうことも可能である。

　所要時間は，たとえば知的に遅れがあるとか，強迫的なパーソナリティの受検者では長くなるし，投げやりでテストに興味がない場合には短くなるというように，受検者の特徴を反映するので，結果の解釈や受検者の理解に役立つ。

　なお，それまでの手引きでは，所要時間はだいたい30分前後と書かれていたが，児童用Ⅲ版の改訂作業のときにテスト記入に要した実時間を調べたところ，15分以内で多くの受検者が終了することが見いだされた。したがって，読み書きができる受検者で自己記入法であれば，年齢を問わずにほぼ10〜15分で書き終えるので，教示やちょっとした質疑を含めても，30〜40分あれば十分にテストを終えることができるだろう。

③ テスト後の処理

　テスト後の質疑はスコアリングや解釈上きわめて役立つ資料が得られるので，実施することが標準である。ローゼンツァイクによると，質疑の目的は2つある。一つは正確なスコアリングのためであり，もう一つは反応水準を推定することである。しかし，これらに加えて反応に対する受検者の個人的な意味を明らかにすることも貴重な資料になる。

a. 正確なスコアリングのための質疑

　この質疑の要点は，答えが無記入である，簡単すぎる，あいまいである，場面を誤認しているなどのようなスコアリング上に問題があるときにスコアを確認することである。集団法でもテスト終了後に，その場で結果を通覧して疑問点（誤認やスコアリングがむずかしい反応）があれば，その受検者に尋ねることもできるだろう。

　質疑の方法は，書かれた反応語を受検者に読み返してもらって，その間に受検者の口調や動作などのスコアリングに役立つ情報を記録する方法がある。受検者が読んだあとに，検査者は気になる点について質疑する。

　ほとんどの反応は11種の因子に該当する反応としてスコアできるが，ときにはスコア不能（U）とされる反応が出現することがある。これらのスコア不能の反応にはおよそ次のような種類がある。質疑でUスコアと思われる反応についてあらかじめどのような内容があるかを心得ておき，それらについては確認することが望ましい。

①無記入で空白

②「無言」または「……」と書いてある

③記入しているが何を書いているか意味が読み取れない

④場面が理解できていない

⑤場面認知の誤り

⑥反応が簡単すぎて，意味が不明

⑦あいまいな表現のために，いろいろなスコアが考えられる

⑧場面にふさわしくない反応とはいえないが，フラストレーション反応として分類できない

　最後にあげた「反応としてはおかしくないがスコアできない例」を示すと，成人場面4「車のどこが故障したのですか？」という反応は，この場面に対する反応としては別に奇異とはいえない。しかし，P-Fのフラストレーション反応分類としてどのスコアにも属さないので，スコア不能（U）となる。このようなフラストレーション反応として認められない反応は，健常者にも生ずることが珍しくない。このような場合は，質疑の段階であらためてフラストレーションに対する別の反応を求めて正規のスコアとして処理することになる。

　以上のようなスコア不能反応がみられたときに，テスト後の質疑でスコアの意味や反応の意図が得られるとスコアリングの参考になるだけでなく，解釈にも役立つ。したがって，Uスコアが疑われる反応については，質疑によってスコア不能の内容まで確認しておくことが必要である。

b. 反応水準の推測

　反応水準（意見・顕現・暗黙）の推測では，主人公との同一視の程度，つまりどの程度自分のこととして考えたり答えたりしたか，を知ることが目的である。この点については，あまり直接的に場面ごとに「自分だと思って答えたか」などと聞くのではなくて，24場面の中で実際に経験したことのある場面や，最も不快な場面を受検者に取り出してもらって，その場面について話を聞くといった方法が考えられる。反応水準は，P-Fのテスト上だけで判断するのではなくて，他の日常行動の情報なども参考にすべきである。いずれにしても，テスト終了後に書かれた反応について，受検者とさまざまな話し合いをしてみることは，パーソナリティの査定だけでなくて，これからの指導や治療に役立つ情報をもたらすことが期待できる。これらの質疑段階での受検者とのやりとりによって，面接では表現できなかった受検者の発言を促進させることもある。

c. 個人的意味

P-F を標準的な一定の様式に従って実施して解釈することは，基本的に大切である。しかし，これを個人理解や治療の導入として，できるだけ有効な手段として利用するために，次のようなさまざまな質問をしてみることが考えられる。

・感想：実際にテストを受けてみた受検者の感想
・連想：場面の反応を手がかりとして，連想または関連する話
・内的反応を質疑する方法（質疑法）：人物認知，内的反応（心の中でどのように考えたり感じたか）と言語反応とのずれと意味
・場面と受検者との距離：どの場面が自分の経験に近いか，遠いか
・場面の好悪：最も嫌いな場面とその理由，腹が立つ場面
・受検者の過去経験：実際に経験したことのある場面の有無

このような質疑におけるさまざまな観点が考えられるが，最も簡便で有効な質問は特定の反応をした理由を尋ねることではないかと思われる。すなわち「どうして（右側の人物は）このように言ったのでしょうか？」という質問である。その質問に対する反応として，おそらく場面認知に関することや，感情的な側面についての表現が出てくることが予想される。この質問は，全場面でなくても，反応から見て検査者が聞いてみたい場面に限って尋ねてみるとスコアリングや解釈に役立つ資料が得られるだろう。

なお，テスト終了後に「場面の人物関係と心の中で思った反応」を尋ねる「質疑法」の詳細については，本書の事例 B（pp.133-139）および拙著『新訂　P-F スタディの理論と実際』（北大路書房）を参照していただきたい。

d. 具体的な質疑の方法

質問例としてあげると，以下のような内容になるだろう。

・全体的感想：「これを書いてどのように感じましたか？」
・場面の質疑に入る前：「書かれたことについて確認させてください」
・場面認知の確認：「これはどのような場面だと思いましたか？」
・反応の意図の確認：「この人（右の人物）は，どうしてこのように言ったのでしょうか？」

「はい」「そうね」などの簡単な反応に対する質疑について，検査者によっては「この後に続けるとしたら，どのような言葉になりますか？」というような表現をすることがある。しかし，その場合には，問題解決の N-P 反応を誘発する可能性があるので，できるだけ発言の「意図」を尋ねる程度にとどめることが望ましいだろう。

質疑にかける時間はローゼンツァイクによると 7 ～ 10 分と述べているが，一般

的には10分程度であれば，教示から終わりまで約30〜40分で終えることができる。もちろん，質疑にかける時間は受検者の様子を見ながら調整するのが基本である。

④ 実施後の処理

a. 反応記録票の作成

　P-Fのテスト終了後の処理としてスコアリングが行なわれるが，その際にスコアをテスト用紙に直接記入する検査者が多い。また，テスト後に質疑が実施されたときも，その内容をテスト用紙の余白に記入することが多い。スコアリングのあとは，テスト用紙に記入された因子を記録票（または整理票）に転記して，GCR（集団的一致度）やプロフィールといった指標を対象にした整理が行なわれるのが一般的である。

　そのような手続きで進めると，生の反応を確かめるためにはどうしても反応が記入されたテスト用紙を参照しなければならない。あるいは，テスト用紙を参照せずに，プロトコルから離れて，スコアを中心とした解釈になってしまうおそれがある。個人理解のための解釈は，できるだけ生の反応からスコアリングを経て解釈にいたるまでの手続きを関連させながら進めていくことが望ましい。そのためには反応プロトコル，テスト中の行動や質疑，スコア，各場面における反応特徴などをまとめて一覧できる用紙が必要だと考えて成人・青年・児童の各「P-Fスタディ・反応記録票」を考案した。

　必要な項目と記入の要領は以下のとおりであり，具体例は「Ⅲ 資料編」の事例を参照してほしい。

　　①欄外のフェイスシート（名前・性別・年齢（学年）・主訴・テスト状況・筆記特徴など）の各事項に必要に応じて記入する

　　②テスト用紙に記入された反応を，場面ごとに反応記録票のプロトコル欄に転記する。質疑での応答は〈　〉内に記入する

　　③転記された反応についてスコアリングを行ない，順次スコア欄に記入する

　　④スコアリング中に，スコアについての問題があれば備考欄に記入する

　　⑤スコアリングが終了したあとで，テスト中の行動や質疑，あるいは反応について感じた解釈に役立つと思われるさまざまな事柄を備考欄に記入する

　具体例としてはスコアリングや9章で取り上げている事例を参照してほしい。最近では多くの資料をコンピュータに保存することが行なわれており，P-Fの反応を記録することはそれほど手間のかかる作業ではないだろう。

b. 反応記録票の意義

反応を書き写して一覧表を作成することの意義として以下のようなことがあげられる。

①受検者が反応を書いているときの心理状態を察することができる

②生の反応の流れが一見してわかる

③反応からスコアへの変換状況がわかる

④因子の反応内容がわかる

⑤内容分析が容易になる

⑥生の反応データとして蓄積できる

反応を転記していく過程で，おそらくテストでその反応を書いているときの受検者の考えや感情を察することができるだろう。単に反応を「読む」という行為よりも，「書く」という行為は，受検者の反応を理解するうえで役立つに違いない。

反応の一覧表から得られる利点は，生の反応がどのような因子としてまとめられたか，逆に言うと因子として表現されている内容はどのような反応であるかを知ることができることである。ある程度書き写しが進んでいくと，文章表現の特徴，全体的な反応の流れ，受検者らしい反応やときには違和感のある特異な反応に出合うなどの生の反応から受ける印象をその後の解釈に活かすことができる。

この反応記録票を6章で述べる整理票とともに参照しながら解釈すれば，形式分析による解釈を補い，内容分析における反応の個人的特徴の把握がしやすくなって，より適切で総合的な解釈を目指すのに役立つだろう。

5章

スコアリング法

　スコアリング（記号化分類作業）の手順は，手引きに記載されている評点因子一覧表の各スコアリング因子の意味を基本として，場面別に示されているスコアリング例や注意事項を参照しながら進めていくのが一般的である。なお，『P-F スタディ解説〈2020 年版〉』（秦・安井，2020）は 2023 年 6 月に第 2 版が出版されているが，初版の修正箇所については出版社の三京房が公にしているので，参考にしてほしい。

　本章では，スコアリングの一般原則などの基礎的な事柄について述べる。次いでスコアリングの正確さにかかわることとして，スコアリングの誤りの一般的傾向，実際にスコアリングするうえで重要な事項について解説する。

1. P-Fスタディとスコアリング

① 基本的反応分類

　P-F のスコアリングは，フラストレーション場面における言語反応を対象にして，「3 章　フラストレーションの反応分類」の表 3-3 のところで説明したように，3 つのアグレッション方向と 3 つの型の組み合わせによる 9 つの因子に 2 つの変型因子を加えた 11 の因子に分類し，記号化する作業である。

　フラストレーションに対する反応は多様であり，その反応のすべてを限られた因子に分類することは必ずしも容易でない。しかし，このスコアがその後の解釈の基盤になるので，どうしても正確なスコアリングが必要である。

　スコアリングは，それぞれの言語反応について常に正しい唯一のスコアがあるわけではない。書かれた言語反応がその場面でどのような意味を表現しているかについて，しばしば評定者によって受け取りかたが違う場合がある。そのときは，当然のことながらスコアの違いとなって表われる。そのように，スコアリングが評定者の受け取りかたの傾向を反映しているという意味で，評定者に対する投映法の特徴を示しているといえるかもしれない。たとえば，評定者の中には e// とか，/E/ などのスコアをつけやすい傾向をもった人がいるのは事実である。

　また，すべての反応がスコアできるわけでもない。ときには，反応自体は普通の会話として成立しているが，フラストレーション反応として認めることができない

内容に出合うこともある。たとえば，成人用場面 4 で「どこが故障したのですか？」という反応である。そのときは，質疑がなければスコア不能 (U) という処理になる。ただし，質疑でスコアできるような新たな反応が得られた場合は，それが正規のスコアになる。

　スコアリングの基本的原則は，成人用，青年用，児童用の 3 つの版で共通している。しかし，具体的な適用としてスコアリング例や注意事項をよくみると，3 つの版でスコアリング上の違いも多少存在している。したがって，スコアリングは各版のスコアリング例と注意事項を丁寧に参照することが要請される。

　スコアリングの正確さには，誰が評定しても完全にそのスコアしかないという性質のものから，複数のスコアが可能と考えられるもの，あるいはスコア不能 (U) とすべき確信度の低いスコアまでかなり幅がある。このようなことから，評定者間におけるスコアリングにはある程度の不一致は避けられないことを念頭におきながらも，できるだけ一致率を高める努力はしなければならない。スコアリング一致の目安としては一応 80% 以上が望ましいとされている。

2 スコアリングの原則

　原図版の基本マニュアルの中で原著者は，10 のスコアリング原則をあげている（Rosenzweig, 1978a）。これが P-F のスコアリングの最も基本となるものなので，以下にその要点を紹介しておこう。

---

①表現された意味によるスコア
- 言葉の常識的な意味によってスコアする。語句や文章が同じでなくても，文脈的に同じ意味であれば同一スコアになる。
- テスト中に最初の答えがいったん訂正されたが，質疑段階で最初の答えに戻ったときは，その反応を正規のスコアとする。

②スコアリング例との参照
- スコアリング例はどのような言語表現がどのようなスコアになるかを示すだけでなく，P-F の各構成要素の意味内容を例によって明確にする意味もある。

③スコアの数
- ほとんどの反応は 1 つの因子でスコアできるが，2 つの明確な語句や文章があれば複数のスコアが必要になる。
- 2 つ以上のスコアができる場合でも，主要な 2 つの因子をスコアとして採用する。
- スコアの数に迷ったときは，単一のスコアにするのが望ましい。

④アグレッション方向の選択 (E-A, I-A, M-A)
- 導入的な反応に，はっきりした内容の反応が続いたときは，導入的な反応は後の主

要な反応に吸収されるのでスコアしない。たとえば「すみません (/I/)，私が直します (//i)」という反応は，//i だけをスコアする。
- 2 つの独立した発言が異方向のときは，2 つのスコアをつける。
- 融合スコア (intrinsic combination score) は，背景にある種の心理的特徴が反応語に表現されているときに用い，下の例のようにスコアを四角で囲む。

$\boxed{\text{/E;I/}}$：自己卑下的な攻撃反応 ［例：私たちはふさわしくないと思っているのよ］
$\boxed{\text{M'/E/}}$：いわゆる「すっぱいぶどう」の合理化反応 ［例：女なんていくらでもいるよ］

⑤アグレッション型の選択 (O–D, E–D, N–P)

- ちょっとしたためらい反応の O–D に続いて，自我防衛の E–D や問題解決の N–P 反応がみられたときは，O–D 反応をスコアしない。
- よくみられるのは，E'// と /E/, E'// と //e, M'// と /M/, M'// と //m などである。
- 口汚い罵りのような言葉が人間以外の事物や運などに向けられたときは E'// であり，人に向けられたときは /E/ である。
- 明確に要求として表現されていれば //e であり，それが言葉として表現されていなければ E'// である［例：お菓子がほしかったのに→ E'//，お菓子をちょうだい→ //e]。
- 欲求固執反応が，反抗的な表現や相手を非難するような表現となったときは /E/ である。

⑥自責逡巡反応 (I'//)

- フラストレーションを否定する反応がスコアされる。これらの反応は，自分の懸念を知られたくないという気持ちや処罰を求める欲求から生じると考えられる。
- 障碍がかえってよかったという利得を示す反応は，自分の問題から注意をそらそうとする気持ちがはたらいている。
- はっきりした罪悪感を示す反応 (/I/) と軽い表現の I'// とが一緒になった反応では，吸収の原理で /I/ のみをスコアする。

⑦無責方向の反応 (/M/ と //m)

- 結合スコアの //e;m は，今要求を受け入れてくれたら相手の要請に従うという場合と，今要請に従うから自分の要求も受け入れてもらいたいという反応にスコアする。
- 不満だが，しぶしぶ相手の言うことに従う表現のときは，E'//m になる。
- 同調の //m と建設的な問題解決の //e とか //i が同時に含まれる反応では，//m は //e や //i に吸収されることが多い。
- 主要な欲求固執反応の導入的表現として無罰反応 (/M/) が表現されたときは，通常 /M/ はスコアされない。

⑧超自我阻碍場面のスコアリング

- 驚きの反応は，自我阻碍場面では E'// とスコアされるが，超自我阻碍場面では I'// とスコアする。
- 自我阻碍場面で「たいしたことはない (M'//)」とか「いいよ (/M/)」という反応は，超自我阻碍場面では自分の責任を軽くみなすような非礼な反応となるので，/E/ のスコアになる。
- 弁護の反応は，自我阻碍場面では相手の立場を理解することを意味するので /M/ と

なるが，超自我阻碍場面では自己弁護となるので /I/ とスコアする。

⑨質疑段階の情報

- 質疑段階は，簡単すぎる反応やあいまいな表現を正確にスコアリングすることが一つの目的である。
- 口調，ジェスチャー，その他の会話から，書かれた言葉ではわからない情緒的な背景を理解する機会になる。

⑩スコア不能の反応

- 無記入で質疑が実施されなかったときは，スコア不能 (U) となる。
- 場面誤認の場合はスコアリングできるような反応であってもスコアしないが，質疑で新たな反応が出されたときはそれが正規のスコアになる。

---

③ カテゴリー内の因子間の区別

カテゴリー間の違いについては「3章 フラストレーションの反応分類」で取り上げているが，ここでは各カテゴリー内での因子の区別について説明する。

a. 方向内の因子

ある反応がどのカテゴリーに分類されるかの判断は，さほどむずかしいことではない。しかし，同一カテゴリーに属する3つの因子の間で明確な区別がつきにくいために，スコアリングの誤りとなることが少なくない。以下では，スコアリングの観点から各カテゴリー内での因子間の区別に焦点を当てて解説する。

---

① E-A方向：E' //, /E/, //e

- E' // と /E/：他責方向で E' // と /E/ の違いは，攻撃的な反応が直接相手に向かって出されたときは /E/ になり，独り言のようにつぶやいた場合は E' // とスコアする違いがある。
- E' // と //e：E' // は不快な感情，/E/ は相手に対する非難や攻撃，//e は欲求充足を相手に求める反応である。ここでは，ときに明確な要求を表明していないにもかかわらず，直接的な要求の反応とみなして //e とスコアする誤りがみられる。たとえば，児童1「私もほしかったのに」とか，成人3「帽子をとってくれればいいのに」などの反応は，要求というよりも不満の表現にとどまっているとみなされるので E' // とスコアするのが適切である。「私もほしい」とか「帽子をとってください」という要求が明確に表明されているときに //e とスコアされる。なお，「帽子をとってもらうように言ってみようか」の反応は，厳密にいえば行動に移す前段階であるが，頼むことが十分に予想される反応なので //e のスコアになる。
- /E/ と //e：相手に対する要求が強いときにしばしば攻撃的な表現をとることがある。そのときは //e ではなくて /E/ とスコアされる。たとえば，相手の要求に対する拒否や強圧的，攻撃的，非礼などと認められる表現は /E/ とスコアすることになって

いる〔例：児童2「使わせろ」〕。また，同場面で「返すもんか」という反応は，ローラースケートを使い続けることを主張しているが，相手の要求を拒否しているとみられるので //e ではなくて /E/ とスコアする。なお，この場合に /E/e などの結合スコアにするのは，できるだけ単一のスコアにするという規則からみて好ましくないので E(e) として //e は参考のスコアとして処理するのが適切だろう。

② I–A 方向：I′ //, /I/, //i

I–A に属する因子は，基本的にフラストレーションの原因が自分にある超自我阻碍場面の反応であり，因子間の区別はそれほどむずかしいものではない。ただし，フラストレーションの原因が他者にあるか誰にあるかが不明な自我阻碍場面でも，障碍を否定する I′ // とか，自分で解決するという自律的な反応としての //i がしばしば出現する。

- **/I/ の吸収**：ここでは，「すみません（/I/）」などの謝罪反応が弁償などの欲求固執反応（//i）と同ときに出現したときは，「すみません」は導入的な意味しかもたないとして，欲求固執反応（//i）だけをスコアすることになっている。3章の反応分類の細分化で取り上げた表 3–8（p.35）の因子 /I/ の中で「②特別な謝罪」や「③責任の自認」の反応は独立した反応として /I/i とスコアする。

  なお，謝罪の反応について具体的にどのような内容であれば独立した反応として扱うかについて，一応「大変」「本当に」「誠に」などの謝罪を強調するような文言がつけられた場合は，独立した反応としてスコアすることになっている。

③ M–A 方向：M′ //, /M/, //m

- **M′ // と /M/**：同じ無責方向の反応に属する M′ // と /M/ との間で，スコアがしばしば混同されることがあるが，両者は障碍の程度の違いでなくて反応が向けられる対象に違いがある。つまり，M′ // はフラストレーションの対象が「事態や物」に向けられるのに対して，/M/ では「人」に向けられて，相手を許容する反応にスコアされる。たとえば，児童16「いいわ，その子は小さいのだから（/M/）」という人に向けられた反応と，「いいわ，なんでもないわ（M′//）」というフラストレーション事態に対する反応の違いである。

  なお，P–F はすべてが対人関係場面なので，障碍優位型（O–D）か自我防衛型（E–D）に迷ったときは，基本的に自我防衛型としてスコアするのが無難だろう。

- **M′ // と //m**：スコアリング上で，フラストレーションの解消をあきらめる場合と我慢する場合の混同がしばしばみられる。「我慢する」反応は，フラストレーションの解消としては社会的に認められた対処法の一面があるので //m とスコアされる，一方，「あきらめる」反応はフラストレーション解消を求める //m ではなくて，フラストレーションを軽視する M′ // の範疇に入れるのが妥当だろう。ただし，「いいよ」という反応はほとんどが /M/ とスコアされる。

  成人4で次の列車に乗るという反応について，M′ // と //m の間でスコアの区別に迷うことがある。たとえば，「次の列車に乗っても，別にかまいませんよ」という反応について M′//m か M′ // のみのスコアになるかという場合である。この場合は，次の列車に乗ることを前提にしているが，「次の列車にしても支障はない」というフラストレーション事態を軽視した反応が主たる内容とみられるので M′ // のみのスコア

とするのが適切だろう。

　成人 14 と 23 で「もうすぐ来るでしょう」という反応は，待つこと (//m) と待つのはたいしたことではない (M'//) というスコアに迷う反応である。場面状況の違いによって成人 14 では //m，成人 23 では M'// になっているが，このような反応は，どちらの意味が強いのかについて質疑で確認することが望ましい。

b. 型内の因子

① O-D 型：E' //, I' //, M' //

　フラストレーションの程度に関する反応として，まったく障碍を受けていないと否定するとか，かえってよかったという反動形成的な反応が I'// である。これに対して障碍があったことを認める反応として，障碍を強調する不快な反応が E'// であり，障碍を認めるもののそれを軽視するいわば中間的な反応が M'// である。

- I' // と M' //：同じ障碍を認める反応である O-D に属する因子としての I'// と M'// の間で混同することがしばしばみられる。たとえば，成人 22「いいえ，たいしたことありません」は，前半の「いいえ」だけであれば怪我を否定している I'// とスコアするが，後半の表現から反応全体として「たいしたことはない」という意味を表わしているとみられるので M'// のスコアになる。

　　成人 22 と児童 15 で転んでいる場面の「いいえ，たいしたことはありません」の反応は，前半だけの反応であれば障碍を否定する I'// であり，後半だけであれば障碍軽視の M'// になる。これが同時に出たときは I' ; M' にはならない。その理由は反応全体からみたときに発言の内容は「たいしたことがない」とみられるからであり，できるだけ単一のスコアにするという原則に沿った処理でもある。

② E-D 型：/E/, /I/, /M/, E/, I/

　E-D 型に属する /E/, /I/, /M/ は，それぞれのフラストレーション反応方向の違いがはっきりしているので，一般的にほとんど間違いなく区別できるだろう。

- /E と /I：変型因子の /E/ と /I/ は，いずれも超自我阻碍場面に出現する反応で，/E/ はフラストレーションの原因や責任の否定であり，/I/ は一応責任を認めたうえで自己保身的に言い訳をする反応という違いがある。たとえば，児童 3「私も，あなたにしゃべるつもりはなかったよ」は，自分もしゃべったことを認めていることを前提とした言い訳の反応なので /I/ になるが，しゃべる意図がなかったからという理由で /E/ とスコアする誤りがみられる。

- /E と /E：/E/ と /E/ の関係について，たとえば児童 11（夜尿をして非難されている場面）で，「弟がしたんだ」という反応に対して，自分ではないという意味から /E/ とスコアする誤りがしばしばみられる。確かにこの反応は「自分はしていない」という意味に違いないが，表現しているのは「弟のせいにしている」/E/ とするのが正しいスコアである。つまり，人のせいにすることが表 (/E/) で，自分ではないことが裏 (/E/) の関係になるが，スコアはあくまでも表現しているほうを優先するのが適切な処理である。

- /I と /I：/I/ と /I/ の区別が /I/ の釈明内容によって，フラストレーションの責任

が自身にあると認めているのか，あるいは言い訳として責任を回避しようとしているのかの区別に迷うことがある。たとえば，成人 19「ついうっかりしていました」という反応は，自身の非を認めた反応なので /I/ のスコアではないかという疑問である。一般的に少しでも自己の非を軽くしようとする意図が感じられる反応であれば /I/ のスコアになる。したがって，「通常の状態であればこんなことにはならなかった」という自分の落ち度を認めるような反応の場合も，一応言い訳の /I/ とスコアする。

③ N–P 型：//e, //i, //m

　N–P に属する因子はいずれも問題解決の反応であるが，誰がどのような解決を図るかに違いがある。つまり，解決を他者に依存する場合は //e，自ら解決する場合は //i，社会的慣習に従うとか，これからの成行きに任せたりお互いに相談する場合は //m になる。成人 16 の反応では，解決法が自分で責任を取るときは //i，お互いに相談するときは //m，第三者に解決を求めるときは //e になる。したがって，「警察に相談しよう」という反応は //e である。

- //e と //m：欲求充足の時間的な側面からみると，//e はその場での解決を求めるのに対して，//m は時期を特定しないで先延ばしをして，相手の事情や状況に合わせて解決を図るところに違いがある。これらの特徴から，//e は一次的で直接的無条件の欲求充足を求める反応であり，//m は 2 次的で間接的な条件つきの反応ともいえる。よくみられる例として，児童 5「いつかまた買ってね」は相手に要求している反応として //e とスコアするよりも，欲求充足を将来に求める //m が適切である。なお，「誕生日に買ってちょうだい」などのように被阻碍者のほうから時期を特定する反応の場合は，//e;m の結合スコアになる。

　では，成人 6「図書館での貸し出し」や成人 18「品物が売り切れた」場面で予約をする場合のように，手に入れるのは将来であるがそれを予約する場合はどのようにスコアすればよいだろうか。この場合は，品物を手に入れることを現在の時点で明確に約束しているので //m や //e;m ではなくて，//e とスコアすることになっている。

　これに類する反応として，同じ成人 18「商品が入ったら，知らせてください」という反応は，将来手に入れること (//m) に，連絡をしてもらうという相手の手を煩わせること (//e) が加わっているので //e;m の結合スコアになる。

- m // の吸収：//m は社会的慣習や自然の成り行きに解決を任せるので，いわば受動的で消極的な解決であるが，//e は他者に対して，//i は自身の手によって能動的に解決に向かってはたらきかける積極的な解決法ともいえる。スコアリング規則の⑦にあるように，同調の //m と建設的な問題解決の //e あるいは //i が同時に含まれる反応では，//m は //e とか //i に吸収されてスコアされないことが多い。たとえば，成人 23「いいよ，早く来るように言って」(//e)，成人 6「わかりました，2 冊は元に戻します」(//i) などである。

　なお，「我慢する」という反応は一見すると不快の E'// ではないかと思われるが，これは感情的な反応ではなく，解決法の一つとみなされるので m// とするのが正しいスコアである。

2. スコアリングの実際

① スコアリング原則の適用

先に紹介したローゼンツァイクによるスコアリングの原則の中から，実際に起きるスコアリング上での諸問題についてあらためて検討する。

a. スコアリングと語義的水準

スコアリングで最も基本とされていることは，反応の表現された「語義」に従って行なわれることである。これは，スコアリングの段階ではあくまでも客観的な分類を行なうべきで，表現された言葉の背後に隠された欲求や動機によってスコアリングすべきではないということである。

とくに初心者においてよくみられることであるが，スコアリングの際に，反応語の背後にある欲求や意図に注目して，言葉で表現していないにもかかわらず//eとスコアする誤りがある。たとえば，児童4「自動車がこわれてしまった」という反応はE′//のスコアであるが，これを「直してほしい気持ち」からそのように発言しているとみて，E′//eや//eとする場合である。//eとスコアするには，「自動車がこわれてしまったから，直してちょうだい」などのように，明確に相手に問題解決の要求を示す言語表現が必要である。

ただし，直接的な言語表現はなくてもその意味している内容が十分に理解できるような場合は正規のスコアとして採用することが許されるだろう。スコアリングの最も重要な原則は表現された言葉の意味に従うことであり，逆にいえば，言葉に表現されていなければスコアしないということである。しかし，この原則を厳密に適用していくとスコア不能のUが多くなることや，せっかく出された反応の意味をスコアとして表現することができなくなるおそれがある。したがって，語義的水準は尊重しながら，ある程度の推測は認めることのほうが現実的な処理だろう。

たとえば，成人12のマフラーを間違って持っていかれた場面で「彼女の電話番号（住所）わかりませんか？」という反応は，原図版の青年用では//iとスコアされている。この場面で電話番号を聞くことは，おそらく持っていった彼女に自分から電話をしてみる可能性が高いとして//iにスコアされているのであろう。しかし，厳密に考えると電話番号や住所を聞いただけではその後にどのように対応するかはわからないので，質疑で確認をすることが望まれる。

これに類する反応として，成人21「病院を尋ねる」反応は，成人12と同様に見舞いに行くために尋ねたと考えられるので//iとスコアすることになっている。

b. スコアリング例の利用

　手引きには，場面ごとに各因子に該当する反応例が記載されているので，これら
を参照しながらスコアしていくのが一般的である。反応例や各場面の注意事項は，
スコアリングを正確にするためだけでなく，各スコアリング因子のもつ意味を明確
にするという意味ももっている。スコアリング例を利用するにあたって，次のよう
なことが参考になるだろう。

①**例の確信度**：スコアリング例として記載されている反応には，確実にそのスコア
　　しか該当しない反応のみを取り上げているわけではない。例の中には，他のスコ
　　アになるかもしれない「推測された反応例」もある程度含まれている。

　　　初心者の場合は，最初からスコアリング例を参照しながらスコアをしていくこ
　　とが多いが，テストに慣れてくると，例を参照せずにスコアリングするために，
　　思い込みによる誤りが生じることも少なくない。したがって，熟練者でも一応手
　　引きのスコアリング例を参照しながらスコアしていくことが望ましい。

②**例にない反応**：スコアリング例に記載されている反応は，標準化のために実施し
　　た対象の反応以外に，ある程度出現が予想される反応も含んでいるが，例には限
　　界がある。とくに結合反応のスコアは，受検者の反応に該当する例が見つからな
　　い場合があるかもしれない。そのときは，直ちにスコア不能のＵとするのでは
　　なくて，それぞれの因子の意味をよく理解したうえで，評定者が適切と思うスコ
　　アをつけることになる。

　　　スコアリング例に記載されている分類は，あくまでもスコアの単純化や導入的
　　な表現の吸収というローゼンツァイクのスコアリングに対する基本的な原則に
　　従ったスコアリング方法によっている。ところが具体的な反応では同じ反応でも，
　　評定者によって反応の受け取りかたやスコアリングについての考え方に違いがあ
　　るために，必ずしも手引きのスコアリング例と同じスコアにならないことがある
　　かもしれない。このようなスコアリング上でのずれが生じることは，投映法であ
　　るかぎりやむを得ないところである。

③**記号や絵文字の使用**：言語表現以外の，最近のメールでよく用いられる感情を表
　　現する記号や絵文字などが書かれている場合に，どのような判断をすべきだろう
　　か。結論からいうと，それらが言語表現の意味を明らかにする補助的なはたらき
　　をもっていれば，参考にしてスコアできる。たとえば，成人用場面11「夜中に
　　まちがい電話で起こされた」で，原図版の成人用スコアリング・マニュアルの中
　　で「さようなら（Good bye）」の反応語について，それが怒りの表明なのか，相
　　手を責める意図のない反応なのかを判断するには，付加的な資料が必要だと述べた

うえで，スコアリングの実例として，"Good-bye!"という感嘆符のついた反応を他罰因子（/E/）とスコアしている。

c. 自我阻碍と超自我阻碍

自我阻碍場面で「仕方がない」とか「いいよ」という反応は，一般的に /M/ とスコアされる。しかし，これらの反応が明らかに自己の責任を追及されている超自我阻碍場面でみられたときは，相手に対して失礼な反応と受け取れるので，通常は /E/ とスコアすることになっている。

一般的に超自我阻碍場面では，原因が自分にあるので無罰の /M/ とスコアするような反応は少ないが，次のような場面や反応では /M/ とスコアすることがある。たとえば，成人用の 5，7，10，21 で反応語の内容が「非難されても，それなりの理由があって，もっともなことである」というように，相手の立場を理解しているときにのみ /M/ がスコアされる。ただし，原図版では「君の誤解だよ」という反応が /M/ とスコアされているが，日本語の場合は「誤解したほうが悪い」というような意味に受け取られることがあるので，「誤解したのはもっともで，仕方のないことだ」という意味のときにかぎって /M/ とスコアするのが適切だろう。

児童用の超自我阻碍場面 6 でも /M/ が出現しているが，これは前述の例とは少し事情が違う。児童 6「おまえのような小さい子とはいっしょに遊ばないよ」に対して，「いいよ」「かまわないよ」などの反応が /M/ となっている。この反応は，もともとこの場面をフラストレーションの原因が自分にある（小さいという理由）超自我阻碍場面とみているのではなくて，おそらく遊びを拒否された自我阻碍場面という認知による反応と考えられる。実際にこの場面は超自我阻碍場面であるにもかかわらず，自責（I-A）反応がほとんど出現しないことからも，多くの受検者はこの場面を自我阻碍場面として認知していることがうかがわれる。したがって，他の自我阻碍場面と同様に，「いいよ」という反応は /M/ とスコアしても問題はないだろう。

自我阻碍場面と超自我阻碍場面では，相手の問いかけに対して否定する反応についてのスコアの仕方が違う。自我阻碍場面では被碍がなかったという意味で I´ // とスコアされるが，超自我阻碍場面では相手の非難に対する否定的な反論なので /E/ とスコアされる。

2 因子の選択

複雑な反応で複数の因子がスコアとして該当する場合でも，2 つの因子までに絞らなければならない原則がある。さらに，スコアリングにおける簡略化の原則は，

反応の主たる特徴を抽出するので，副次的な反応は主要な反応に吸収されて正規の
スコアから除かれることになっている。

a. 因子選択の条件

　因子選択の条件を以下にあげる。どの条件を優先的に考えるかについては評定者
の判断によるが，筆者は①②③の順に優先している。

①**反応全体からみた重要度**：質疑などによって受検者が相手に伝えたかったことを
　明確にすることが最も有効な方法であり，表現内容から強調されている反応を優
　先する。文章が長いとか，記号が書かれているなどは選択の参考になるだろう。

②**方向の選択**：異方向を優先するが，E-A と I-A，または E-A と M-A の関係を
　重視して，I-A と M-A は他責方向以外の方向として共通しているのでスコアを
　後回しにする。つまり，E-A を優先する。

③**型の選択**：同方向で３つ以上のスコアができる因子の反応は，優先順位を N-P
　→ E-D → O-D として採用する。

b. 吸収されやすい導入的反応語

　　・あいづちの反応：うん，はい，そうね

　　・謝罪の反応：すみません，ごめんなさい

　　・許容の反応：いいよ，かまわないよ

　これらの反応語は，同じ方向で他の主要な因子が出現しているときは吸収されて
正規のスコアにならないが，異方向の反応と同時に出現したときは正規のスコアと
して採用されるのが一般的である。

c. 融合スコアの処理

　１つの反応文で２つの因子がかかわっているような融合スコアとして $\boxed{M'/E/}$ や
$\boxed{/E;I/}$ などがあるが，これらの反応に別の因子が加わるような反応があったときは，
それぞれ M′/E/ や /E;I/ として重要な因子から２つを選択する。

③ 質疑とスコア

　適切なスコアリングには，テスト記入後の段階で質疑を行なうことが欠かせない
が，質疑を実施した場合でも，質疑で話された内容をどのようにスコアとして表わ
すかに迷うことが多い。ここでは，具体的に質疑を行なったときと質疑がなかった
ときのスコアの処理について考えてみよう。

a. 質疑を実施したとき：初発反応の重視

　スコアリングは，書かれた言葉の語義的水準でなされるのが原則であるが，テス
ト後の質疑によって得られた情報をどのようにして活かすべきだろうか。書かれた

反応は，表面的には同じ言葉でも，実際は怒りの感情をもってなされた場合と，穏やかで怒りの感情がまったく含まれていない場合では意味が違ってくるので，当然違ったスコアになる。

　たとえば，「もういいよ」という反応は一般的に無罰の /M/ とスコアされる。質疑段階で受検者に書かれた答えを読み返してもらったときに，穏やかな口調で読まれたならば，スコアが /M/ で間違いないとわかる。しかし，これが怒りを込めた強い口調で言われたときには，/E/ とスコアできるだろう。とくに反応語に「もういいよ☆」のように怒りマークがついていたならば，相手に対する敵意的攻撃（/E/）の可能性が強くなる。

　ただし，感情的な怒りがあっても，それが無意識的抑圧や意識的抑制の機制がはたらいて「言葉」として表現されていなければ，攻撃的な反応として /E/ とスコアすることはできない。したがって，これらの言葉以外の情報は，スコアリング上の参考にとどめるべきであり，場面の左の人物である阻碍者が，右側の被害者から攻撃されていると受け取れるような表現になっているかどうかが「他罰（/E/）」と判断する拠り所になる。

　一般的には，書かれた初発反応に対してスコアリング例を参照してスコアするが，質疑がなされた場合は，質疑によって得られた情報を参考にしてスコアすることになる。ただし，これは反応に込められた感情を明らかにすることによって「反応の示している意味」をより明確にするのが目的である。つまり，質疑によって得られた情報からスコアするには，あくまでも初発反応に含まれるニュアンスを明らかにする「語義的水準」にとどまるのであって，どのような欲求からそのように答えたかという「動機的水準」と混同しないように注意すべきである。筆者が試みた「心の中でどのように感じたり考えたりしたか」という質疑法（秦，2007）は，語義的水準を超えているので，そこで得られた答えをそのままスコアにすることは適当でない。

　正確なスコアリングのためには，スコアリングがむずかしいと思われる場面だけを選択的に取り上げて質疑することもできるので，個別検査では是非ともテスト後の質疑を勧めたい。

b. 質疑を実施したとき：質疑とスコアの具体例

　あいまいな反応に対する質疑とスコアの関係をまとめると，以下のようになるだろう。なお（　）内のスコアは，整理上は U 扱いであるが，解釈の参考として参照するための処理である。カッコ内因子の具体的な活用については 7 章の解釈法で解説する（p.89）。

あいまいな反応語について，質疑とスコア表示の関係は次のような例があげられる。

①初発反応の意味明瞭：質疑によって初発反応の意味が確認できたときは，それが正規のスコアになる。

［例：成人 8「そっか……」に対して，質疑で「残念な感じだけど，言い返せない」と答えたときは，失望を感じながら「言い返せない」という抑止した落胆の簡単な感情的表現とみることができるので，E′// とスコアできる。］

②初発反応の表現不足：質疑によって説明された意図は確認できたが，初発反応の表現ではそれが読み取れないときは U になる。

［例：成人 12「そうですか」は，質問後に「わかったら連絡を店員に頼むつもり」という依存的解決の答えであった。この反応は，初発反応からそのような意図は推測することができない二次的反応とみられるので U（e）として，整理上のスコアは U と同じ扱いになる。］

③初発反応と異なる新規反応：質疑によって初発反応とは違った反応が新たに示されたときは，新規の反応が正規のスコアになり，初発反応は参考として処理する。

［例：成人 6「はい，わかりました」の初発反応について，質疑段階で「4 冊貸してください」という答えに変わったときは，初発反応の説明というよりも新たな反応とみなされるので，質疑でどちらの反応を重視するかを確認したうえで，たとえば後の反応を選んだときは //e（m）と表示して，整理上は //e として扱う。］

④場面誤認による新規反応：初発反応で場面認知の誤りが認められときに，設定された場面認知を説明したあとで得られた反応が正規のスコアになり，場面誤認の反応は参考として処理する。

［例：児童 20「ごめんなさい」という初発反応に対して，質疑で自分が叱られていると誤認していたことがわかった。小さい子が悪かったと言っていることを理解したあとに反応を求めたところ，「いいよ」という答えであったときは，/M/（I）として，/M/ が正規のスコアになり，最初の反応はカッコに入れる。］

⑤初発反応の意味不明：質疑の説明によっても初発反応の意味が理解できないときは U として処理する。

［例：成人 7「なんのことですか？」の初発反応に対して，質疑段階の応答が「何を言われたのかわからなかったので，聞いてみた」であった。これは初発反応自体が P-F の反応分類に該当しない，いわばフラストレーション反応以前の相手の言葉の意味を確認する表現にとどまっており，質疑においても反応分類に該当するような説明が得られていないのでスコア不能の U となる。］

c. 質疑がないとき

　判断に迷うような反応について質疑がない場合にはしばしば U と処理することが起きるが，書かれた反応はできるだけスコアとして表現したいと考えるのが検査者としての一般的な傾向である。

　もともとスコアリングで 100%正しいスコアを望むことには無理があり，ある程度推測によってスコアしているのが実態である。質疑の資料がないときは，受検者に関するさまざまな情報，たとえば日ごろの言動や P-F に対する他の場面での反応傾向などを参考にすればスコアすることができることもあるだろう。もしあるスコアに決めたときでも，他のスコアの可能性が考えられるときは，そのスコアをカッコに入れて記録する方法を用いれば，解釈するときに反応をスコアとして活かすことができる。

3. スコアリングに迷う反応

　初心者だけでなく経験者でもスコアリングで迷う反応に出合うことは少なくない。ここではそのような判断に迷う反応を取り上げて検討する。

1 複数の場面に共通する反応

a. 気づかい

　気づかいはもともと行為ではなく行為の背景にある気持ちを意味しているので，いくつかの因子と関係している。つまり，フラストレーションの事態を軽視する M′ //，相手を許容する /M/，フラストレーションを否定する I′ // などの因子である。

　気づかいの表現として「どうもありがとう」などの謝礼に類する反応がしばしば出現する。これが儀礼的な謝礼とみられるときは，スコアするほどの意味がないかもしれないが，たとえば成人 22 で「あなたは大丈夫ですか」というような相手を気づかう反応の場合は，自分で倒れたと超自我阻碍と認知した場合でも /M/ とスコアできるだろう。

　「気にしないでください」という反応は，原図版ではスコアリング例の中に例文として記載されていないが，インド版ではしばしば "Don't worry" の反応がみられ，いずれも /M/ とスコアされている。この種の反応は，明らかに相手に対する気づかいの反応であり，その背景には相手を許容する意味が含まれているので /M/ とスコアするのが適切だろう。

b. 疑問文の反応

しばしば疑問文の形での反応がみられるが，内容的には次のような種類があげられる。それぞれの反応に該当するスコアを以下に示した。

①疑問や確認のための質問→主としてU

②意外な事態に対する驚き→ E′ // （自我阻碍場面）または I′ // （超自我阻碍場面）

③相手に対する要請→ //e

④相手に許可を求める→ //e

⑤相手に抗議や詰問をする→ /E/

疑問形の反応は，相手に尋ねること自体が目的で依存的問題解決（//e）につながる場合と，問題解決をするために対応する前段階としての反応（多くの場合は確認）に分かれる。後者の場合に，その後の反応に複数の選択肢が想定されるときは当然Uとして処理すべきであるが，特定の行動が十分に予期される場合には，それを正規のスコアとすることは許されるだろう。

c. 謝罪の反応

超自我阻碍場面で謝罪の反応があったときは /I/ とスコアされる。しかし，「すみません，弁償します」のように前半の反応は後半の反応に対して導入的な慣用句としてスコアされずに，//i のみのスコアになる原則がある。これに対して丁寧な謝罪であれば，それぞれ独立した反応として /I/i という結合スコアにされることになっている。

具体的にどのような謝罪の表現であれば独立した反応とみなすかについて統一した見解がこれまで示されていなかった。成人用Ⅲ版の標準化研究グループで討議した結果，謝罪を強めるような表現，たとえば「大変」「本当に」「誠に」などが含まれているときは独立した反応とみなすことにした。ただし，このような処理は便宜的な取り決めであり，あくまでも「特別な謝罪の意味をもった表現」と評定者が判断したときに独立した反応としてスコアするのが原則である。

なお，先のスコアリング因子の細分化で示した3章の表3-8 (p.35) に記載されている /I/ の②や③は，独立した反応とみなされるので，他の因子に吸収されることはない。

d. 行動の可能性

問題解決にかかわる因子はN-P型の //e, //i, //m である。これらの反応は，解決への行動が明確に表現されているのが原則である。しかし，直接的ではないが，十分に行動に移すことが予想されるような反応であれば，N-Pの因子としてスコアしても問題はないと思われる。たとえば，成人3「帽子を脱いでもらうようにた

のもうかな」は //e，成人 21「どこの病院に入院されたのですか？」は i// とスコアすることになっている。

e. 代理の要求

自分が欲しい品物を要求するときは //e とスコアされるが，成人 9「レインコートの代りに傘」，成人 18「似たもの」，児童 1「代わりのお菓子」，児童 5「人形の代り」などの代理を要求する反応がある。これらの場面で成人 18 は，特別に相手に対して負担をかけるような要求ではないのでスコアは //m だけになる。これと違って，他の成人 9，児童 1，5 などは相手に負担がかかるような要求とみられるので //e;m のスコアになる。

f. 直接か間接か

電話で話している場面での発言が，直接相手に向かって話しているのかどうかによってスコアが違ってくる。成人 11 の間違い電話の場面での不快な反応は，独り言であれば E′ // とスコアされるが，もしそれが電話口の相手に向かって直接話されたときは失礼な反応として /E/ とスコアすることになる。したがって，このような場面での反応は直接相手に向かって言ったことか，あるいは独り言なのかを質疑によって確認することが望ましい。

同じ電話の場面 23 で，「私が電話に出よう」という反応は，スコアリング上では自分で問題解決する //i と判断されやすいが，これは誤りである。この場面での //i は「自分で会いに行く」などの解決行動に対するスコアである。したがって，電話に出るだけでは //i に該当しない。また質疑で，電話で伝えたい内容が待つにしろ待たないにしろ初発反応では表現されていないので，いずれの場合も参考のスコアにとどめてカッコ内に表示しておくべきである。

フラストレーションの原因となっている人物が，必ずしも刺激場面の左側の発言をしている人物とは限らない場面がある。場面に登場していない第三者が真の阻碍者である場面は，成人用では場面 3「帽子をかぶった女性」，8「友人を誘った彼女」，12「間違えて持って帰った彼女」，14「待たせている友人」，23「電話をかけてきた叔母さん」，24「雑誌を破った子ども」などであり，児童用では場面 16「小さな女の子」がそれにあたる。このような場面では，場面誤認が起こりやすいので実施にあたっても注意が必要である。これらの場面ではスコアリング上でも発言者に対する反応か，または真の阻碍者への反応かによって違ってくることがあるので，誰に向けられた反応かを見極めてスコアしなければならない。

g. 待つこと

待つことに関する場面は成人 14 や 23 などが関係しており，一般的に待つことは

//m，待たないことは /E/ とスコアされる。ただし「待つ」反応のスコアリングについて，他の因子との区別に関して明確にしておかねばならない問題がある。

「待たないで行ってしまう」という反応については「相手を拒否する」/E/ という見方と，一方では「自分の欲求充足を尊重するために相手を誘う」//e という見方ができるだろう。一般的には /E/ とスコアされやすいが，どちらの意味合いが強いかは質疑によって確認することが望ましい。つまり，不快や怒りの感情が込められていれば /E/ とスコアし，行きたい気持ちが強く込められた相手を誘うような反応であれば //e とスコアするのが適切だろう。

「待つ」ことについて，無条件で待つときは //m とスコアされるが，この反応にさまざまな条件がついたときにスコアはどのように変化するのだろうか。原則的には「いやいや待つとき」は E′ //m，「時間の制限を加えて待つとき」は //e;m というスコアになる。ただし「待つことはたいしたことではない」という反応は，待つこと (//m) に違いはないが事態を軽視することを重くみて M′ // のみのスコアになる。

待つ場合に時間に関する表現で，「もう少し（しばらく）待ちましょう」などは，時間について明確に限定していないので //m であるが，「もう少しだけ」「出発時間まで」などのように時間を限定するような反応のときは，被阻碍者の意向が反映しているので //e;m のスコアになるだろう。

成人 14「風を避ける」という反応は，「風を避けて待っている」という意味にとれるので //m のスコアになると誤解されることがある。この反応は「風を避けること」もこの場面におけるフラストレーション解消の対象とみなされ，単に待つだけではなく自ら積極的に場面の問題解決を図るので，//i とスコアすることになっている。

h. 問題解決の方法

スコアリングで注意しなければならないことは，各場面でどのような対処が解決になるかをはっきりさせることである。たとえば，成人 16 の交通事故の場面で「警察に連絡しよう」という反応は，常識的な慣習に従う反応として //m とスコアする誤りがみられる。この場面では解決の方法として，自分で責任を取るのが //i，お互いに相談して解決するのが //m，誰か第三者に介入してもらう場合は //e とスコアするというように，事故の解決について誰が責任をもつかという観点からスコアすることになっている。

「……してください」や「……してくれませんか？」などの反応は，必ずしも //e とスコアするとは限らない。これらの反応は，確かに相手に対する要求といえ

るが，求めていることが各場面の問題解決とどのように結びついているかによって //e のスコアになるかどうかがかかわっているので慎重に判断しなければならない。

　成人7「じゃ要りません」とか「別の店に行きます」の反応は，自己主張や店員に対する失礼な /E/ か，あるいは前者はあきらめの M′ // で後者は自己解決の //i かの判断がむずかしい例である。問題解決という観点からすると，料理を断ることは E-D や N-P に属する反応ではなくて，おそらく障碍を軽視する M′ // になるだろうし，自分で満足するような食事のために他の店に行くことは自己充足の //i になると考えられる。この種の反応は，評定者によって判断が分かれるような例である。

② あいまいな反応語

　簡単すぎたりあいまいだったりするスコアリングしにくい反応語をどのように処理すればよいだろうか。一般的には，これらのあいまい反応が出たときは，原則として質疑によって反応の意図を明確にすべきである。しかし，質疑が実施されていないときでも，無記入や明らかな場面誤認以外のなんらかの反応があれば，検査者はできるだけスコアしたくなる傾向がある。もしスコアに自信がなければ，そのスコアはカッコに入れておき，解釈のときに参考とするような扱いが無難であるが，よく出現するあいまいな反応を取り上げてスコアリングの処理について検討する。

a. すみません

　「すみません」に類する反応はいずれも根底に謝罪の気持ちがあるものの，謝罪だけではなく3つの異なる意味があるので，それぞれの場面に応じて反応内容を確認しながらスコアすべきである。

①謝罪：超自我阻碍場面で一般によくみられる申し訳ないという謝罪の反応であり，英語の "I am sorry" に該当する。//i の反応と同ときに出現したときは，導入的な語句とみなされて //i だけのスコアになることが多い。

　　［例：成人2「すみません。弁償します」→ //i］

②感謝：お礼の意味で用いられ，英語の "Thank you" に該当する。P-F では /M/ とスコアされる反応に伴うことが多く，そのときは「すみません」の反応は /I/ とスコアしない。

　　［例：成人4「送っていただいて，どうもすみませんでした」→ /M/］

③呼びかけ：誰かに話しかけるときの言葉で，英語は "Excuse me" に該当する。この反応は呼びかけなのでスコアされることはない。

［例：成人3「すみません。ぼうしをとってもらえませんか？」→ //e］

　なお，成人22で「どうもすみませんでした」という反応がみられたときに，「自分から相手にぶつかって転んだので謝っている」のか，「相手が気遣ってくれたことへの感謝の気持ち」なのかは，質疑しなければ判断はむずかしい。

b. そうなの，そうなんだ

　「そうなの」「そうなんだ」という反応は，自我阻碍場面の成人8などでしばしば出現するあいまいな反応語である。つまり，相手の言ったことはすでにわかっていることを意味するときはM′//とスコアされるが，意外なことを聞いて不快に感じているときはE′//のスコアになる。したがって，どちらの意味で言った反応かを質疑で確認しないと正確なスコアはできない。

　ただし，自我阻碍場面で「えっ，そうなの」であればE′//になり，「うん，そうなんだ」のときはM′//とスコアできるし，超自我阻碍場面では前者がI′//，後者は/I/のスコアになるだろう。

c. そうですか

　「そうですか」という反応はあいづちの反応であるが，驚き，疑問，不信，興味，理解，納得，同意などの多様な意味にとれるあいまいで控えめな応答であり，相手の発言に対して肯定的なのか否定的なのかが明確でない反応である。したがって，この反応が単独で出現したときは多くの場合にUとしなければならない。

　たとえ質疑を実施した場合でも，「そうですか」という初発反応で意図が伝わると判断されたときには自我阻碍場面ではM′//，超自我阻碍場面ではI′//などにスコアできるが，E′;M′//というような異方向の結合スコアにはしないことが望ましい。

　「そうですか」というのは，導入的な言葉として使われることが多く，その後になんらかのはっきりした自分の意思を表明した反応が続くことが少なくない。そのときは，後の反応に吸収されて正規のスコアにしないのが一般的である

d. 大丈夫

　「大丈夫」という反応は，障碍を否定するI′//か，障碍を軽視するM′//か，相手を許容する/M/かがあいまいな反応であり，本来は質疑によって確認することが必要である。まず，I′//とM′//は，いずれもフラストレーション事態に対する反応であり，/M/は対人的な許容の反応という違いがある。さらに，I′//とM′//は被阻碍者自身に向けた反応であり，/M/は阻碍者に向けられた反応という違いがある。したがって，「大丈夫」という反応が独立して出現したときは，各場面の特徴と受検者の意図に応じて判断しなければならない。

「大丈夫」という反応が他の反応と同時に出現したときの処理はどのようになるのだろうか。たとえば，成人4で「かえってゆっくりできるから，大丈夫」はI′//，「たいしたことではないから，大丈夫」はM′//，「気にしなくても，大丈夫」は/M/，などのように，他の主要な反応に応じて吸収される処理になる。しかし，「大丈夫です。気にしないでください」の反応の場合に，「大丈夫です」が自身の障碍に対する独立した反応とみればM′/M/のスコアになり，相手に向かって気にしないでもよいという意味の反応ならば/M/のみのスコアになるので両者を区別するのは質疑がなければむずかしい。

なお，成人22や児童15では「大丈夫」や「全然大丈夫」という反応がしばしばみられる。前者は完全な否定とまではいえないのでM′//とスコアするが，後者は障碍の否定としてI′//とスコアするのが一般的である。ただし，これらの反応が相手を許容する意味をもった反応と判断されたときは両者とも/M/のスコアになるので，質疑で確認することが望ましい。

e. なぜ，どうして

「なぜ……なの？」というような反応はもともとあいまいな反応であり，スコアとしては自我阻碍場面ではE′//，/E/，//eなど，超自我阻碍場面ではI′//とスコアされることが多い。したがって，基本的には質疑によって明確にすべきであり，質疑がなければ「なぜ？」「どうして？」だけの反応は，表現としても不十分なのでUと処理することもあり得る。しかし，せっかくの反応をスコアとして表現するならば，どのような処理が妥当かについて考えてみよう。

児童6の「なぜ遊んでくれないの？」は，これまではI′//eとスコアされてきたが，これは原図版のスコアにならったものである。I′//eというスコアは，遊んでくれないことは自分に責任があるという意外さを伴った戸惑いと，遊んでほしいという要求が組み合わさった反応のときに適用されるのが本来である。しかし，日本語で「なぜ遊んでくれないの？」という反応がI′//eを意味する表現と判断することはおそらくむずかしいだろう。

そもそも，「なぜ？」「どうして？」というような発言は，責められていると受け取られやすい。そうすると，スコアとしては相手を責める/E/で，相手に要求する//eは背景としてあったとしても，表現としては強い意味をもたないことになる。

通常，超自我阻碍場面でのI′//は，自分の行為によって生じたことに対する驚愕や狼狽を示しており，自我阻碍場面でのE′//は他者による阻碍行為に対する反応という違いがある。

児童6は，「小さい」ということでフラストレーションの原因が自分にある超自

我阻碍場面とされているが，これは「相手を直接阻碍した<u>行為</u>」ではない。しかも，この場面は相手が遊ぶことを拒否したという意味で，原因が相手にある自我阻碍場面と認知することが少なくない。その場合は E′ // のスコアが適切になるだろう。したがって，この種の反応が出たときは場面認知を確認しなければ正確なスコアができないことになるが，他の場面の反応傾向などを参考にして，推測によってスコアすることは許されるかもしれない。

f. はい，うん，そう

「はい」「うん」「そう」などの言葉は，相手の話を肯定するような反応である。したがって，場面の刺激文によってスコアは変化する。ただし，結合スコアのときは，同方向は吸収されてスコアされないが，異方向であればスコアするという原則に従って処理することになる。

4. 適切なスコアリング

スコアリングを適切に行なうためには，まず誤りやすい事柄について知って，それを避けることが必要である。また同時に，適切なスコアリングにとってどのような条件が必要かを知っておくことである。

☐1 スコアリングの誤り

P-F のスコアリングは，基本的に前述のスコアリングの規則に従って行なわれるのであるが，実際には，スコアリング上でさまざまな誤りがみられる。まずよくみられる誤りの内容をまとめると，以下のようなことがある。

①表明された言語表現を超えてスコアする：P-F の基本規則の語義的水準ではなくて，表現されていない感情や欲求まで推測してスコアする誤りである。

②スコア不能 (U) をスコアする：なんらかの反応があれば，評定者はできるだけスコアしたくなるという一般的傾向がある。そのために，反応語自体があいまいであるにもかかわらず，評定者が主観的な推測でスコアしてしまうことがある。

③スコアリング例と部分的に一致しているだけで，例と同じスコアをする：初心者によくみられることであり，スコアリング例の適用の不注意によるものである。

④導入的な反応語までスコアする：「すみません (/I/)」と「いいよ (/M/)」などのあとに主要な反応が続く場合に，導入的な部分はあとの主要な反応に吸収されるという規則を適用せずにスコアしてしまう例である。

⑤反応を全体としてとらえずに，個々の語句にスコアする：複雑な反応について，

できるだけ反応全体の意味が反映されるように簡潔にスコアするのが原則であるが、個々の反応語にとらわれてスコアしてしまう。

⑥特定の反応語をすべての場面で機械的に一律にスコアする：同一反応語でも場面によって違ったスコアになることがある。これはマニュアルをきちんと参照しないために起きる不注意による誤りであり、経験者にもときどきみられる。

⑦同一カテゴリー内での因子間の区別が明確でない：初心者に多い誤りで、どのカテゴリーに属する反応かは判断できても、各因子の意味が十分に理解できていないために生じる。

② スコアリングの要領

　適切なスコアリングするためにはどのようなことを身につけなければならないかについて考えてみよう。

①因子の理解：最も大切なことは、スコアのもとになるそれぞれの因子の意味についてきちんと理解することである。個々の因子の意味を明確にするだけでなく、他の因子との違いもはっきりと理解することが、適切なスコアリングの基本である。

②実施法：実施するにあたって、個別法では質疑は標準的な手続きに含まれており、質疑は必ず実施すべきである。また、自我阻碍場面と超自我阻碍場面はあらかじめ設定されているとおりに場面を認知するとは限らないので、質疑では場面認知についての情報を得ることも大切である。

③例の参照：例については注意事項もきちんと参照する。反応例との類似性よりも、各場面でのスコアのもつ本来の意味を根拠にしてスコアリングするように努める。例にない反応でもすぐにUとしないで、反応内容から判断してできるだけスコアをつけるようにする。

④評定者の特徴：評定者にはある種の因子にスコアしやすい傾向をもった人もいるので、少なくとも評定者自身のスコアリング上での癖ないし傾向を知ることが望まれる。

⑤カッコの活用：スコアリング上での間違いや不足を補うために、副次的なスコアや可能性のあるスコアはできるだけカッコに入れて記録をする（7章 p.89 を参照）。

⑥受検者の情報：適切なスコアリングには受検者の背景を知ることも大切である。ときには受検者の年齢、性別、地域などによって独特の表現を用いて会話が行なわれていることがあるので、受検者にかかわる情報をもっていることがスコアリング役立つ。たとえば、方言や若者言葉などについても知っておくことが望ましい。

③ スコアリングの一致度

　正確なスコアリングは，臨床査定であれ研究であれ，投映法にとってきわめて重要である。P-F におけるスコアリングの一致がどの程度であるかについては，原著者や日本における調査が行なわれており，それらの結果によると，熟練者であればおよそ85％以上の一致率が期待できると考えられるが，一応80％以上の一致率というのが妥当な線であろう。

　たとえ熟練者同士であっても，スコアリングが完全に一致することを期待するのは無理である。それは，同じ反応語でも評定者によって受け取りかたが違うこともあるからである。そのときでも，なぜ特定の因子を選んでスコアしたかについて評定者が明確に説明できなければならない。つまり，スコアリング上の不一致があったとしても，それぞれの理由が合理的であれば，それ以上の一致を求めることは無意味である。何よりも重要なことは，各因子のもつ意味をはっきりと理解したうえでスコアリングすることである。

　なお，スコアリングの一致度（信頼性）を求める方法は2つある。一つは同一のプロトコルを異なる評定者が行なって，評定者間の一致度をみるもので，これが一般的なスコアリングの一致度である。もう一つは，同一プロトコルについて同一評定者が，時間をあけて2回スコアリングを行なう再評定の方法であり，これは同一評定者内におけるスコアリングの信頼性である。

　さらに，一致度の計算法として，結合スコアの場合に完全に一致しているもののみを一致とするのか，部分的に一致しているスコアも一致として取り上げるのかの違いがある。たとえば，同一反応について E′/M/ と /E;M/ のスコアは，完全一致の条件であれば不一致で 0 となるが，部分的一致をカウントするときは /M/ のみが一致しているので 0.5 とする計算上の違いである。P-F では結合スコアの場合に各因子の得点は，それぞれの因子について 0.5 と計算することになっているので，部分的一致もカウントするほうが実態に合っているだろう。

④ スコアリング不一致の要因

　同じ反応でも評定者によって違った因子にスコアすることは珍しいことではない。そこで，スコアリングで一致しない要因についてまとめてみた。これらの要因を考慮することによって，評定者間のスコアリングの一致度を高めることが期待できるだろう。

①評定者の問題：知識や経験の不足

　・原理の理解不足

・因子の意味の理解不足

・間違った思い込み

・不注意（手引きの確認不足）

②**実施上の問題**：質疑の有無

・質疑がされていない

・質疑の仕方が適切でない

・質疑の結果とスコアとの関係についての知識不足

③**反応の特徴**：反応自体の性質

・反応自体があいまい

・簡単すぎる反応

・3個以上のスコアが可能な複雑な反応

・2つのスコアが可能で重要度に違いがある反応

・あいづちなどの導入的反応

・特別な用語や略語の使用

・フラストレーションの対処と関係のない反応

④**場面の特徴**：刺激のあいまいさ

・誰に対して言っている反応かが不明確

・フラストレーションの原因が複数ある

・同じ反応でも場面によって意味が違う

・フラストレーションの阻碍者が話し手と違う場面

・フラストレーション解決の目標が場面によって異なる

⑤**手引きの記述**：記述不足

・例に記載がない反応

・注意事項の解説不足

整理法

　本章では，P-F のテスト結果を整理するにあたり，間違いが生じやすいので注意しなければならないこと，後の解釈で役立つ有効な整理法などについて述べる。

1. 歴史的経緯

　整理票の作成に関してあまり知られていないが，最初に発表された様式と現行原図版の様式とは少しずれがあるので，参考までにその違いについて説明しておきたい。一つは主要反応であり，いま一つは超自我因子である。なお，プロフィールの前半と後半に分けて記入する様式は，日本独自の方法である。

①主要反応：主要反応は，1945 年の発表当時は 3 つのパターン（1. 各方向で最も多い因子を順に 3 つ選ぶ，2. 各型で最も多い因子を 3 つ選ぶ，3. 全体から最も多い因子を 3 つ選ぶ）があり，現行では，3 の様式のみが残されている。

②超自我因子：超自我因子については E と I それぞれの数を記入することと，E＋I の合計数と％を記入していた。現在では，その他の超自我因子にかかわる計算も行なわれている。

2. 整理票の作成

1 各指標の整理法

　整理票の記入にあたり，おさえておくべき点を以下に示す。

a. 場面別スコア

①スコアの記入：各場面のスコアは，アグレッション型別の欄に記入していく。GCR スコアが各欄に四角で示されている。なお，正式のスコアにならなかったが，可能性として考えられるスコアを括弧に入れて記入しておくと，解釈のときに役立つ。

②U スコアの記入：U スコアをどのように記入するかについては手引きに書かれていないが，無記入のままでは後の処理で計算を間違える可能性がある。したがって，スコア不能であることを明確に示すような記入法が必要になる。たとえば，

後で述べるコンピュータ処理では，その場面番号に×印をつけるようになっている。手計算の場合は，空欄のままよりもなんらかの形で記録しておけば間違いを避けることができる。

b. GCR（集団的一致度）

① E と E，I と I の区別：/E/ と /E/ は GCR スコア /E/ に含まれ，同様に /I/ と /I/ も GCR スコア /I/ に含まれているので，両者の区別はしない。とくに /E/ と /I/ のときに注意する。

② GCR スコアが場面に 2 つ設定されているときの処理：1 つの場面に 2 つの GCR スコアが設定されている場面は成人用場面 24 の /M/ と M′ //，および児童用場面 14 の M′ // と /E/ である。これらの場面で，反応が 1 つの因子でスコアされているときは，いずれか一方の GCR スコアと一致していれば「1」とカウントする。もし反応が結合スコアの場合は，いずれかの因子が GCR スコアの一方と合致しているときは「0.5」とカウントする。もちろん，両方の結合スコアが GCR スコア 2 つと完全に一致しているときには「1」とカウントする。

③ **GCR の計算**：児童用と成人用Ⅲ版と青年用では計算上の違いがあるのでとくに注意が必要である。無記入やスコアできない「U」のときは，青年用は分母の数も U の数だけ除いて計算することになっている。しかし，児童Ⅲ版や成人用Ⅲ版では分母が 18 で一定しているので，整理票には分母に「18」と印刷されている。

　　GCR を含めて，比率の計算はすべて裏表紙にある換算表を利用すれば簡単で間違いが少なくなる。

④ その他の処理：場面間の変動を見るために，解釈上有効な方法として，自我阻碍場面と超自我阻碍場面（整理票で超自我阻碍場面は場面番号に下線が引かれている）の一致度，前半 12 場面と後半 12 場面の一致度などを比較した結果も記録しておくことが望ましい。

c. プロフィール

① 計算のチェック：スコア不能の U がなければ総反応数は 24 なので，カテゴリーの縦の欄（アグレッション方向）と横の欄（アグレッション型）の合計数がそれぞれ 24 でなければ，どこかの欄で計算間違いがあるはずなのでチェックする。

② カテゴリーと因子の基準：まず，整理票の各欄に印刷されている受検者に該当する学年別・性別のグループの平均（太字）と標準偏差にアンダーラインを引いておく。次に，各カテゴリーと因子の平均と標準偏差から，基準と比較して M ± 1SD を超えるところに記号（たとえば ＋＋，－，↑↑，↓など）をつけてお

くと解釈の目安として役立つ。ただし，平均とのずれの程度をどのように見て解釈するかは，検査者自身が判断すべきである。

d. 超自我因子

① E-E と I-I の計算：E はプロフィール E 欄の E+E であり，I は同じく I 欄の I+I であることに注意する。ここで求めているのは，/E/ や /I/ を除いた純粋の /E/ と /I/ 因子の数と比率である。

② 比率の計算：超自我因子欄の比率の計算は，反応総数が分母になるので，U があればその数だけ分母が小さくなるのはプロフィール欄と同じである。

e. 反応転移

① 反応転移の条件：反応転移を計算するには，次の 2 つの条件がある。

・全場面をとおして 4 回以上出現する場面があること

・前半と後半の比率が 2：1 以上の差があること

　これらの中で 4 回以上出現の条件を優先させるが，これは因子の素点ではなく反応出現場面数（回数）なので，これらを混同しないように注意する。

　また比率は前半または後半だけに出現しているときは，計算上は 0 になると錯覚する人がいる。もちろん，実際は前半だけに出現しているときは +1，後半だけに出現しているときは -1 となる。

② 反応転移値の計算：プロフィール欄には，各カテゴリーと因子の前半と後半の反応数（素点）がすでに別々に記入されているので，それが 2：1 以上であれば，手引き書の裏ページの付表を参照して計算する。

f. 主要反応

① 整理法：主要反応は，原図版では発刊当初から用いられているが，日本版では児童用Ⅲ版で採用された新たな指標である。成人用Ⅲ版の出版を機にして青年用でも主要反応をみることができるようになった。この指標は，因子の中で出現数の多い順に 3 つの因子を取り上げるもので，同数の因子があれば 3 個以上となる場合もある。

② 記録法：たとえば出現数は次のように，因子のあとにカッコつきで記入しておくとわかりやすい。

$$E(7) > M(5) > e = i(3)$$

2 その他の事項

a. 所要時間

所要時間は，記入に要した時間（質疑時間を含まない）である。

b. コンピュータ処理

　成人用Ⅲ版の出版に合わせて，発売元の三京房でコンピュータ処理による解析を提供することになった。これを利用すれば，計算を間違えることがなくなるだろう。コンピュータ処理による整理票については，事例Dの記入例を参照してほしい。

7章

解釈法

　心理検査の解釈は，テスト実践の総まとめのようなものである。本章では，まず
P-F の解釈に関する基礎的な事柄について述べる。次に実際の分析の方法として，
従来のスコアを中心とした解釈（形式分析）と，生の反応に注目する解釈（内容分
析）を取り上げる。さらに，因子や指標の意味と心理的特徴との関連についてふれ，
最後に解釈にあたって配慮しなければならない事項をまとめる。

1. 解釈の基礎

　P-F の結果を解釈するにあたって，知っておかねばならない基本的な事柄につ
いて述べておこう。

① スコアリング

　P-F では，得られた生の反応語について，フラストレーションの反応方向と型
という一定の基準に基づいて分類し，コード化する手続きが行なわれる。解釈とい
う点からスコアリングの功罪について考えてみよう。スコアリング（記号化分類作
業）は，多様な反応を一定の決められた視点ないし基準に基づいてまとめることで
あり，そのことによって主観的で個性的な生の反応は，客観的で一般化された記号
に置き換えられる。そこでは，スコアを対象にした共通の理解ができるだけでなく，
量的な比較が可能になり，さまざまな科学的研究の手段として利用できる利点があ
る。P-F の信頼性と妥当性の検証は，多くの場合にスコアの結果を中心に行なわ
れている。
　しかし，反応のスコアを標準と比較しただけで解釈すると，結果の処理から解釈
の手続きは質問紙法とほとんど変わりがなく，せいぜいある反応パターンに基づい
た類型的な解釈に終わってしまうだろう。もちろん，そのような類型化に意味がな
いわけではないが，これでは P-F の投映法としての性質を十分に活かした，個人
の理解に接近することはできない。
　因子に基づく解釈の場合でも，3章で紹介したスコアリング因子の下位分類
（pp.34-35）は，いわば因子と生の反応の中間的な存在として解釈するうえでも役

立つだろう。たとえばその例として，依存的な傾向は //e 反応だけでなく，攻撃の /E/ 反応の中で「③主張的攻撃」や //m で「③欲求充足の遅延」などの //e 的な要素を含んだ反応などにも関連させてみると，相手に欲求充足を求める傾向が一段と明確になるだろう。また /M/ の反応で，単に相手を許容する反応だけでなく，相手の気持ちを緩和するような反応が多ければ，それだけ相手に対する気づかいが強いと解釈できる。

　さらに，同じ他罰スコアの /E/ でも忠告，批判，拒絶，脅迫，罵倒など意味の違ったさまざまな種類がある。また /E/ スコアが出現した場面が，GCR スコアが /E/ の場面で出されたときと，/I/ や /M/ の場面でみられたときではまったく意味が違ってくる。このことは，投映法のロールシャッハ・テストのスコアと事情は同じであろう。もし個別的理解を求めようとするならば，スコアだけでなく，スコアのもとになる生の反応語や，反応と場面との関係に注目しなければならないし，その個人に関する他の資料を参考にしながら，個人的な理解に役立つ情報を読み取ることが必要になる。とくに臨床的査定にあたっては，P-F で得られた情報をできるだけ受検者の個人理解に活かすような解釈法を追求しなければならない。

　P-F における 24 個の生の反応は，ローゼンツァイクの個性力動論に照らしてみると，さまざまな形をした素材が，ある空間の中で，相互に関連しながら，また全体としてのまとまりをもちながら浮かんでいることがイメージされる。これらの素材に対して，アグレッションの方向と型という 2 次元でみていくのが基本的な P-F の切り口（見方ないし角度）である。空間に浮かんでいる素材は，当然ながら見る角度によって異なる素材が同じように見えることもあれば，まったく違った姿に見えることもあるだろう。

　今のところ P-F が設定している見方に従って，素材間に存在している心理的に有意味な関連を見つけだそうとするのが P-F の基本的な解釈方法である。しかし，その切り口はアグレッションの方向と型しか許されないことではなくて，さまざまな見方が存在するはずである。したがって，P-F で示されている反応分類や指標以外に，もっと意味のある切り口を見つけて，それを加えることによって，さらに適切で深い個人理解に寄与できる可能性が残されていると考えられる。

② 標準との比較

　P-F ではスコアされた因子やカテゴリー，その他の指標について標準との比較ができるようになっている。したがって，因子やカテゴリーがこれらの標準と比較して高いか低いかによって解釈が行なわれるのが一般的である。標準とのずれがど

の程度であれば偏っていると判断するかは一概にいえないが，平均値と0.5ないし1標準偏差の単位で偏りをみるのが一般的である。

　ここで注意しなければならないのは，各因子の出現する平均および標準偏差の値が因子によってかなり違っていることである。平均値をみると，児童用の場合に，/E/，//e，/I/などは比較的高くて3〜5点，M′//，/M/，//mは2点台，E′/，I′//，//iなどは低くて1点台にとどまる。とくに平均値が低い因子では，P-Fの得点が0.5刻みなので，ちょっとした数値の変動で標準値を超えることが多くなる。このような平均値の低い因子については，標準と比較する場合に有意差が出やすいことに十分に考慮して解釈しなければならない。つまり，標準値よりも有意に高いとか低いからといって偏りを過大視しないように配慮する必要がある。GCRやカテゴリーは，数値がパーセントになっているだけでなくて，基礎となる素点が因子よりも高いので，比較的安定しているといえよう。

　次に標準化のサンプルの問題がある。どの標準検査でも事情は同じであるが，標準化で用いられている集団も一つのサンプルであって，絶対的に信頼がおけるわけではない。たとえば，P-Fの結果は学校間の差だけでなく，同じ学校でも学級間で違いがでることは珍しいことではない。したがって，解釈指標を標準と単純に比較するだけで解釈することはできるだけ避けて，所属集団の性質やテスト状況などを考慮しながら，慎重に解釈すべきである。

③ 刺激場面と個性

　刺激場面から反応にいたるプロセスについてはその概要を述べたが，刺激場面によって反応がどのように影響されるかは個人によって異なる。P-Fの反応は，図

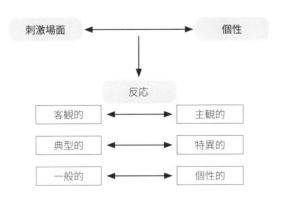

図7-1　刺激場面と個性的反応の関係

7-1のように，物理的な刺激場面とパーソナリティないし個性との関係を反映した結果が表現されるとみられる。

　たとえば，心理的に健康な人の場合はP-Fの刺激場面の変化に即して反応も柔軟に変化し，主として各場面における典型的な反応に近くなり，GCRが高くなるだろう。一方個性が強ければ，場面状況の変化にもかかわらず，ある反応を一貫して表現する傾向が強くなるので，P-Fの指標として用いられているGCRが低くなったり，反応転移が生じにくくなったりすると考えられる。

④ 各因子の意味

　カテゴリー（アグレッションの方向と型）については「3章　フラストレーションの反応分類」で説明したので，ここでは各因子の意味について概説する。

---

①他責（E-A）

● E'//：外に向けた感情反応で，不平・不満・不快・驚きなどの否定的な感情反応のほかに，「運が悪い」という運に原因帰属した表現も含まれる。
　　この反応の背景として，やりどころのない怒り，攻撃欲求がありながら相手に攻撃できない心理状態（抑止），あるいは感情を抑えきれないで表現してしまったなどがある。成人用や児童用では出現数は少ないが，青年用でやや多くなっている。

● /E/：他の人に直接向けられた攻撃反応である。あからさまな衝動的攻撃のほかに，さまざまな様式の攻撃行動が含まれるので，とくに反応内容の検討が必要である。攻撃の様式としては反論，反抗，忠告，強い要求，拒否，非難，脅迫，非礼な発言などがある。背景として，攻撃欲求の強いことや，優越感，高い自尊心，被阻碍者意識，敵意，猜疑心などとの関連が考えられる。防衛機制の投射が関係している。
　　この因子は3つの版をとおして，スコアリング因子の中で多く出現する因子であり，一般的な意味での「攻撃」に近い反応である。

● /E/：自己の責任を否認する反応である。刺激場面によって，フラストレーションの状況や対人関係からみて，否認の内容が妥当なものかどうかが注目される。強い主張性とみることもできるが，反応内容によって相手の事情を無視した利己主張と判断されることもあるので，プロトコルの検討が必要である。
　　超自我阻碍場面で自分の責任を認めないことは，強い防衛がはたらいているか，自信過剰で自尊心が傷つくことへのおそれが強すぎるか，自分はとがめられるような人間ではないと考えているのだろう。いわゆるプライドの高さと関係している。

● //e：フラストレーションを他者によって解消してもらう反応である。依存や甘えなどの対人的欲求，ただちに欲求充足を求める，待てない，物への執着，取り込みなどの口唇的欲求との関連が考えられる。この//eで援助を求める反応は，フラストレーションの解消方法としては未熟な段階にあるとみられる。成人用と青年用では出現数は少ないが，児童用ではかなり多く出現するスコアである。防衛機制では退行が関係している。

自我阻碍場面での //e と超自我阻碍場面での //e では少し意味が違う。自我阻碍場面では他者の阻碍によるフラストレーションなので，解決を相手に求めることには合理的な理由がある。しかし，超自我阻碍場面はフラストレーションの原因が自己にありながら，自らの解決を後にして，相手に解決を求めようとすることなので，自分勝手な，自分に都合のよい自己中心的な反応といえるだろう。

---

②自責（I-A）

● I' //：超自我阻碍場面におけるフラストレーションの否認と自己の過失についての感情的反応である。驚き，意外さ，当惑，羞恥心，期待はずれ，恐縮などで十分な言語表現にならない反応である。超自我からの責めに対して，自己の責任に面と向かって対応できずに狼狽している状態の反応とみられる。したがって，恥ずかしいという感情も，相手に対して恥ずかしいというよりも，「自分にとって」恥ずかしいというのがこの反応の根底にある。

　フラストレーションを「感じない」から一歩進んで，「かえってよかった」というような防衛機制の反動形成にかかわる反応がみられたときは注目される。出現数は３つの版とも少ない。

● /I/：自己の非を認めて謝罪する反応である。率直な謝罪，丁寧な謝罪，自己の非を認めるなどのほかに，「許してください」という相手に許しを請う反応も含まれる。これらの反応の背景として罪悪感，劣等感，気が弱い，といった心理的な特徴のほかに，謝ることでとりあえずその場を収めようという意図が感じられる場合もある。

　出現数は３つの版とも多いほうである。この反応の中で，「すみません」のような単純な謝罪に，自己解決の //i が加わったときは，/I/ が吸収されてスコアとして算出されないので，解釈にあたって，//i 反応の内容に「すみません」という /I/ に該当する反応がどの程度みられるかをあわせて考慮すべきである。

　/I/ ではスコアリングの細分化にあるような丁寧な謝罪，自己の責任を認める反応や，補償の申し出などがみられたときに罪悪感が強いと判断できるだろう。

● /I/：超自我阻碍場面における言い訳の反応である。釈明をするのは，暗に自分の非を認めていることが前提になっている。消極的否認，自己保身，合理化，合理性，弱い主張性，責任感の弱さ，素直でない，などが関連しており，言い訳の内容が合理的な理由か非合理的な理由かによって評価が違ってくる。

● //i：同じ //i スコアでも自我阻碍場面と超自我阻碍場面での反応内容に違いがある。自我阻碍場面では自分で解決するという自立心と関連する反応内容であるのに対して，超自我阻碍場面では自己の非を認めているので，弁償や行為の改善といった罪悪感に関連した補償の内容となる。

　したがって，//i 反応が自我阻碍場面なのか，超自我阻碍場面なのかを区別してみる必要がある。フラストレーションを自分で解決する反応である //i は，自らフラストレーションを解消する反応なので自立心や達成欲求と関連があり，好ましい反応とされている。しかし，児童ではしばしばみられる「これからしません」という反応は，その場逃れの発言という見方もできる。もちろん //i 反応が多すぎるときは，強迫的な傾向や，責任感が強すぎることが考えられる。何事も自分で始末をつけないと気がすまない

人には // i が高くなるだろう。

③無責（M-A）

● M' //：フラストレーションを軽視する反応である（図 7-2）。フラストレーションを感じていて、それを抑えようとするが完全には抑え切れないために言葉として表現してしまった反応とみることができる。これらの反応には無関心、問題回避的、ことを荒立てない、平静さを装う、負け惜しみなどのほかに、相手に対する気づかいの間接的表現とみられる場合もある。

　　負け惜しみの反応は、融合スコアという形ではっきりと表現されるときと、負け惜しみが感じられるものの表現としては M' // だけのスコアのとき、相手に対する気遣いが感じられるときもある。

図 7-2　M' // 因子の意味

● /M/：他者を許容する反応である。基本的には自我阻碍場面の反応なので、相手の過失をどの程度許容できるかを示すスコアといえる。しかし、簡単な「いいよ」などの反応が多いときは、あきらめ、事なかれ主義、とりあえずその場を収めるといった問題回避的傾向が強いとみられる。/M/ の内容として、相手の立場を察するとか、相手への気づかいを感じさせるような反応があると、寛容性が高く、相手に対する思いやりの気持ちが強いと判断できる。

　　/M/ には図 7-3 に示したように、防衛機制の無意識的な抑圧と意識的な抑制の両方が関係していると考えられる。

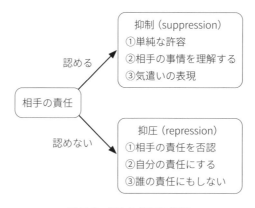

図 7-3　/M/ の抑圧と抑制

● //m：フラストレーションを社会的規範に従って解消する反応で，我慢するというフラストレーションに耐える意味をもった反応である。フラストレーションの解消を先延ばしにする欲求充足の遅延の場合に，その方法として，相手に委ねる，自分で解決する，時間の経過に任せるという3つの方法がある。

　心理的な特徴として服従的，規範的，忍耐力，あきらめない，欲求充足の持続，見通しをもつ，執着心，達成動機，自己統制力などと関連している。

　//m スコアは，児童用では「大人の指示に従う反応」としてしばしば出現する。依存的な内容の //e と服従的な //m の反応は，ともに親和欲求がかかわっているとみられる。//m は，フラストレーションの解消法として //e よりも成熟した社会的に認められる方法であり，防衛機制の昇華と関連している。

b. 結合スコア

ロールシャッハ・テストについてエクスナー（Exner, J.）は，結合反応をブレンド（混合スコア）として心理的複雑さの指標としている。結合スコアは，結合された各因子の本来の意味とは違った独自の意味をもっていることが多い。結合反応の共通の意味として，心理的複雑さ，葛藤，あいまいさ，白黒を決めかねるなどが関連していると考えられる。

①一般的傾向：筆者らの最近の研究で（安井・秦，2013），児童を対象にした結合反応数を学年別，性別に求めたところ（表7-1），学年別では小学1・2年生が少なくて，3年生以降中学3年生まで漸増の傾向があり，結合反応は言語発達や精神的成熟の程度と関係していると考えられる。一般的には3〜5個というのが平均的な値である。

　一方，性差に関しては，児童版では全学年で一貫して男子よりも女子が多かった。大学生を対象にして結合反応数を調べたところ，児童用と同様に，成人用でも青年用でも女子が男子を上回っていた。したがって，結合スコアにおける性差の傾向は，P-F の3つの年齢版に共通しているといえる。

表 7-1　結合スコア数の標準範囲（安井・秦，2013）

年代	小1・2	小3・4	小5・6	中学	青年	成人
男	0〜4	1〜4	1〜5	1〜4	0〜4	0〜5
女	1〜4	2〜6	2〜7	1〜6	0〜5	1〜6

このような結合反応における性差の現象から，男性は直接的で単純な反応を，女性は間接的で複雑な反応をする傾向があるといえるかもしれない。これらの性差と関連しているパーソナリティの側面として，女性は協調性が高く，社会的調

和を求めることから他者の意見に同調する傾向が強いといわれている。さらに，対人葛藤場面での解決法について，男性は主張，威嚇，交渉，説得などの直接的・対決的方略を，女性は暗示，愛想，感情操作などの宥和的方略を好むという報告もある。これらの性差の心理的特徴は，結合反応の意味についての示唆を与えるが，さらに追求していかねばならない課題である。

　同じ結合スコアでも，アグレッション方向が同じか違うかによって，心理的意味が違うだろう。同方向の結合スコアは，補充的（supplement）な意味をもっており，異方向であれば補完的（complement）な意味があると考えられる。つまり，前者では表現したい欲求が強くて言いたいことが一言では足りずに念を押したい気持ちからの表現であり，後者は打消しの心理機制によって，言ったことを別の角度から補いたいという葛藤の表現とみることができる

②結合スコア例：次に，よく出現する結合スコアの例をあげてそれぞれの意味について考えてみる。

- E'//m：本当は相手の言うとおりにはしたくない。相手の申し出をことわるか，あるいは非難したいがそれもできないので，せいぜい不満をもらしながら，しぶしぶ相手の要求に応えようとする反応とみられる。//m だけの反応よりも自分の気持に正直な表現とも考えられる。
  ［例：成人 23「待ちたくないが，仕方がないから待つか」，児童 4「つまんないな，しょうがないからこのままで遊ぶ」］

- /E;I/：超自我阻碍場面で，自分が悪かったことは認めたくないけれども認めざるを得ない。しかし，それを認めるだけでは自尊心が許さないので，相手を攻撃する反応とみられる。また逆に，相手を攻撃したいが，自分の非も認めたうえで攻撃することで自分を納得させる，ということから出た反応とも考えられる。
  ［例：成人・青年 7「私も悪かったが，あなたも気をつけてください」，児童 19「ごめんなさい。でも弟と比べないで」］

- /E;M/：自我阻碍場面で，相手の行為に対して攻撃せずにはおれないが，相手の事情も考慮したいし，相手にあまり悪く思われたくないといった心理的葛藤を示す反応である。意識的な統制がはたらいた反応である。
  ［例：成人・青年 1，児童 20「いいよ，でもこれからは気をつけて」］

- /E/e：相手の事情は何であれ，なんとしてでも自分の欲求を通したいという気持ちが強くて，攻撃的な欲求の表現が表われたとみられる。したがって，この種のスコアは相手に解決を求める //e の値もあわせて検討すべきである。
  ［例：成人・青年 13「無責任じゃないか，どうしても会ってくれ」，児童 11「静かになんかできるかい。どうしても太鼓をならしたいよ」］

- //e;m：自己の欲求充足と社会的順応との調整がとれた社会的適応反応といえる。欲

求充足をあきらめようとするがあきらめきれないので，妥当な解決を提案してみる反応であり，とくに児童用ではよくみられるスコアである。内容的には，いわゆる主張性の意味をもった結合スコアである。したがって，このスコアが出ておれば，適応の観点からみて好ましいとも判断できる。

［例：成人・青年6「それでは2冊にしますから，あとの2冊は予約させてください」，児童2「もう少ししたら，返すよ」］

- /I/i：単なる謝罪だけでは気がすまないで，はっきりと自己の非を認めたうえでその償いまで申し出る反応であり，罪悪感を強く感じていて，強迫的で超自我からの責めが強いとみられる。これに類する反応として，スコアは //i であるが「すみません，弁償します」のように，前置きの謝罪の部分が //i に吸収された反応もあわせて考慮することが望ましい。

［例：成人・青年2，児童8「私の不注意でした。弁償します」］

- M'/E：負け惜しみの反応で，防衛機制の合理化に関連している。相手からの拒否に対して，実際は気にしながら気にならないふりをして体面をつくろうとするが，その気持ちが表現として表われた反応である。M'// スコアの中にも，はっきりとした表現ではないものの，負け惜しみと思われる反応が含まれることがあるので，M'// とあわせて検討することが望ましい。

［例：成人・青年8「女は彼女だけじゃないよ」，児童18「おまえの誕生会なんか行きたくもないよ」］

---

5 受検者についての情報

P-F の結果以外に参照する個人的な資料として，年齢と性別，学年または職業は必須であるが，検査を受けることになった目的や主訴をはじめとして，家族構成と家族関係，学校における友人関係と教師との関係や課外活動，知的水準と学業成績などは重要な情報である。その他として，他の心理検査の結果，医師による診断，直接の行動観察や面接結果などが含まれる。また現在のおかれている状況や生育歴，問題歴などはテスト結果の解釈や今後の方針を導き出すのに役立つ資料である。

年齢と性別以外の情報をもたずに分析する目隠し分析（blind analysis）は，勉強のためであれば有効な方法である。目隠し分析は，テスト上での特徴はわかるにしても，受検者の諸問題と関連して解釈することはできないし，間違った解釈となるおそれがあるという問題もある。したがって，実際のケースの査定では，目隠し分析で終えることは避けることが望ましい。

6 カッコ内因子の活用

スコアリングで述べた結合スコアに関して，主要反応ではない副次的な反応を

カッコに入れて処理することを勧めている。カッコ内の因子には反応として表現していながら他の主要な因子に吸収された場合と，初発反応では表現されなかった反応である。解釈に際して，当然ながら前者のほうが表現されているだけに重視すべきだろう。

実際に解釈に生かすには2つの観点がある。一つは整理された因子，カテゴリー，GCRなどについて，仮にカッコ内の因子がスコアされていた場合はどのように変化するかを確認することである。整理票ではまったく出現していなかったときにカッコの中ではその因子がみられたときは，少なくとも表現する可能性があったと判断される。また，過剰に高い因子で，カッコの中にも同様の因子があるときは，いっそう高い傾向があるとみることができる。

もう一つは，カッコ内の因子にかかわる反応が，直接的ではなくて間接的に表現されていることに注目することである。たとえば，//e因子がカッコ内で多くみられたときは，欲求充足を相手に求めたいが，それを直接相手に要求することを控えて間接的に表現していると解釈できるだろう。

たとえば，「すみません，すぐ直します」と「では，直します」は，両者とも//iとスコアされる。しかし，これらの反応は実際に相手に与える印象が違い，前者は丁寧で，後者はぶっきらぼうな感じを与えている。これらの違いを解釈に活かすには，スコアのみによる解釈では限界があるので，後で述べるような生の反応語を検討することによって，より詳細な反応の特徴をとらえることができるだろう。

もし反応として表現されているものの，スコアとして採用されなかった因子をカッコに入れておく処理をすれば，解釈のときに忘れずに参照することになるだろう。

2. 分析の方法

解釈法は，実施法やスコアリングと密接に関連しているので，スコアをまとめた記録票（整理票）を見ただけでは十分な解釈はできない。実施の状況，生の反応記録，スコアリングから得られた情報などが解釈にとって欠かせない資料である。さらに，先に述べたP-F以外の個人に関する情報を参照すると，受検者のP-F反応の個人理解に役立つ。

解釈のためのテストに関する資料として，まずスコアリングの過程で得られる情報がある。次いで，従来から一般的に行なわれているスコアを中心とした各種指標の分析が行なわれるが，それをここでは「形式分析」と呼ぶ。さらに，スコア以外の受検者の生の反応などの分析を「内容分析」とし，最後にそれらを総合した「総

合的解釈」の段階に分けて，それぞれの分析で考慮しなければならない要点について考える。

① テスト状況

　どのような機関や場所で P-F の検査を実施したかについても解釈上考慮すべきである。つまり，P-F 反応では状況の影響を受けることを前提にしてテストの結果を解釈することが必要である。

　教示と反応の関係についても，正確に教示通りに反応することは実際上稀であることは経験のある検査者であれば理解できるであろう。

　P-F の解釈は，実施の段階における情報も重要な資料である。解釈するうえで必要なテスト実施に関する情報として次のようなことがある。

①**検査場所**：どこでテストが実施されたかという検査場所を明らかにすることは，テストの結果をみるうえで重要な情報である。たとえば，少年鑑別所や家庭裁判所などで受検した場合は，社会的望ましさ（意見水準）の影響が考えられるからである。

②**実施法**：実施法には個別法と集団法があり，標準法は自分で刺激文を読んで自分で記入していく方法である。読み書きが十分にできない受検者には，検査者が刺激文を読み，受検者の口頭による答えを記入していく口答法を用いるのが一般的である。

③**所要時間**：所要時間は質疑などを含まない実際にテストに要した時間であり，年齢によってやや幅があるが，15 分前後が標準的である。したがって，10 分以内であれば早いし，20 分以上かかれば遅いと判断される。所要時間に関してローゼンツァイク（Rosenzweig, 1978b）は成人用について，集団よりも個別のほうがやや時間が長いこと，健常者と精神障害者を比較すると健常者（平均 11.1，標準偏差 2.5），神経症者（16.6，7.9），精神障害者（19.9，8.4）という結果を報告している。これらの結果は，所要時間にも心理的意味が反映することを示している。

④**テスト態度**：テストに対する態度は，教示の理解度やテストに対する関心度である。まず教示がすぐに理解できるかどうかは，主として知的発達に障害があるときに問題となる。テスト中の行動や態度の観察からは，興味をもってテストに打ち込んでいるか，いい加減で投げやりか，考えながら慎重に答えているか，とにかく早く済ませたいと急いでいるか，読み書きが不十分でたどたどしい答え方をしているかなどを記録する。

2 スコアリングの情報

　生の反応語をスコアしてみると，スコアリングが容易なケースから判断がむずかしいケースまでさまざまである。そのようなスコアリング上での特徴も受検者の個性を表わしており，解釈上の手がかりの一つになる。

　ここでいう「容易」や「むずかしい」は検査者としてスコア分類する際の印象のことだが，とくにスコアリングで注目すべきは，スコア不能のUスコアと結合スコアである。解釈はスコアの頻度を標準と比較することによって行なわれる部分が大きいので，客観的で正確なスコアリングが適切な解釈の前提となる。スコアリング上で気になるところや迷ったところ，結合スコアにすべきかどうか，言葉では表現されていても吸収されてスコア上に表われていない反応などについてあらかじめ記録しておくと解釈上役に立つ。正式にはスコアされなかったが，スコアの可能性がある場合は，整理票で括弧に入れておいて，標準と比較をするときに参照すると解釈のぶれが少なくなるだろう。

　スコアリングをする際に，スコアリングが比較的容易なケースと困難なケースがある。そういったスコアリング上の印象は，受検者の反応の仕方の特徴でもあり，コミュニケーション能力とも関連しているので，そこにも注目する。

　スコア不能は，健常者にはあまり生じないので，スコア不能（U）の数とその内容を検討する。内容にはさまざまな種類があることはすでに述べたが，その内容もあわせて記録する。スコア不能のUは，小学低学年でもほとんどが3個以下である。それ以上の年齢では出現することがあっても1個か2個程度であり，大抵のケースはUがないのが普通である。したがって，Uがみられたときにはその内容について検討する必要がある。Uについては，「4章　実施法」で説明しているので参照してほしい。

　2つの異なる因子による結合スコアは，標準的なP-Fの正式の解釈指標にはなっていないが，解釈上で有用な指標と考えられる。したがって，結合スコアの総数がどの程度みられたか，同方向か異方向かも記録しておく。一般的にどの程度の結合数がみられるかについては表7-1を参照してほしい。

3 形式分析

　形式分析は，スコアを中心とした各解釈指標の特徴を中心にした分析である。その際に，因子やカテゴリーなどの特徴を断片的に取り上げるのではなくて，全体的な反応傾向や，因子やカテゴリーの相互関係を常に考慮しながら分析していくことが望ましい。

P-F は，スコアに基づいたいくつかの指標があらかじめ設けられているので，一応その順序に従って分析していくのが一般的である。各指標の検討すべき具体的な内容について説明する。

a. GCR（集団的一致度）

①**全体の一致率**：GCR の値が標準範囲にあるかどうかをみる。GCR 値が低いときは，不適応の可能性があるが，値の高さに応じて適応度が高くなると考えるべきではない。高すぎると，紋切り型の反応をするステレオタイプな人が考えられる。

　GCR は，必ずしも P-F 全体の反応を縮図的に代表しているわけではない。実際に成人用・青年用・児童用各版の GCR スコア因子は，次のような内訳（カッコ内は設置数）になっている。

- ・成人用（18 場面，20 因子）：m（5），M（4），I（3），i（3），E′（1），I′（1），M′（1），E（1），e（1）
- ・青年用（13 場面，13 因子）：M（4），E′（2），I′（2），E（2），I（1），i（1），m（1）
- ・児童用新版（18 場面，19 因子）：I（6），e（5），E（2），M（2），m（2），I′（1），M′（1）

　成人用と青年用の GCR スコアは相対的に /E/ が少ない。児童用Ⅲ版の 19 因子の内訳を見ると，/I/ や //e が多くて /E/ がやはり少ない。各因子の出現状況を平均値で見ると，多い順に E ＞ I ＞ e ＞ m となっている。/E/ は全場面をまとめたときに，因子の中で出現率が高いにもかかわらず，GCR の 19 因子中で 2 個にすぎない。つまり，P-F の全年齢版をとおして，GCR は非他責の反応をする受検者に高く出る傾向があることを示している。したがって，GCR は重要な指標ではあるが，あくまでも適応判断の一つの指標であることを念頭において解釈しなければならない。

　青年用では，全受検者をとおして出現率の高いすべての反応スコアが GCR スコアとして設定されているわけではない。青年用は児童用の旧版と同様に，全体として多数の出現があることと同時に，年齢とともに増加する因子のみを GCR 設定の条件にしているからである。具体的には，全体の出現率で場面 10 の /E/ が 41.9％，場面 16 の /E/ が 52.2％で出現率が高いものの，年齢とともに増加がみられないという理由で GCR スコアから除かれている。一般的な反応傾向や他罰の /E/ スコアの場面別の検討をする際に，これら 2 つの場面 10 と 16 で /E/ が出現しているかどうかもチェックしてみることが望しい。

　さらに，青年用の GCR 計算が，スコア不能の場面を除いて計算することになっている点にも注意が必要である。このことは，GCR 場面で U があるときは，GCR 得点が見かけ上高く出る傾向をもっていることを示している。一般的にあ

る種の反応が出やすい GCR 場面であるにもかかわらず，スコア不能の反応をすること自体が適応的な反応とはいいがたいので，GCR 場面で U があるときは，機械的に GCR 値で適応度を判断することは避けるべきである。成人用Ⅲ版と児童用Ⅲ版では，スコア不能の場面でも分母から除かないで不一致として計算することになっているので，U のスコアによって GCR が見かけ上高くなることはない。

　GCR の値は全場面での一致率だけでなく，さらに次のような観点から一致率を検討すると，いっそう解釈に役立つ情報が得られるだろう。

②自我阻碍場面と超自我阻碍場面の一致率：設定されている自我阻碍と超自我阻碍の区分は，認知された区分と一致しない場合もあるが，一応この場面間の一致率を比較する。一般的には自我阻碍場面よりも超自我阻碍場面の一致率がやや高くなる傾向がある。

③前半と後半の一致率：GCR の前半 12 場面と後半 12 場面の一致の程度は，テスト中における受検者の心理的構えの変化と関係する。したがって，反応転移値とあわせて検討してみることが望ましい。

④因子別の一致率：GCR 因子に設置されている因子数に違いがあるが，因子ごとに一致率の様子を検討してみる。

⑤不一致場面のスコア：GCR が不一致でも，U による場合か（児童用新版と成人・青年用では処理の仕方が違う），スコアが同方向か異方向か，同じ型か違う型か，1/2 の一致がどの程度あるかなどを検討する。

⑥スコアされない反応：とくに GCR が /I/ の場面で不一致のときに，/I/ に該当するような「すみません」という導入的な反応が，スコアの簡略化によって //i に吸収されていないかどうかも確認する。つまり，スコアリングにおいてカッコ内に記入された因子と一致か不一致かを検討することである。

　GCR は，P-F 全体の反応について標準的といえるかどうかの一つの指標であり，集団的適応度の特徴を表わすとみることができる。しかし，GCR の一致している内容を検討せずに，全体の一致率だけで単純に社会的適応とか不適応などというような判断をすべきではない。適応度は，先にあげた各側面からの検討と，プロフィールなどの総合的な検討から導き出されるものである。

b. プロフィール欄

①カテゴリー間の関係：アグレッションの方向と型の出現状況について，個々別々に高低を見て解釈するのではなく，3 章で解説したようにそれらの相互関係も考慮しながら解釈することが望ましい。

②カテゴリー内での因子の均衡：カテゴリーの値が標準範囲にあっても，そのカテ

ゴリーに属する因子間で不均衡の場合があるので，カテゴリーの値が標準的であるからといって，それだけで標準的反応をしているとはいえない。アグレッション方向やアグレッション型内での均衡状態をみることは，基本的反応傾向の内容を検討することになる。

③**すべての因子が出現しているか**：プロフィール欄ですべての因子が出現しているかどうかは，フラストレーション状況における反応レパートリーの広さと関係している。ある種の因子が出現していなければ，そのような反応を避けているのか，もたないのかを考える。

さらに，プロフィール欄におけるカテゴリーと因子の出現状況から，全体的な反応の様相を次のような3つのタイプで表現できるだろう。

・**バランス型**：カテゴリーおよび因子のすべてが出現しており，それぞれが標準の範囲にある。このことは，フラストレーションに対して反応レパートリーの幅の広さと適切さを示している。

・**準バランス型**：カテゴリーは標準範囲にあるが，因子でやや標準からのずれがみられる。バランス型に準じるタイプで，ある程度個性的な特徴が表われているタイプである。

・**アンバランス型**：カテゴリーまたは因子の中で目立った反応傾向が認められ，ときにはまったく出現しない因子もみられる。これらは個性的な反応タイプであり，たとえば，他責（E-A）型・欲求固執（N-P）型・他罰（E）型・他責固執（e）型などと表現できるだろう。ただし，特定の1つの因子型として表現できない場合もある

④**因子とカテゴリーの関係**：ある種の因子の出現が高くなれば，その因子が属しているカテゴリーのアグレッション方向と型のいずれにも影響する。そのときは，カテゴリーよりもむしろ因子のほうを重視する。

⑤**因子の内容**：カテゴリーや因子の出現率だけを対象にして，生の反応内容を検討することなく，スコアだけに頼った解釈では個人的理解にいたることはむずかしい。因子の内容については3章の「4. 反応分類の細分化」（pp.34-36）を参照してほしい。

⑥**スコアされなかった反応**：反応のすべてがスコアとして表現されているわけではない。スコア不能（U）以外に，導入的な反応のために，その後の主要な反応に吸収されてスコアされない反応にも注目すべきである。

c. 超自我因子欄

超自我阻碍場面における反応傾向をみるための指標であり，自己の非をとがめられた場面なので，この場面における反応は罪悪感や自尊感情とかかわっている。

/E/ は指摘された自己の非に対して責任を否認する積極的主張性，/I/ は自己の釈明をする消極的主張性とみられる。E+I が標準的であっても，/E/ と /I/ の比率によって主張性の内容に違いがある。

　E-E は素朴で衝動的な攻撃を示し，I-I は素直に自己の責任を認める傾向を示すが，それぞれ反応語の内容によってその意味合いがかなり違ってくる。

　(M-A)+I は無責方向と言い訳の反応をまとめたもので，前者が相手に対する弁護であり，後者が言い訳による自己弁護で，ともに「弁護する」という意味がある。「弁護」は，精神的発達に伴って上昇すると考えられることから，「精神発達の指標」と仮定されてきた。ところが児童用新版のデータによると，小学１年では他の学年に比較してやや低い値であるが，１年生以外の学年間にはそれほどはっきりした発達的な変化は認められず，むしろ学年差よりも性差（女＞男）が目立っていた。したがって，もしこれが低ければ未熟な精神であることが考えられるかもしれないが，標準ないしそれ以上の値をもって精神発達が良好であるという解釈には無理がある。なお，青年用においても同様の性差（女＞男）がみられるので，解釈では，この指標における「弁護」という対人的な対応の仕方の違いは性差の表われと考えたほうがよいだろう。

　超自我因子欄の各指標も断片的にみるのではなく，反応全体を背景としながら検討していく。たとえば，/E/ 欄や /I/ 欄のスコアが高いか，低いか，標準的かによって超自我因子欄の見方は異なる。もし /E/ や /I/ が多ければ，当然 /E/ や /I/ も高くなることが予想されるが，はたしてそれがどのようになっているかをみたうえで，総合的に超自我阻碍場面の反応に特徴があるかどうかを判断する。

　/E/ と /I/ の平均出現率は，成人用・青年用・児童用をとおしてそれほど高くない。そのことは，少しの値の変動で，標準との隔たりが大きくなる可能性があることを示している。/E/ や /I/ がまったく出現しない場合は特徴として取り上げることは認められるにしても，それ以外の場合は，数値だけでなく，出現回数や /E/ や /I/ が関係している結合スコアなども考慮しながら判断する。

　さらに，/E/ は否認や反論であり，/I/ は釈明なので，それらがどのような内容の表現なのかを検討することによって，個人理解に役立つことが多い。/E/ と /I/ は，いずれも自己の正当性を主張するためになんらかの理由を述べている。その理由は，健全で肯定的な内容から，非合理的で独りよがりの内容までさまざまである。その内容によって解釈が大きく変化する可能性があるので，/E/ と /I/ の生の反応語に注目することが大切である。

　(M-A)+I は相手を弁護する反応と自己を弁護する反応であるが，全体の値だ

けでなくて個々の値（M-A と /I/）がどのようになっているかも検討する。

d. 反応転移

　テスト中における心理的な構えの変化をみる指標であり，前半の反応に対する後半の反応は，補償の心理機制がかかわっていると考えられる。反応転移の基準は，前半と後半の反応傾向を比較することによって判断される。しかし，3つの年齢版ともに，反応からみて刺激場面が前半と後半で同質とはいえないために，ある種の反応が前半または後半に出現しやすいことが指摘されてきた。ローゼンツァイクもその事実を認めて，原図版では GCR スコアの前半と後半の比較によって有意な転移値を暫定的に修正する方法をとっている。しかし，これはあくまでも暫定的な修正であって，正確な統計的基準を用いたものではない。統計的に明確な基準を設定することは，さまざまな要因が絡んでいるのでかなりむずかしい問題である。その原因の一つは，転移値の基準として設けられている「場面全体をとおして4回以上の出現がみられる因子」という条件に限定されていることである。ところが，この条件を満たす比率が因子によってかなり違っているために，すべての因子について一律の条件で有意な反応転移の有無を判断することがむずかしい。

　このような事情があるために，年齢版ごとに反応転移の同一基準値（±0.33）で，各カテゴリーや因子について全受検者の中でどの程度出現するかの比率を手引きの資料に示している。ここで参考までに，各年齢版の因子とカテゴリーで反応転移が生じやすい一般的傾向を示しておく。

　〔児童用Ⅲ版〕

　・前半型：E, e, I, E-A, I-A, E-D, N-P

　・後半型：M′, M-A, O-D

　〔青年用〕

　・前半型 i, m, E-A, N-P

　・後半型：E′, I, M, I-A, M-A, O-D

　〔成人用Ⅲ版〕

　・前半型：E, e, I, M′, M, E-A, N-P

　・後半型：E′, I, m, O-D, E-D

　反応転移は，テスト中における心理的安定の度合いをみる指標とされているが，具体的にどのような転移（変化）が生じたのかを判断することはなかなかむずかしい。したがって，一般的に生じやすい反応転移とそうでないものを区別したうえで，転移の意味を考えなければならない。つまり，±0.33の値を超えているだけで機械的に「テスト中に心理的な構えの変化が起きた」と解釈することは避けるべきで

ある。テスト中における心理的変化は，反応転移値だけでなく，24個のテスト場面の継列的な変化を参照したうえで，慎重に判断することが望ましい。

反応転移についてこれまで主に注目されてきたのは，前半での攻撃的な反応が，後半になると抑制され，無責の反応が多くなる場合であり，これは抑制効果として解釈できるという仮定である。しかし，この転移傾向はある程度一般的であることがどの年齢版でも指摘できる。したがって，基準値よりもかなり高い値のときに「防衛傾向が強くて，社会的に容認される反応に移行する」と解釈ができると考えるのが妥当だろう。

またときには，一般的な傾向とは逆の方向に反応転移が出てくることがある。そのときは，GCR前・後半の一致率の比較が参考になるだろうし，注意深く解釈に取り入れることを考えなければならない。たとえば9章に示した事例A2のように，後半の4場面で /E/ の反応をした場合，通常は前半に多い /E/ が後半への反応転移を示したことになる。この反応転移については，P-Fの24場面はすべてがフラストレーション場面なので，フラストレーションの繰り返しによる蓄積効果によって耐性が限度に達して，いわゆる個人のフラストレーション閾値を超えたことによる影響が反応に表われたとみることができ，フラストレーション耐性が弱いといえるだろう。

一般的に，反応転移は，数値が優位であることだけに注目しやすい。しかし，むしろ反応転移がない場合に全体的にどのような反応特徴が示されているかを検討する必要がある。場面の変化に応じて反応もある程度変化するのが一般的である。しかし，場面の変化にもかかわらず終始一貫した反応を示す場合は，当然ながら反応転移が生じないことになり，ある種の反応傾向が強い個性的な受検者とみることができる。

反応転移が心理的意味をもっていると判断するには，転移値以外にも以下のようなことを検討することが望ましい。

・反応の一般的変動：GCR前半と後半の比較
・反応内容の変化：表現や語数など
・反応時間の変化：前半と後半，反応時間が長かった図版など

e. 主要反応

主要反応は，因子の中から出現数の高い順に3つあげることになっており，P-Fに代表されるフラストレーション場面での受検者の典型的な反応傾向を集約的にみる指標である。因子の素点は，受検者の個人的な基準による相対的なフラストレーション反応傾向を示している。さらに，これらの因子の素点を集団基準と比較した

ときに，どの程度の高さにあるかを検討しなければならない。

　つまり，P-F に代表されるフラストレーション場面で，その個人にとって最も特徴的な反応傾向を示すのが主要反応の因子の素点であり，その素点を集団基準に照らして，他の人と比較してある種の行動が目立つかどうかをみることになる。ある反応が高いか低いかだけでフラストレーション場面における行動について推測や判断をすることは，一般の質問紙と同じように，集団基準のみに基づいた見方となり，個人的基準を無視することになる。

　児童用・成人用・青年用それぞれについて，各因子の年齢別・性別の平均値から主要反応の一般的傾向を知ることができる。各年齢版の傾向は以下のとおりである。

　・児童用：E ＞ e ＝ I ＞ m
　・青年用：E ＞ I ＝ M ＝ E′＞ m
　・成人用：M，m に E，I が続く

　この主要反応は，プロフィール欄とあわせて検討することが望ましい。

④ 内容分析

　内容分析は，スコアでは把握できない，あるいは見落としてしまうような解釈上の重要な情報を，生の言語反応から得ることが目的の一つである。内容分析をするにあたって，まず各場面における標準的な反応傾向についての知識をもたねばならない。その一助として，各年齢版の場面ごとの特徴を要約した資料を 10 章に示したので，随時参照してほしい。

　内容分析は，場面ごとに反応特徴をみていく継列分析を基本として，その結果に基づいて，場面間に共通する心理的な意味を読み取っていくのが一般的な手順である。場面ごとに反応をみていく際に，一般的傾向と違った反応を示す場合は個性的な反応なので，とくに注意を払う。たとえば，GCR 場面で GCR スコアと違った方向の反応が出てくるときや，同じ GCR スコアでも一般とは違った独特の表現を用いている場合である。

　次に内容分析で注目したい主な観点をあげる。各場面の反応内容や表現の仕方が，受検者の年齢，性別，職業などからみてごく一般的にみられるものか，意外な感じがするのか，その反応がどのような感情をもって表現されたのか，というようなさまざまな観点から反応についての場面ごとの印象を書き留めるのが内容分析である。

　手引きのスコアリング例に，各場面における因子の一般的出現率が記載されているので，それと比較して，もし，出現率の低い因子が反応として現われていたときは，個性的な反応と考えることができる。また，受検者の全体的な反応傾向とは違っ

た，特異な反応があるかどうかも検討する。前述のとおり，本書の10章の各場面の特徴を参照すると判断の参考になるだろう。形式分析で取り上げた指標や結合スコアなどについて，生の反応を検討することによって，スコアだけでは把握できない個別的な特徴をとらえるように努めることが望ましい。

次に，内容分析の結果から，各刺激場面の特徴と反応とを関連させながら反応特徴を検討し，とくに受検者の理解に役立つと思われる心理的な特徴を取り上げる。ある心理的特徴を判断するときは，1つの指標や場面だけでなく，できるだけ複数の根拠を求めることが望ましい。

a. 文章表現

記述量の程度，反応内容の豊かさ（多様な表現）と貧弱さ（紋切り型の表現），漢字の使用，繰り返し，反応語の表現の仕方と内容などの検討から，P-Fの反応が分析の対象として信頼できるかどうか，知的能力や学力の程度などが推測できる。

文章の書き方について，記述の反応を求めるSCT（sentence completion test；文章完成法）では，筆跡をパーソナリティ解釈の参考にしている。筆記による反応という点ではP-Fも共通しているので，筆跡の特徴（字の大きさ，筆圧，字の巧拙，字の形など）も解釈の補助的な意味をもつ資料として参考にすることができる。

b. 口癖

受検者によって，驚きや不快などの感情的表現やあいづちなどが多くの場面でみられることがある。その表現は，場面によって障碍優位型（O-D）の因子としてスコアされるときとされないときがある。とくにスコアされないときでも，個人理解の資料になる。

c. スコア不能と結合スコア

スコア不能（U）がどの場面で生じたかや，そのときのUの反応の意味を考えることは，反応全体を解釈するうえで重要である。したがって，Uの数が多ければ，それだけでも問題として注目しなければならないが，Uの数だけでなく，スコア不能の内容および場面との関連も検討することが望ましい。

結合スコアが出現していない場合は，単純な反応に終始していることが多い。結合スコアがある場合は，さらに方向が類似のスコアの結合か，相反するスコアの結合かによって意味が違う。前者は同じ方向の反応を強める強迫的傾向があり，後者は相反する欲求の心理的葛藤が関係していると考えられる。

なお，1つの場面でいろいろな複雑な反応が多い場合に，頭に浮かんだことをすべて口にするような統制が不十分なタイプと，心理的葛藤が存在している強迫的，神経症的な受検者の場合がある。前者では所要時間はあまり長くないが，後者の場

合は所要時間が長くなる傾向がある。また反応内容が，前者は他責方向の反応が普通かそれ以上であるのに対して，後者では他責方向以外の非他責反応が比較的高くなることが多い。

d. 同じスコアで違った意味

　同じスコアでも，その中には違った意味をもった反応が含まれることは，3章の反応分類の細分化のところで紹介した。さらに，たとえば具体的な文章表現から攻撃内容の強さや激しさが感じられたり，罪悪感の程度が推測できたりする。

　また，/I/ や //i の高いことをもって，単純に「罪悪感が強い」と判断するのは早計である。たとえば，「すみません (/I/)」「これからしません (//i)」という反応は罪悪感が強いというよりも，その場をなんとか無難にやり過ごそうとする場合によく使われる表現である。したがって，罪悪感が強いと判断するには，/I/ や //i が高いだけでなくて，/I/ ではスコアリングの細分化にあるような「丁寧な謝罪」「自己の責任を認める反応」，//i では「補償の申し出」などがみられたときに罪悪感が強いと判断するのが妥当であろう。

　//e の反応は，自我阻碍場面では，「相手が悪いので相手が後始末をすべきである」という考えが背景にあるのに対して，超自我阻碍の //e では「自分が後始末したくないので相手にやってもらう」という意味にとれる違いがある。前者は相手への責任転嫁であり，後者は依存的な反応と考えられる。

e. スコアの見方

　スコアは，アグレッションの方向と型の反応分類であるが，このスコアの違いは方向と型以外にもいろいろな観点から検討することができる。たとえば，児童用場面1で「お菓子がほしかったのに (E′//)」と「なぜ残してくれなかったの (/E/)」の違いは，フラストレーション事態に対する不満と相手に対する攻撃との違いだけでなく，対人関係への関心の違いを反映しているとみることができる。つまり，前者はお菓子がもらえなかったという不満を表明しているので物への関心であり，母子関係に直接かかわりがない反応であるが，後者は母に対して非難しているので，母子関係への不満の表明である。さらに，「なぜお兄さんにあげてしまったの (/E/)」という反応になると，同じ攻撃的反応でもきょうだい関係にかかわる親子関係の不満が表明されているとみることができる。

　また，反応がフラストレーションの生じた結果に向けられるか，フラストレーションが生起した条件に向けられるかという観点もある。結果重視の場合は感情的で未熟な反応様式をとりやすいし，条件重視は論理的で成熟した反応といえるかもしれない。

例をあげると，児童1で「お菓子がほしかったのに（E′）」は前者の例で，「なぜお兄さんにあげてしまったの（E）」は後者の例である。以上の例は，同一場面での反応の違いについて，単にスコアの違いだけでみるだけでなく，個人理解に役立ついろいろな見方があることを示している。

f. 導入的反応

P-Fの反応は，スコアリングのところでも述べたように，すべての書かれた反応がスコアされるわけではない。とくにスコアするときに，導入的な反応はその後の主要な反応に吸収されるという原理があるので，記述されていてもスコアされない反応がしばしば出てくる。しかし，このような反応も解釈上では無視できない。たとえば，「すみません。すぐに直します」と「じゃ，直しておきます」は，スコア上は同じ //i である。しかし，前者は相手に対する配慮が感じられるのに対して，後者は自分が悪いという罪悪感が乏しくて，ただ自分の務めを果たすという無愛想な表現であり，相手に対する配慮が感じられない。

先にあげた吸収された反応以外にも，3つ以上にスコアできる反応を2つにまとめたときや，言葉として明確に表現されていないが，ある種の感情が強く感じられるようなときも，スコアリングの段階からチェックしてカッコ内に入れておくと解釈に役立つ。

g. 場面の特徴と反応の関係

各場面における代表的な反応は，スコアリング例だけでは確認できないが，10章で出現の多いスコアをあげているので，参考になるだろう。しかし，具体的な反応語としてどのような表現が多いかは検査者個人の経験による判断を待たざるを得ない。各場面で一般的にみられる，いわゆる平凡反応についての知識をもつことは，その場面での特異な反応を知るために必要である。

また，場面の特徴として，人物やフラストレーションの内容において共通する場面の反応を比較することも解釈上有効である。児童用においてはスパーキー（Spache, 1950）が，場面の阻碍者が大人である場面と子どもの場面に分けたときに，反応の違いが受検者の理解に役立つことを示して以来，いくつかの追試的研究が行なわれている。児童用Ⅲ版において同様の調査を行なったところ，ほとんどのスコアリング要素に場面差が出ており，対大人ではI-A, M-A, I, i, M′, mなどが高く，対子どもではE-A, E, e, Mなどが高いことが明らかにされている（秦ら, 2008）。さらに，大人でも，母，父，先生とか，子どもではきょうだいや友人，異性などに分けて反応内容を分析することによって，受検者の対人関係のありかたを知るうえで役立つだろう。

その他に，場面の特徴として，自我と超自我阻碍での反応，家庭・学校・社会などの状況，フラストレーション内容の違いなどの観点からみていくと，個人理解に役立つ資料が得られる。参考までに反応からみた場面分類をあげておこう。

〔成人用〕
・予期しない自己の過失（場面：2・17・21・22）
・理由づけ可能な他者の過失（場面：1・4・15・20・24）
・相手からの直接的攻撃（場面：7・10・11・13・16）
・社会的規範（場面：5・6・16・19）
・第三者の妨害（場面：3・12・14・18・20）

〔青年用〕
・社会的規範ないし欲求充足の遅延（場面：6・9・13・18・23）
・自己の過失（場面：2・5・6・16・17・19）
・敵意的攻撃（場面：7・10・11・13・16）
・他者の理由づけ可能な過失（場面：1・4・11・15・20・24）
・第三者または非人為的妨害（場面：3・8・12・14・20）

〔児童用〕
・自己の過失（場面：7・8・13・19・22）
・遊具の喪失や遊びの阻碍（場面：2・4・6・9・21）
・相手の過失や不適切な行為（場面：5・10・16・20・23）
・社会的規範（場面：2・11・17・24）
・相手からの拒否や攻撃（場面：1・3・6・12・14・18・21）

h. 教示の例

P-Fの場面は24から構成されているが，日本版では原図版と違って各年齢版別に教示で使われる例が掲載されている。これらの例は，いずれの年齢版も超自我阻碍場面になっている。一般的には例の反応は解釈でふれることはほとんどないが，ときには受検者の特徴を表わしていることもある。

たとえば，不安が強くて職につけないある受検者が，成人用の例で「この帳簿のつけ方は間違っていますよ」に対して「帳簿のつけ方を間違えたので，自分はこの仕事に向いていないのでしょうか？」と反応したと仮定してみよう。この反応から，おそらくちょっとした失敗や注意にも過剰に否定的に受け取る受検者の認知的特徴が推察される。このように，例に対する反応も解釈上で重要な意味をもつことがあるので，例に対する反応も各場面に加えて考慮することが望ましい。

3. 総合的解釈

　テスト結果のまとめは，単に受検者の P-F に対する反応結果の分析を要約する
だけでなく，受検者の個人的な情報やテスト実施中の行動観察，スコアリングから
得られた情報，形式分析や内容分析などの結果を総合して行なわれなければならな
い。

□1 解釈に含まれる内容

　従来の P-F の解釈は，主に形式的側面としてのスコアを中心として行なわれて
きたし，現在でもそのことが続いている。しかし，ここで紹介したようなプロトコ
ルの内容的側面の分析を取り入れた解釈が，臨床家の中では近年少しずつみられる
ようになってきた。総合的解釈は，ここで述べた形式分析と内容分析の結果に加え
て，それ以外の受検者に関する重要な資料を含めて解釈することが望ましい。

　P-F の解釈には，次の 3 つの内容が含まれるのが適切だろう。

①**フラストレーションの主要反応傾向**：P-F はテスト刺激の性質上，フラストレ
　ーション場面での反応が資料として分析されるので，まずフラストレーション状
　況における受検者の主な反応特徴が取り上げられるだろう。これは主要反応やカ
　テゴリーなどに基づいた P-F 反応の全体的特徴を要約することである。

　　次に P-F の刺激場面は，フラストレーションの原因が他者にあるかが不明な
　自我阻碍場面と，原因が自己にある超自我阻碍場面に大別されているので，それ
　ぞれの場面における受検者の反応特徴を要約する。ただし，P-F で表われた反
　応特徴が，そのまま日常生活における受検者の行動様式を表わしているかどうか
　は慎重に判断しなければならない。

②**心理的特徴と適応**：P-F の反応結果から，受検者のさまざまな心理的特徴や適
　応についての判断が求められる。形式分析では個々の指標を個別に列挙するので
　はなくて，指標の相互関係を検討したうえで内容分析から得られた情報で補って
　受検者の特徴を把握する。ある心理的特徴は，単一のカテゴリーや因子ではなく，
　複数の要素が重なり合っているので，それらの関係を慎重に検討して判断すべき
　である。

③**まとめと報告**：P-F を実施する目的や依頼者の要求に答えるための個別的な内
　容について記述する。テストから得られた結果について，それを列挙するのでは
　なく，否定的な側面と肯定的な側面，主訴や問題に関連した指導や助言，さらに
　予後の予測が含まれることが望ましい。報告については，どのような伝え方をす

れば受検者や関係者に理解してもらえて問題のアセスメントや治療に役立つかという観点をもって書かなければならない。

② 主な心理的特徴

手引きにはカテゴリー，因子，GCR，反応転移などの各指標の意味が記載されている。しかし，これらの指標は基本的な意味が書かれているだけであって，その相互関連性についての十分な説明はなされていない。ここでは，P-Fから推測できる主な心理的特徴を取り上げて，それらがP-Fのカテゴリー，因子，指標などとどのようにかかわっているかについて考えてみる。

a. 認知的機能

書かれた反応内容や文章が，受検者の年齢と性別からみて期待されるような答え方がきちんとできることは，認知的機能に特別な問題がないことを示している。つまり，場面認知の正確さや場面の理解度，Uの有無とその内容，場面にふさわしい答えの有無などが，認知的機能が健全に機能しているか否かの判断資料となる。

さらに，責任否認の /E/ や弁明の /I/ の内容が，理性的で合理的な説明として認められるかどうかは知的能力の判断の資料となる。文章表現の巧拙，漢字の使用，登場人物の性別や相手の社会的地位に応じた表現，字の上手下手などにも注目する。

認知機能が十分に作用していないときは，教示の理解が不十分なために特別な配慮が必要になる，場面認知の誤り，無記入，場面の理解ができないために場面にふさわしくない答えがある，などの理由でスコア不能（U）場面が多くなる。実施法のところでふれたように，成人用・青年用・児童用でそれぞれ誤認が起きやすい場面をあげているので，それが参考になるだろう。また，どの場面でどのような認知上の誤りがあるかをみることによって，受検者の認知の仕方の特徴を知ることができる。

b. 社会適応性

社会的適応と最も関連している指標として，従来からGCRの値が標準値の範囲にあることとされているが，それだけでは不十分であり，さらにGCRの内容についての分析も必要である。たとえば，自我阻碍場面と超自我阻碍場面の比較，前半場面と後半場面の比較などで偏りがないかどうか，GCR不一致場面でGCRスコアと同じカテゴリー反応かどうかなどの検討が求められる。

整理票のプロフィール欄では，プロフィールの全体的布置からみた3つのタイプ（p.95を参照）のいずれに属するかも適応の重要な手がかりである。バランス型は，多くの場合に健常な受検者にみられる。つまり，すべての因子が適度に出現してい

ることは，フラストレーションに対する反応レパートリーの広さや，多様な反応で対応できる能力をもっているとみられる。ある種の反応に偏っていて，まったく出現しない因子があるときはアンバランス型であり，この場合は不適応を示す受検者の率が高くなるだろう。

c. 攻撃性と主張性

攻撃性は P-F で最も注目されているパーソナリティの側面である。カテゴリーの他責（E-A）を攻撃性の指標とみることは，他責には相手に直接危害を加えない反応も含まれている（E′ //，//e）ので，適切とはいえない。一般的な攻撃と直接に関係しているスコアは /E/ であり，とくに幼稚な攻撃衝動は超自我因子欄の E-E に代表され，反論や否認は /<u>E</u>/ スコアに含まれる。

さらに，P-F における他罰（/E/）は必ずしも一般的な意味での「敵意的攻撃」に限定されない，かなり幅の広い内容を含んでいる。したがって，/E/ スコアを単純に「敵意的攻撃」と受け取ると，誤った解釈になりかねない。そこで，/E/ スコアとその内容についてさらに検討してみた。

ローゼンツァイクは，P-F 全体の反応を建設的（欲求固執型）と破壊的（自我防衛型）に分けているが，他罰（/E/）因子の反応自体も，図 7-4 のように建設的な意味をもっている主張的攻撃と破壊的な敵意的攻撃に分けることができるだろう。

図 7-4　他罰反応の分類

建設的な他罰反応（/E/）は広い意味で攻撃的とみられるものの，一般的に主張性といわれている反応も含まれており，それぞれのフラストレーション場面において正当であり，理性的で社会的にも認められた反応で次のような反応があげられる。

- ・助言：「早く帰らないといけないわよ」
- ・忠告：「これから気をつけてください」
- ・反論：「ぼくは弱虫なんかじゃない」
- ・批判：「もう少し，慎重にしたらよかったのに」
- ・抗議：「それならなぜ前もって知らせてくれないのですか」
- ・意見：「客としては当然のことを言ったと思うけど」

一方，破壊的な攻撃は敵意的で怒りを伴った攻撃であり，話し手が相手や第三者をさげすんだりののしったりこれが一般的な用語としての攻撃であって，社会的に好ましくないとみなされているような卑罵語（ひばご）と呼ばれている内容が含まれる。

　・拒絶：「返すもんか」
　・怒り：「この野郎」
　・敵意：「わざとやったんでしょう」
　・脅迫：「後で仕返しをしてやる」
　・排斥：「あんな人ほっときましょう」，「おまえとはもうつきあわないよ」
　・悪口・中傷：「あの人は，本当にしょうがない人ね」
　・軽蔑：「おまえは下手だなあ」
　・非難：「約束を守れないなんて，失礼じゃないですか」

　これらの攻撃的反応は発言内容だけでなくて，場面の状況と表現の仕方との関連をみながら攻撃の性質を判断しなければならない。どのようなフラストレーション状況で，どのような人物に対して，どのような形の攻撃を誘発しやすいかなどについて検討することによって，個人的理解に近づいた解釈ができるだろう。

　主張性は他者の立場や権利を尊重し，状況に合わせながら，自身の立場を守り，自己の欲求を満足させるように，自分の考え・感情・信念などを率直に表明する行動であるといわれている。この定義によると，先にあげた他罰反応（/E/）だけでなく，他の主張性に関連する P-F 全体の反応から判断されるべきである。

　とくに自己の欲求満足を合理的に主張するという点から考えると，欲求固執型（N-P）の結合スコアである //e;m や //e;i も主張性と密接に関連した反応といえるだろう。//e;m は代償を求めることや，状況の条件を考慮したうえで自己の欲求を満足させようとする反応である。また，//e;i は自分でなんらかの責任をとりながら欲求を充足させようとする反応である。同じ結合スコアでは，他者にフラストレーションの原因がある自我阻碍場面で，相手を許容しながらも，今後の行動に注意を促すような反応の /E;M/ も主張性と関連しているといえる。

　主張性に関連するその他のスコアとして，/E/ が GCR として設定されている場面での一致，変型因子である自己の責任を否認したり反論する /E̲/，自己弁明である /I̲/，欲求の //e などが関連しているが，これらはスコアの出現数だけでなく，反応内容も慎重に検討しなければならない。

d. 対人関係

　P-F の場面は，すべてが対人的な場面として設定されているので，当然ながら受検者のもつ対人関係の様相が反応に表われると考えられる。対人的かかわりと関

連する親和欲求は，他者に対する共感や思いやりという情緒的な側面と，実際にさまざまな条件下で相手に対して適切に対応できる行動力によって充足されるだろう。思いやりは，フラストレーションの阻碍者である相手に対して許容する /M/，フラストレーション事態をたいしたことがないという M′ //，および「一緒に遊ぼう」などの積極的な解決表現内容の //m 反応も関係している。

　また，他者に解決を求める依存も受動的な愛情表現として親和欲求と関連している。したがって，依存的な内容の //e や，相手を信じていたがそれに反する期待はずれの意外な表現である「どうして……してくれないの？」という反応も親和欲求とかかわっていると考えられる。親和欲求が強ければ，自己にフラストレーションの責任がある超自我阻碍場面でも，攻撃的な行動ではなく，自責的な反応で相手の気持ちを和ませる行動がとられるだろう。

　従順さや指示に従う反応は //m に代表される。大人（多くは親）からの指示や命令の場面で，言われたことに従う //m の出現する場面はとくに児童用で多い。ただし，あまり //m が高いと，服従的傾向が強いとか，過剰適応が考えられる。この反応も場面の登場人物との関係が注目される。

e. 問題解決

　フラストレーションに対して解決の意志にかかわる反応は，欲求固執型（N-P）である。これに対立するのが，抑止的な反応で逡巡している障碍優位型（O-D）になる。したがって，問題（フラストレーション）解決への意欲は，障碍優位型（O-D）対欲求固執型（N-P）で表わすことができる。問題解決の方法は他者依存的な //e，自立的な //i，耐忍的な //m，合理的な //e;m などの種別によってそれぞれ違った意味をもっている。とくに超自我阻碍場面で，明確に自己の責任を認める /I/ 反応があって，しかも //i で，自らの責任で問題解決を図ろうとする内容の反応があれば，自立的特徴を表わしている。

　ローゼンツァイクによると，問題解決の志向としてもう一つの障碍優位型（O-D）対自我防衛型（E-D）という面がある。E-D はもっぱら自我を防衛するための反応であって，真の問題解決（欲求を充足させる）にはならない。また問題回避的反応として，障碍優位型で M′ // の無関心を示す反応内容も逆の意味で注目される。

f. 罪悪感・自尊心

　超自我阻碍場面での反応には，主として道徳観や価値観に関する見方が反映される。罪悪感が強いときは，フラストレーションの原因が相手にある場面，または原因が誰にあるのか不明な自我阻碍場面でも，自己に責任があると認知する傾向があ

る。直接罪悪感と関係する因子は /I/ であるが，反応内容が「すみません」という単なる謝罪ではなく，明らかに自らの責任を認める「私が悪かった」や「本当にご迷惑をおかけして申し訳ありません」のような丁寧な謝罪があれば明確である。さらに，//i で「弁償します」などの反応が関係している。//i でも，自我阻碍場面での「自分でなんとかします」という反応は，罪悪感よりも自立と関係の深い反応なので，//i スコアの量だけでなく，それが出された場面と反応内容に注目することが大切である。

自責カテゴリーの I-A とその構成要素である /I/ や //i が少ないときや，釈明の /I/ が多いときは反省心に乏しいとみられる。また，/I/ の反応内容が「すみません」と，単に謝るだけであるときや，//i の「これからしません」などは自責が強いというよりも，謝るだけでなんとかその場を逃れようとする可能性がある。

自尊心は，超自我阻碍場面の中でも，とくに人格の尊厳にかかわる非難や攻撃されたフラストレーション場面（例：「君は，嘘つきだよ」「おまえは，弱虫だ」）での反応から推測される。自尊心が高ければ，それらの場面で否認や反論する反応（/E/），相手を攻撃する反応（/E/），自分の責任を認めながら弁明する反応（/I/）が多くなるだろう。それとは逆に，そのような場面で自己の非をただ認めるだけで弁明もできないようであれば，劣等感があるとみられる。その他に強がり，合理化，負け惜しみなどの意味をもった表現である M′ // や，反動形成の I′ // スコアにも注目する。

g. 適応機制

精神分析では，フラストレーションによって生じた心理的葛藤や不安を解消する方法として，無意識的に行なわれる自我のはたらきを防衛機制としている。もともとローゼンツァイクは，精神分析的考えに基づいて P-F を作成しているので，防衛機制とのかかわりは深い。

防衛機制には，適応的防衛と不適応的防衛に分ける考え方があるので，適応という観点からの見方も必要であろう。ハーン（Haan, 1977）は，防衛機制に対して適応的な防衛を対処機制（coping mechanism）と呼んでおり，防衛機制の昇華・代理のほかに，抑圧（repression）に対する抑制（suppression）などを対処機制としてあげている（図7-3 も参照）。

ローゼンツァイクは，防衛機制と P-F の因子との関係について，他罰反応は投射（projection），自罰は置き換え（replacement）と分離（isolation），無罰は抑圧（repression）と関連していると述べている。これらの防衛機制に関連する最も典型的な反応としては，自我防衛型の属する因子（/E/, /I/, /M/）に代表されると

考えられる。しかし，その他の障碍優位型や欲求固執型にもその根底には，フラストレーションの原因を他者に責任を求めるのか（他責：E-A），自分自身に求めるのか（自責：I-A），自他ともに責任がないとするのか（無責：M-A）という方向が共通しているので，アグレッション方向のカテゴリーの他責は投射に，自責は分離，無責は抑圧と関連しているとみることができる。

　無意識的で自動的な抑圧（repression）と意識的に自己統制する抑制（suppression）は，いずれの場合も背景にある愛情喪失へのおそれや，相手に受け入れられたいという動機から生じていると考えられる。無罰反応（/M/）の「いいよ」という簡単な反応では，防衛機制の抑圧か対処機制の抑制かは，実際に判別することがむずかしい。しかし，テスト後の質疑によって，真にやむを得ない事情で相手を許容することを認める場合は抑圧が，その場の状況を勘案して意識的に抑制的な反応をとったという表現があれば抑制というように，両者を分離できる可能性がある。その他のP-F反応と関連している防衛機制としては，次のようなものがあげられる。

- 退行（regression）は，他者に依存的な解決を求める //e が中心になる。また，スコア以外では，反応内容が年齢に比べて幼い表現や，すぐに攻撃や不満をもらす他責（E-A）が多くなる。逆に自立的な //i および社会的慣習に従う解決の //m は乏しいだろう。また，攻撃の /E/ で「お母さんに言いつけてやる」といった反応内容があれば，退行的な傾向があるとみられる。

- 打消し（undoing）は，相手を攻撃したあとで自分も悪かったという /E;I/，あるいはフラストレーション自体は仕方がなかったと相手を許容しながらも，攻撃的な反応も加える /E;M/ などがある。打消しは，このようなアグレッション方向の異なる結合因子と関連している。その他に，//i は自己の罪に対して償いをする行為という意味で打消しの一種とみられる。

- 反動形成（reaction formation）と直接的にかかわりがあるのは I' // で，とくに「フラストレーション経験がかえってよかった」という反応にみられる。さらに反動形成は，心理的にもっている恨みや憎しみなどの否定的な感情に対して，それとは逆の，過剰に肯定的な反応や行動を示すことなので，攻撃的な反応が少なくて，社会的に望ましい反応が過大にみられたときには，反動形成の防衛をはたらかせているとみられる。反動形成と内向的な性格は，P-F上で非攻撃的スコアが多いことが共通しているが，反動形成では丁寧すぎるとか，相手の立場や事情を察する思いやりの表現が多くみられることに特徴がある。

- 合理化（rationalization）は，もっともらしい理屈をつけて，責任逃れや欲求の阻碍がたいしたことはないという反応であり，P-Fの因子では /I/ が該当

する。また自罰と結合した $\boxed{M'/E/}$ は，負け惜しみの反応として典型的な スコアである。その他では，フラストレーションがたいしたことないという M′ // 反応，否認の /E/ と弁明の /I/ の表現内容などから推測できる。

・昇華（sublimation）は，性や攻撃などの本来の欲求を，直接的，即時的でなく，間接的で現実的な方法によって満たし，精神的な葛藤を解消する防衛機制である。これに該当する典型的なスコアは //m である。//m 反応の中で本来の対象ではなく，代わりのもので満足する反応がみられた場合は代理（substitution）にあたる。

・否認（negation）は，認めたくない現実，不快な体験や欲求を無意識的になかったことことにしてしまうことである。P-F の場合は，超自我阻碍場面で自己の責任を認めない /E/，フラストレーションによる障碍がまったくなかったという I′ // が関係している。

・逃避（escape）は，解決することが困難な状況から逃れようとすることである。P-F の因子では障碍を軽視する M′ // が該当するだろう。

③ 解釈の水準

P-F の解釈においては，あらかじめ原著者によって設定されている指標があるので，それに従って解釈を進めるのが一般的である。しかし，それ以外の解釈法が許されないわけではない。P-F の反応から得られた資料をもとにして，個人理解にどのようにして役立てるかは個々の検査者の能力にかかっている。実際に P-F の解釈をみたときに，解釈の広さと深さからみて，およそ次のような 3 つの水準に分けることができるだろう。

第 1 の水準は，スコアや指標の中から標準と比べて高いものや低いものを選んで，それぞれの指標の一般的な意味を羅列する，いわゆるモザイク的な表面的解釈で，多くの初心者はこの水準にある。この水準は，スコアや指標の目立ったものを取り上げて，スコアや指標の意味を機械的にあてはめるだけなので，正確には解釈とはいえない水準である。

第 2 の水準は，スコアや指標を相互に関連させて，その根底にある心理的特徴について述べるが，個人的な理解にはいたらない解釈の水準である。この水準は，スコアや指標を個別的に扱うのではなく，それらの相互関係に注目して，そこに共通する心理的特徴を引き出す試みであるが，スコアのみに頼っているので類型的解釈にとどまり，個別的解釈にはいたらない。

第 3 の水準は，P-F でみられたスコア上の特徴だけでなく，反応内容についても

考慮して，心理的特徴の生起する条件や程度，原因，今後の指導や治療方針，予後の見通しなどについて言及する力動的解釈である。とくに第3水準の解釈は，P-Fでみられた心理的特徴について，より詳細に考察することが必要になる。そこではP-Fの結果だけでなくて，受検者に関する他の情報も参考にしなければならない。

④ 解釈の個別化

P-Fで求める解釈は，類型的な解釈から個別的な解釈までいくつかの段階がある。それはP-F反応の最も基本となる因子に基づく解釈と，生の反応を含む場面を合わせて解釈する方法である。そこで，類型的解釈から個別的解釈への一連の流れについて考えてみた。図7-5は，類型的解釈から個別的解釈への流れに沿って具体的なP-Fの資料と関連させたものである。

因子のみに基づいた解釈は，類型的で大まかな傾向を示しているにすぎない。もちろんこのようなことも把握しておくことは解釈上必要なことである。しかし，この段階で終わると受検者の個別的な特徴を無視してしまうことになる。次の段階として，11種類の基本的な因子についてその内容から，それぞれ3つに細分化した表を示したが（p.35）この段階になると類型の内容についての情報が加わっているので，多少個別的解釈に近づいているが，まだ類型的な範囲を出ていない。さらに，個々の生の反応を考慮することによって個別的な特徴を含んだ解釈になる。最後に，因子や生の反応がフラストレーション場面の違いによってどのようになっているかを検討することによって個別的な理解を求める解釈になるだろう。

たとえば，/E/ 反応が高い場合の具体的な例でこの間の違いを示すと以下のようになるだろう。まず /E/ が高いことは「フラストレーション場面で攻撃性（厳密にはフラストレーションの原因を周囲の人や状況に求める傾向）が強い」という解釈になる。次に細分化では敵意的か主張的か，あるいは支配的か反抗的かなどの攻撃性の内容はどのようなものかを明らかにする。さらに，生の反応では表現が粗野か社会

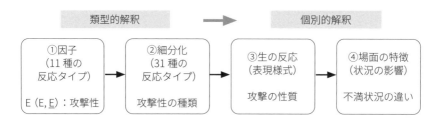

図7-5　類型的解釈から個別的解釈へ

的な慣習に沿ったものか，感情的か理性的かなどの面について明らかにする。最後に，場面の状況が自我阻碍か超自我阻碍かといったフラストレーションの種別や対人関係などの要因による違いの分析によって，より個別的な解釈になっていくだろう。

4. 結果の報告

P-F の解釈をまとめる様式については，原図版のマニュアル（Rosenzweig, 1978a）でも GCR やプロフィールなどの指標ごとに結果を簡単にまとめたものしか示されていないし，一定の決まった様式があるわけでもない。ここでは参考として，これまで P-F 研究会で事例を検討するときに用いてきた報告書の様式を紹介する。

① 報告書の様式

報告書の内容とそれぞれの項目で考慮すべき事項の要点を表 7-2 に示した。

表 7-2　報告書の内容と考慮すべき点

1. 受検者の情報
   ①フェイスシート：名前，性別，生年月日，年齢，所属，検査日
   ②主訴：本人または親などの訴え
   ③問題：現在の具体的問題
   ④家族：家族構成と家族関係
   ⑤生育歴：生育歴と問題歴
   ⑥学校・職場：学校や職場における状況
   ⑦臨床像：外見や言動などの印象
   ⑧査定の理由：テストを実施する理由
   ⑨その他：他の心理検査の結果など

2. テスト状況
   ①場所：テストが実施された機関と場所
   ②実施法：個別法・集団法，標準法・口答法
   ③所要時間：質疑等を含まない実際にテストに要した時間
   ④テストに対する態度：教示の理解，関心度
   ⑤テスト中の行動：テスト中で目立った言動
   ⑥質問・質疑：質問や質疑の有無とその内容

3. スコアリング
   ①スコアリングの難易度：スコアリングの容易さ
   ②Ｕスコア：スコアリング不能の数と内容
   ③結合スコア：結合スコアの数

4. テスト結果の分析
 （a）形式分析
　①GCR：全体の一致率，自我阻碍と超自我阻碍，前半と後半，不一致の状況
　②プロフィール：カテゴリーと因子の出現状況
　③超自我因子：<u>E</u>と<u>I</u>を中心とした出現状況
　④反応転移：前・後半の反応特徴の変化
　⑤主要反応：出現数と標準との比較→プロフィールとあわせて検討
 （b）内容分析
　①継列分析：場面ごとの反応特徴（認知・スコア・表現など）
　②心理的特徴：継列分析の結果から得られた心理的特徴
5. まとめと報告
　①フラストレーション反応の特徴：反応の全体的特徴，自我阻碍・超自我阻碍の特徴
　②心理的特徴：形式分析と内容分析から得られた心理的特徴（認知・社会適応性・攻撃性と主張性・対人関係・問題解決・罪悪感と自尊心・欲求と防衛など）
　③問題との関連：現実的行動との関連
　④助言：肯定的側面と否定的側面，指導や治療の方針と予後

② 報告の仕方

　以上のように，P–F の結果は，カテゴリーや因子の標準との比較を列挙するだけでなく，全体をまとめた特徴を記述するようにする。また，結果は 1 人の人間の心理的特徴として統合し，どんな人間かがイメージとして浮かび上がるような，全体として統一した解釈としてまとめる。つまり，類型的でパターン化した解釈ではなく，できるだけその個人の独自性を明らかにする。さらに，査定を依頼された主訴や問題と関連させた解釈ができるように心がける。そのためには，受検者に関する情報，テスト状況，質疑などから，意見・顕現・暗黙のどの水準で反応したかという行動水準を推測する必要がある。

　臨床的な問題をもつ受検者に実施するときは，当然ながら問題と関連させた考察が求められる。臨床例では，一般的に問題のあるネガティブなところだけに注目する傾向があるので，テスト結果からポジティブな側面，健康的な側面も取り上げるように心がける。それらは，とくにフィードバックや予後の予測にとって重要である。P–F で，ある種の特徴や問題がみられたときに，その結果に基づいて，改善のための具体的な指導や治療の方法，さらに予後の見通しなどが提言できるように努める。

　報告書は，依頼者が専門的な知識をもっているかどうかによって書き方が違ってくるが，依頼者が心理の専門家でなければ，最終的な報告は心理学や P–F の専門

用語を避けるか，簡単な説明をつけて記述する。内容的にはテスト結果の「まとめ」の部分が報告されるのが一般的であるが，必要に応じて解釈の根拠としての分析過程や他の領域の情報などを加える。

　受検者や親などの関係者に結果を伝える場合に，とくに臨床的なケースでは結果を分析した順序に従って客観的に伝えればよいというものではない。

　ここに示した解釈を進めるにあたって必要とされる事柄や報告内容は，P–F に限らずに心理テスト一般に共通することだろう。それはちょうど心理学の研究報告が，目的・方法・結果・考察・結論という内容が要求されるのと基本的に共通している。

　報告は一方的に誰かに結果を伝えるのではなくて，伝えた内容について納得できるものかどうかが問題になる。P–F は日常生活におけるフラストレーション場面から構成されているので，反応や解釈について，受検者自身だけでなく親や関係者などのクライエントについてある程度知っている人には，実際の日常行動と P–F の結果を比較しやすいという利点がある。その結果について受け入れるのか，違うと感じるのか，もし違うと感じるならば解釈の不適切さによるのかあるいは聞く側が見えていないことなのかが問題になるだろう。

　解釈は常に間違いのない決定版というわけではない。ある程度が推測による以上，必ずしも的確ではないことがある。したがって，結果についての報告の際の応答によって解釈を修正することも十分に考えられる。とくに個別理解のための実施では，テスト結果の伝え方によって，受検者に役立つような伝え方に配慮することが要請される。一般的に有効な伝え方として，**サンドイッチ方式**と呼ばれている方法がある。

　その一つはテスト結果を＋，－，＋の順に伝える方法である。つまり最初にプラスの肯定的な「よいところ，得意なこと」を伝え，次にマイナスの「気になるところ，苦手なこと」について話す。そして最後に，プラスの結果を確認して「どうしたらうまくいくか」という方策について話す方式である。

　さらに，同じサンドイッチ方式と呼ばれている方法として最初に結論を述べて，次にその根拠になる説明を間に挟み，最後にあらためて結論を確認する方法がある。具体的には SDS 法（Summary：要点 → Details：詳細 → Summary：要点）とか，PREP 法（Point：結論 → Reason：理由 → Example：事例 → Point：結論）などである。これらの方法を参考にしながら有効な結果の伝え方を工夫することが望ましい。そのためには，受検者の肯定的側面と否定的側面を整理することが必要になる。とくに肯定的な側面はそのような見方をしないと把握できないところがあるので，あらかじめ心得ておくことが望ましい。

8章

P-F スタディの活用と学習

　本章では，P-F の実践に関して，臨床的なケースに対する使用や，P-F の利点と問題点，さらに P-F の学習を進める方法などについて解説する。

1. P-F スタディの活用

1 精神障害者への適用

　これまでは，精神障害者に対する使用はあまり報告されていない。これは原著者（Rosenzweig, 1950a）が「P-F は，精神医学的診断よりも個性力動を明らかにすることを意図しているため，P-F のスコアやパターンが精神医学的診断と一致することは期待できない」と述べていることとも関係しているだろう。

　しかし，P-F は日常生活におけるフラストレーション場面から構成されていることから，障害者が日常生活でどのような行動をとることが予想されるかを考えるうえで役立つことが十分に考えられる。たとえば，P-F の教示をある程度理解できる受検者に実施したときに，どの場面は理解できてどの場面が理解できないのか，答えられる範囲で答えてもらうという姿勢で実施すれば，おそらく貴重な情報が得られると思われる。客観的刺激をどのように主観的に認知し，自己の経験とある程度の距離をもった関係で反応するかといった観点から分析すれば，おそらくその後の見通しの判断に役立つに違いない。

　最近は発達障害や ASD（自閉スペクトラム症）に関する研究が報告されており，その多くはスコア不能（U）の出現が高いというのが共通した結果といえる。ただし，個別的理解からみたときに，スコアできない反応が多いという結果を示しただけではあまり意味がない。ASD の特徴として人に対する関心が弱く他人とのかかわり方やコミュニケーションのとり方に独特のスタイルがみられること，相手の気持ちや状況といったあいまいなことを理解するのが苦手で自分なりの理屈に基づいた行動をとる傾向にあること，臨機応変な対人関係を築くことが難しく誤解されてしまいがちであること，などさまざまな特徴が P-F の反応内容から指摘されている。したがって，ASD に関する P-F の結果については，どのようなときに，どのような反応が，どのような場面でなぜ起きるのか，場面認知の問題なのか言語表現

の問題なのかなどについての内容分析による情報があってこそ，クライエントの問題についての適切な理解に近づくことができるだろう。

ローゼンツァイク（Rosenzweig, 1950a）は，P-F をフラストレーション耐性が測定できるテストと考えて，主な指標として GCR の一致度による集団への順応性，カテゴリーの標準との比較による行動パターンの傾向，反応転移による安定性の3つをあげている。これらの指標は，健常者→神経症者→精神障害者の順に低くなり，心理治療によって上昇することが予期されるとしている。この結果は，さまざまな精神的障害者に対するフラストレーション耐性に関する新たな P-F 指標の可能性を示唆している。

2 アセスメント以外の活用

P-F が用いられる目的は，多くの場合に対象になる受検者のパーソナリティの特徴，主訴についての原因究明，医師の診断の補助資料，今後の処遇についての助言などのいわゆるアセスメントとしての使用である。

2章で述べたように，P-F は投映法でありながら顕現水準の反応を仮定しており，刺激場面が日常生活におけるフラストレーション場面であることから，専門の心理士でなくとも，理解しやすいという利点をもっている。したがって，単に検査者が結果を理解するだけでなく，さまざまな活用の仕方が考えられる。たとえば中山ら（2010）は，家庭裁判所における活用として次の4つをあげている。

①共有化のための活用：受検者自身の自己理解に役立つ
②保護者に対する活用：保護者が受検者を理解することや，保護者自身の態度を理解するのに役立つ
③介入方法検討のための活用：今後の対応に関する資料として役立つ
④面接補助ツールとしての活用：話の苦手な受検者に対して，P-F の結果を見ながら受検者自身の日常生活における実態や感想などについての話のきっかけを作ることができる。

なお，④の面接補助ツールとしての活用に関しては，気持ちを言葉で表現しにくいクライエントに対に対して適用した具体的な例が青木（2008）によって紹介されている。中山らがあげている事項は，家庭裁判所だけでなく，多くの心理相談機関でも同様の活用が可能と考えられる。そのためには，結果の分析においてあらかじめいくつかの留意すべきところがある。まず，受検者の行動水準を知るために受検者の日常行動に関する情報を得ることである。さらに，P-F 上で受検者の好ましいところと好ましくないところをあらかじめ抽出しておく必要がある。

P-F の活用として，心理的な処遇の結果についての効果を判定するための手段として用いることもできる。本書9章の事例 A1 と A2 がその例であるが，それ以外にもたとえば高岸ら（2014）は，受刑者に対して行なわれる認知行動モデルに基づく改善指導プログラムの効果検証を行なっており，怒りの統制および問題解決法に関する補助ツールとして P-F を用いている。検証の結果，プログラム後には N-P の上昇や E-D の減少という変化が認められ，プログラムによる問題解決法の積極的変化を反映するものと考察している。同じく司法領域で，堀尾・菊池（2007）は更生保護施設での処遇効果について縦断的な検討を行なっている。この研究では，P-F の 10 場面のみを使用しているが，/E/ の減少，/I/ や //i の増加が認められたことを報告している。このような司法領域の研究では，対象者が社会的に望ましい反応をする可能性があるので，効果の評価は慎重に行なう必要があるだろう。

③ 質疑の工夫

質疑については4章の実施法で解説したように（pp.48-51），スコアリングを適切に行なうために実施することが第一の目的である。さらに解釈に役立つ方法として9章の事例で示したような，書かれた反応について「心の中で思ったこと」や「人物関係」を尋ねる質疑法（事例 B），全場面について発言の意図を尋ねる（事例 D）ような方法も考えられる。これらの方法で得られた情報は，単なる記号の解釈を超えて，内的な反応のプロセスを把握できる機会を提供してくれるだろう。

質疑は U 反応に対しては必ず実施するということからすると，たとえば ASD では U スコアが多いことから，当然質問をしなければならない反応が増えてくることになる。「**この人（被阻碍者）は，どうしてこういうことを言ったのでしょうか？**」という質問によって引き出される内容からは，場面状況をどのように理解したかという場面認知だけでなく，反応の背景になる思考や感情などの内面的な反応についての情報も得られる。質疑の内容を工夫すれば，おそらくスコアリングだけでなく解釈にも役立つ多くの情報を提供してくれるはずである。

2. P-Fスタディの健全な反応

P-F の成人用Ⅲ版では U スコアの数は4個までのデータに基づいているが，それ以上の U スコアがあるときでも P-F が使用できないわけではない。たとえ U スコアが4個以上あっても，個別の使用では各指標を標準と比較して高低の判断をすればよいし，スコア不能の場面とスコアが可能な場面の内容を検討することで，個

人理解に役立つ情報を得ることができる。

　心理テストといえばなにか問題になる事柄に重点が置かれやすいが，P–F の結果について心理的な健康さという観点からみたときに，おそらく次のような点があげられるだろう。

　①実施法の理解：教示を理解して，全場面を自己記述法で書き上げる

　②Ｕスコア：Ｕスコアがないか，あっても合理的な説明ができ，想定されている場面認知が正確である

　③質疑の応答：あいまい反応に対する合理的説明ができる

　④結合スコアがある：結合スコアは心理的複雑さとも関係しており，ある程度の結合スコアはあるのが普通である

　⑤所要時間：個別法では長くなりやすいが15分前後である

　⑥反応の多様性：すべての因子がバランスよく出現している，同じ因子でも反応内容が固定していない

　⑦GCR（集団的一致度）：標準的な範囲で，一致と不一致の因子に偏りがない

　⑧反応転移：ある程度の反応転移があってもよい

　⑨文章表現と筆記：漢字の使用，表現力，書字の巧拙，筆圧などに偏りがない

　⑩反応内容の健全さ：反応の内容が，各場面と人物に適合した理性的で合理的内容で伝えようとする意味が明瞭である

3. P–F スタディの学習

① スコアリングの学習法

　スコアリングの学習については，さまざまな方法が考えられる。参考までにスコアリングを学習するための具体的な方法をあげておこう。

　①11種の反応分類表だけに基づいてスコアリングを行ない，その後に例を参照しながらチェックする

　②疑問のある反応について，他の人（初心者でもよい）に意見を聞いてみる

　③別の人にスコアリングをしてもらって，突き合わせる

　④疑問のあるスコアは記録して，機会をみつけて熟達者に尋ねる

　⑤研究会や講習会などに参加する

　この中で①は独学でできる学習法であるが，独学には限界があるので，他者との情報交換がどうしても必要になる。確かに，経験を積んでいけば個人内でのスコアリングが安定してくるが，それだけでは適切なスコアリングの技能を身につける

ことはできない。したがって，③以下のように誰か P-F に関心のある人との相互学習が望まれる。現在のところ P-F に関する研究会は神戸と東京の２か所であり，連絡先は以下のとおりである。

- ・神戸 P-F スタディ研究会：pf_study_kobe@yahoo.co.jp
- ・東京 P-F スタディ研究会：sfujita@nittai.ac.jp

② 小グループの事例研究

事例研究は，事例提供者がスコアリングや解釈を行なって，他の参加者はそれに対して意見を述べるのが一般的である。しかし，それでは必ずしも参加者全員にとって有効な学習方法とはいえない。参加者全員がともに P-F について実践的な技能を促進するために，神戸および東京の P-F スタディ研究会の月例会で行なっている事例研究の方法を紹介しよう。

参加者にはあらかじめ事例の反応プロトコルを配信して，一定の期日までにスコアリング（必須）と解釈（任意）をつけて事務局に返信する。当日の事例検討は，参加者全員のスコアリング一覧を配布する。討議の内容は，場面１から順に各場面でのスコアリングについて参加者の中で違った因子が出てきたときは，それぞれの因子に決定した理由について各評定者が説明し，どの因子が最も適切であるかを協議する。その結果は各場面でふさわしいスコアが１個とは限らないで，複数の場合も当然ありうる。

解釈では，形式分析は解釈指標の標準との比較だけでなく，より詳細な分析方法を用い，生の反応を資料とする内容分析，全体的な解釈のまとめの順に検討する。最後に事例提供者から事例に関する詳細な情報を得て，P-F における特徴から実際の事例の行動や問題との関連や今後どのように対応することが望ましいかについて議論する。

グループ討議による事例研究法は，同一事例について他者による見立てや解釈にふれる機会を提供するので，事例提供者が見落としていた点に気づく機会となり，独りよがりなスコアリングや解釈を修正できるなどの利点が認められる。グループ討議は，適切な実施，スコアリング，解釈法の学習において有効であり，多くの職場や地域で取り入れることが可能であろう。また，適切なスコアリングや解釈のために，とくに臨床的なケースにおいてはテスト後の質問が必要不可欠な手続きであることが指摘できる。

Ⅲ

資料編

事　例

　本章では4つの事例を取り上げている。事例AからCまでは初版と同一であるが,事例Dは成人用Ⅲ版による新たなケースである。これらは事例研究ではなく解釈についての解説なので,受検者本人に関する情報は必要なことだけに限定し,各ケースともプロトコル以外の受検者に関する最低限の情報を明記した。

　各事例とも,読者が自分でプロトコルをみてスコアリングし,スコアが適切かどうかを照合する練習課題として利用できるように考えた。各事例の反応記録票はスコア欄が空欄になっているので,自分で手引きを参照しながらプロトコルを読んでスコアをつけてほしい。スコアリングの結果については,各事例とも主な場面について解説している。スコアをつけたあとで,自分のスコアの結果と本書の結果を整理票にまとめて比較してみると,スコアリングの結果が解釈にどのように影響するかもよく理解できるだろう。

　整理票は事例AからCまでは,以前に研究会で使用していた様式で,各P-Fの要素には平均値と標準偏差から有意に高い場合に（↑）,低い場合は（↓）の記号をつけている。なお,事例Dの整理票は,三京房の「こころぐ（P-Fスタディ解析支援サービス）」による処理結果を同社の承認を得て転載した。

　解釈の方法は7章で解説したように,P-Fの要素を中心とした形式分析と生の反応に基づいた内容分析を加えて,総合的に解釈をする方法をとっている。

　各事例には,それぞれ次のような特徴がある。事例Aは児童用で,1回目と2回目（再検査）の結果が著しく異なる反応を示した例である。

　事例Bも児童用であり,人物認知と心の中で思ったことを尋ねる「質疑法」を用いている。

　事例Cは青年用を使用し,健常者の場合にもP-Fがパーソナリティ理解に役立つことを示している。なお,事例A・B・Cの整理票は,2020年以前の整理票を参考にして作成したものである。

　事例Dは成人用Ⅲ版の適用で,テスト記入後に全場面について反応の意図を聞く（「この人は,どうしてこういうことを言ったのでしょうか？」）実施方法であり,成人用Ⅲ版の共著者でもある木村一朗氏と協議して作成した事例である。

1. 児童用の事例 [A1]

1 反応記録票

P–Fスタディ・反応記録票 (児童用)

名前：事例A1　性別：男　学年：小5　所要時間：22分　担当者（　KH　）

主訴：
テスト状況：
筆記特徴：

場面	L	R	プロトコル	GCR	スコア	備考
1	女性	女子	かえや，こら			
2	女子	男子	おれのものだ	e		
3	男子	女子	あーそ			
4	女性	男子	じゃすてるよ	e		
5	男性	女子	なんでかえないんだ，おまえ			
6*	男子	男子	ころすぞ	e		
7*	女性	女子	へんなひとだな	I		
8*	女子	女子	こわしたかったんだ	I		
9	男子	男子	いいよー	e		
10	女性	女子	おかあさんは，きょうのごはんぬきよ	I		
11	男性	男子	うるせーな	I		
12*	男子	男子	しね	E		
13*	男性	男子	おまえはだれだ			
14*	男性	男子	ひきこもりがしたいんだよー	M', E		
15	女性	男子	うるさいなー，ばばー	I'		
16	女性	女子	うぜーんだよ，きえてください	M		
17	大人	男子	もうこのへやにくるなよ，にどとな	m		
18	女子	男子	あしたほうちょうでころす			
19*	女性	男子	ふたりともしんで	I		
20	男子	男子	このひもで，のどをしめてやるぞ	M		
21	女子	女子	きのうえから，はさみでひもをきるよ	e		
22*	女性	男子	せんせい，しんでじごくにいって	I		
23	女性	男子	あったかくしろ			
24	女性	男子	いきがくさいなー	m		

事例 A1 の反応記録票

P-Fスタディ整理票（児童用）

名前　A1　☑男　□女　　年齢11：9　学年 小5　所要時間22分　評定者KH

(1) 場面別スコア

場面	O-D	E-D	N-P	GCR
1		E	(e)	
2		E	e	0
3		U		
4	M'		e	0
5		E		
*6		E	e	0
*7		E I		0
*8		E I		0
9		M		
10		E I		0
11		E I		0
*12		E E		1
*13		E		
*14	M' M'	E		1
15	I'	E		0
16		E M		0
17			m	0
18		E		
*19		E I		0
20		E M		0
21		E	e	0
*22		E I		0
23		E	(e)	
24		E	m	0

* 下線は超自我阻碍場面　　計 2

(3) プロフィール

	O-D		E-D		N-P		合計		%
E-A	0 / 0 ↓	0	9 / 11 ↑↑	20	0 / 0 ↓↓	0	9 / 11	20	87 ↑↑
I-A	0 / 0 ↓	0	0 / 0 ↓↓	0	0 / 0 ↓	0	0 / 0	0	↓↓
M-A	1 / 1	2	0 / 0	1	0 / 0 ↓↓	0	2 / 1	3	13 ↓
合計	1 / 1	2	10 / 11	21	0 / 0	0	11 / 12	23	
%	9 ↓		91 ↑↑		0 ↓↓		23		

(4) 超自我因子

$$\underline{E} = \boxed{1} = \boxed{4}\,\%$$

$$\underline{I} = \boxed{0} = \boxed{0}\,\% \quad \downarrow$$

$$\underline{E} + \underline{I} = \boxed{1} = \boxed{4}\,\%$$

$$\mathbf{E} - \underline{E} = \boxed{19} = \boxed{83}\,\% \quad \uparrow\uparrow$$

$$I - \underline{I} = \boxed{0} = \boxed{0}\,\% \quad \downarrow$$

$$(M\text{-}A) + \underline{I} = \boxed{2} = \boxed{13}\,\% \quad \downarrow$$

(5) 反応転移

1 (E', I', M')
なし

2 (E, I, M)
なし

3 (e, i, m)
なし

4 (E-A, I-A, M-A)
なし

5 (O-D, E-D, N-P)
なし

(6) 主要反応

E(20)>M'(2)>M(1)
↑↑

(2) GCR

全　体	2 / 18	11 %	↓↓
自　我	0 / 11	0 %	↓↓
超自我	2 / 7	29 %	↓
前　半	1 / 9	11 %	↓↓
後　半	1 / 9	11 %	↓↓

(7) その他

Uスコア=1
結合スコア=0

事例A1の整理票

③ 受検者の情報

Aは小学校の特別支援クラスに所属している発達障害児で，このテストは担任によって個別的に実施されたものである。なお，担任は心理学専攻の卒業生である。テスト後の質疑は実施されていない。

最初のP-Fを受けた当時Aには，攻撃的な行動がみられたが，他者に対してあからさまに自分から攻撃を仕掛けるような行動をとっていたわけではない。クラスの中で，Aよりも攻撃的な別の男児 (O) がいて，Oはクラスの主導権を握りたくて，Aに対してしばしば理由なく嫌がらせや挑発的な行動を仕掛け，結局はけんかになってしまうことが多かった。Aは担任にOからいじめられていると訴えることがよくあった。

事例A1，A2は同一人物に6か月間隔で実施した結果である。これらのプロトコルを独立して見た場合に，これは別の受検者の反応であって，同一人物の反応だと気づかないかもしれない。一般的に，P-F反応は再検査においても比較的安定した（前回同様の）結果が得られるものである。しかし，反面でテスト時点における心理的な状態をかなり敏感に反映するために，大きく変化することもあるので，その例としてこのケースを取り上げた。

④ スコアリングの解説

スコアリングについて見てみよう。ほとんどが /E/ スコアなのであまりスコアに迷う場面が少ないかもしれないが，1回目のスコアリングについて次の場面を取り上げた。

- 場面1「かえや，こら」：相手に対する要求であるが，強圧的な表現なので /E/ とスコアした。相手に対する要請が含まれるので /E/ (e) とすることも考えられる。
- 場面3「あーそ」：フラストレーションをあまり感じていないM´ // とスコアするにはあいまいすぎる表現なのでUとした。
- 場面4「じゃすてるよ」：反抗的な表現 (/E/) とも考えられるが，こわれたおもちゃが必要ないという意味にとってM´ // とした。
- 場面14「ひきこもりがしたいんだよー」：反応内容に関してはやや疑問があるが，被阻碍者としての気持ちをそのまま表現しているとみてM´ // とスコアした。
- 場面23「あったかくしろ」：場面1と同様に，命令的な要求なので /E/ (e) とした。

⑤ 解釈

a. テスト状況

個別法で実施している。所要時間は22分であり，やや時間がかかっている。字

はなんとか読める程度の稚拙な書き方で，すべて平仮名である。この年齢からすると，軽度の知的障害があるのではないかと思われる。

b. スコアリング

スコア不能は1場面（場面3）だけであり，内容的には認知の誤りではなくて簡単すぎて判断できない反応である。したがって，一応場面状況の理解をして反応したとみられる。しかし，スコアリングに際して，かなり反応を補って推測しなければならない場面もあるので，場面認知と適切な言語表現の点で多少問題があるとみられる。なお，結合スコアはない。

c. 形式分析

- ・GCR：一致率は11％で著しく低い（標準は56％）。明らかに健常な児童の反応様式とは大きく異なっており，社会的不適応状態にあるだろう。全体としてきわめて低い値であり，自我対超自我や前半と後半の比較はほとんど意味がない。
- ・プロフィール：全体として極端に他罰反応（/E/）が突出しており，プロフィールはアンバランスで典型的な他罰反応（E）型といえる。そのためにアグレッション方向は，他責のE-Aが極端に高く，自責のI-Aを欠き，無責のM-Aもわずかに3個出現しているにすぎない。アグレッションタイプではO-Dが2個，N-Pは0，反応の90％はE-Dである。因子は，P-Fの場面全体をとおして相手に対する直接的な攻撃である/E/反応に終始しており，他のスコアはM′//が2，//eと/M/が1ずつ出現しているにすぎない。
- ・超自我因子：/E/が1個，/I/は0である。E-Eは極端に高い。一方/I/も/I/反応もまったくみられず，（M-A）+Iもきわめて低い。
- ・反応転移：ほとんどが/E/反応のために，まったく転移はみられない。
- ・主要反応：/E/に集中しており，24場面中20に出現している。

d. 内容分析

- ・全場面をとおして，ほとんどが相手を攻撃する反応で占められている。攻撃の内容は，単に相手を非難するだけでなく，さまざまな言葉遣いで攻撃を表現している。たとえば，場面6「ころすぞ」，15「うるさいなー，ばばー」，16「うぜーんだよ，きえてください」，18「あしたほうちょうでころす」，20「このひもで，のどをしめてやるぞ」，22「せんせい，しんでじごくにいって」，24「いきがくさいなー」などである。これらの多様な攻撃的な表現から，単に精神未熟によって衝動的で直接的な攻撃が多くなっているのではなくて，敵意的，攻撃的な性格傾向をうかがわせる。
- ・相手の要求を受け入れる/M/反応が唯一みられたのは，友人とのじゃんけん

に負けて，おもちゃを取られる場面 9 で，「いいよー」と答えている。

・M′ // が出ている場面 4 と 14 はいずれもやや攻撃的なニュアンスがあり，一般的なフラストレーションの軽視としては疑問のある反応である。

・場面 1 と 23 の反応内容は相手に対する強い要求であるが，ともに大人に対して礼を失する表現を用いている。

e. まとめ

　全体的に激しい攻撃的な反応で占められているが，攻撃的内容はさまざまな表現がみられるので，不真面目に答えたとは思われない。フラストレーションの原因が自己にあって，その非を他者からとがめられている超自我阻碍場面でも，自らの責任や非を認める反応がまったく出現していない。これらの場面では，相手を非難攻撃する反応で占められており，とくに他者から非難されることに対する耐性が乏しくて，自身の非を認めるよりも非難した人に対して攻撃的に反応することによって自己を防衛している。

　小学生なので攻撃性が本人自身の固有の性格を表わしているとまではいえないにしても，攻撃が多いだけでなくて，さまざまな表現様式を用いており，猜疑心の強さ，他者への不信と警戒，屈辱感に対する過敏性と攻撃性などを特徴とするパラノイド性格の特徴を思わせる。これらの特徴から，敵意的な見方で，周囲の何気ない行動でも相手に悪意があると認知しやすいことが考えられる。現実に攻撃行動を示しているかどうかについて検討を要するが，少なくとも攻撃についてきっかけさえあれば一触即発の心理状態にあるだろう。

　他者からの妨害に対してもほとんどが攻撃的反応であるが，攻撃以外の反応として，場面 9 では相手を許容する唯一の /M/ スコアになる反応がみられる。この場面はじゃんけんに負けておもちゃを相手に取られる場面である。このような自分で負けたことに対してあきらめる反応がみられることは，社会的ルールに従うとか，状況によっては社会に適応した態度を取りうる可能性を示していると考えられる。

　A の敵意的認知や攻撃行動がこれほどまでに強いことは，現在の置かれている状況だけでなく，周囲の人からの受容や承認が得られず，拒否や非難されてきた長い体験が関係しているのではないかと思われる。これがどのようにして形成されたかを知ることは，指導の手がかりを得るうえで必要であり，幼児期からの詳細な成育歴の調査による情報の把握と，クラスでの指導だけでなく，家庭を含んだ生活全体での指導が望まれる。

2. 児童用の事例（再検査）[A2]

1 反応記録票

P–Fスタディ・反応記録票（児童用）

名前：事例A2　　性別：男　　学年：小6　　所要時間：13分　　担当者（　KH　）

主訴：
テスト状況：
筆記特徴：

場面	L	R	プロトコル	GCR	スコア	備考
1	女性	女子	かいにいくから			
2	女子	男子	かして	e		
3	男子	女子	ごめん			
4	女性	男子	じぶんでなおす	e		
5	男性	女子	がまんする			
6*	男子	男子	どうも，あっそう	e		
7*	女性	女子	だってきれいだもの	I		
8*	女子	女子	あそびたかったから	I		
9	男子	男子	かえしてよ	e		
10	女性	女子	いいよ	I		
11	男性	男子	わかった	I		
12*	男子	男子	そっちがよわむし	E		
13*	男性	男子	おいしそうだったから			
14*	男性	男子	はんせいしている	M', E		
15	女性	男子	したよ	I'		
16	女性	女子	いいよ，あげる	M		
17	大人	男子	わかった	m		
18	女子	男子	いきたい			
19*	女性	男子	だって，くせがあるから	I		
20	男子	男子	いいよ，だってゲームだもの	M		
21	女子	女子	ずるいよ，のらせるよ	e		
22*	女性	男子	うるせー	I		
23	女性	男子	なんでだよー			
24	女性	男子	あらったよ，くそ	m		

事例 A2 の反応記録票

② 整理票

P-Fスタディ整理票（児童用）

名前　A2　　☑男 □女　　年齢12：3　学年 小6　所要時間13分　評定者 KH

(1) 場面別スコア

場面	O-D	E-D	N-P	GCR
1			i	
2			e　e	1
3		I		
4			i　e	0
5			m	
*6		U	e	0
*7		⊥　I		1
*8		⊥　I		1
9			e　e	1
10		M　I		0
11		I	m	0
*12		E　E		1
*13		⊥		
*14	M'	I　E		0
15	E'　I'			0
16	M'		M	0
17			m　m	1
18		e		
*19		⊥　I		0
20	M'		M	0
21		E	e　e	0.5
*22		E　I		
23		E		
24		E;E	m	

* 下線は超自我阻碍場面　　計 7.5

(2)GCR

全　体	7.5 ／ 18	42 %	↓
自　我	3.5 ／ 11	32 %	↓
超自我	4 ／ 7	57 %	
前　半	5 ／ 9	56 %	
後　半	2.5 ／ 9	23 %	↓

(3) プロフィール

	O-D		E-D		N-P		合計		%
E-A	0 / 1	1	1 / 3.5	4.5	2 / 1.5	3.5	3 / 6	9	39
I-A	0 / 0	0 ↓	3 / 3	6 ↑	2 / 0	2	5 / 3	8	35 ↑
M-A	0 / 2	2	1 / 0	1	2 / 1	3	3 / 3	6	26
合計	0 / 3	3	5 / 6.5	11.5	6 / 2.5	8.5	11 / 12	23	
%	13		50		37				

(4) 超自我因子

$$E = \boxed{0.5} = \boxed{2}\,\%$$
$$I = \boxed{4} = \boxed{17}\,\%　\uparrow$$
$$E+I = \boxed{4.5} = \boxed{20}\,\%　\uparrow$$
$$E-E = \boxed{4} = \boxed{17}\,\%$$
$$I-I = \boxed{2} = \boxed{9}\,\%$$
$$(M-A)+I = \boxed{10} = \boxed{43}\,\%　\uparrow$$

(5) 反応転移

1 (E', I', M')　なし

2 (E, I, M)　0.51 → E

3 (e, i, m)　なし

4 (E-A, I-A, M-A)　0.33 → E-A

5 (O-D, E-D, N-P)　N-P ← 0.41

(6) 主要反応

I(6)>E(4.5)>e(3.5)

(7) その他

Uスコア = 1
結合スコア = 2

事例 A2 の整理票

1回目のテスト後に，担任教諭がAとOに対して特別に配慮して教育的指導を行なった結果，次第にOのAに対する挑発的な行動が少なくなり，両者間でのけんかも激減していったのが，6か月後の2回目のテスト時の状況である。

4 スコアリングの解説

反応自体が簡単で短いので，スコアリング上で迷うことは少ないが，反応に補足して判断しなければならない場面もいくつかみられる。

- 場面6「どうも，あっそう」：フラストレーションをあまり感じていないことはうかがわれるのでM′//とすることも考えられるが，スコアするには簡単すぎる反応なのでUとした。
- 場面8「あそびたかったから」：この場面は超自我阻碍場面なので「遊んでいて壊した」という意味にとって言い訳の/I/とした。
- 場面24「あらったよ，くそ」：前半の「あらったよ」が/E/で，「くそ」は不快の表明よりも相手に対する非礼な反応ととれるので/E/として，全体として結合スコアの/E:E/とスコアした。

5 解釈

a. テスト状況

個別法で実施している。所要時間は13分であり，比較的早くテストを済ませている。全体としてごく簡単な反応が多く，この検査にはかなり早く終わることを意識して答えた可能性がある。

b. スコアリング

Uスコアが場面6に1個みられるが，これは反応が簡単すぎて判断できない表現による。結合スコアは場面21と24である。その他にもスコアに際して推測が必要な場面があった。

c. 形式分析

- GCR：全体の一致率は42％で標準の56％に比べてかなり低いので，フラストレーションに対して他の子どもとは少し違った反応をしている。とくにGCRスコアが22の/I/と24の//mの場面でいずれも他罰反応（/E/）を出していることが目につく。さらに前半の一致度は5/9に対して後半は2.5/9であることから，後半の反応に受検者の特徴が表われているとみることができる。自我阻碍場面と超自我阻碍場面の一致率は，それぞれ3.5/11と4/7で自我阻碍場

面での一致率がやや低い。

- プロフィール：アグレッション型はすべてが標準の範囲にあり，欲求固執型の //e，//i，//m のいずれも標準的な出現がみられるので，問題解決の意欲と偏りのない方法をみせている。アグレッション方向は自責が高くて他責と無責がやや低い。スコアリング因子で最も多くみられるのは自罰の /I/ であり，次に相手を攻撃する他罰の /E/ と問題解決を他者に依存する他責固執の //e が続いている。この中で，/E/ と //e の反応数は標準の範囲内にあるが，/I/ は標準よりも著しく高い。他の因子は I′ // を欠いているもののそれ以外はほぼ標準の範囲にあってバランスがとれている。
- 超自我因子：特徴的なのは，言い訳の /I̲/ が著しく高いことである。しかし，率直な謝罪の反応である I-I̲ は標準範囲にある。
- 反応転移：後半に向かって /E/ や E-A に転移がみられる。前半に他責（E-A）や他罰（/E/）が多くて後半に無責方向（M-A）に転移を示すのが一般的傾向なので，このケースは逆の特徴を示している。さらに，後半の最後の4場面で攻撃的な反応になっていて，GCR でふれたように /I/ と //m が一致していない。これらのことから，前半ではかなり意識的に社会的に容認されるような反応をしていたが，後半になってフラストレーション状況が積み重なってくると，統制が弱まって攻撃的反応になったとみることができよう。
- 主要反応：I(6)>E(4.5)>e(3.5) であり，/I/ が目立って多い。

d. 内容分析

- 小さいから遊べないと拒否された場面6で「どうも，あっそう」という U 反応が生じている。
- いくつかの場面でスコアするにはかなり推測を要する場面があった。場面3は相手が謝っているのに「ごめん」という反応は，場面認知に多少の問題があるのか，あるいは不注意による不適切な反応なのかもしれない。
- 全体として単純な反応に終始しており，場面4「じぶんでなおす」，場面5「がまんする」，場面14「はんせいしている」，場面16「いいよ，あげる」などの反応から自己を統制しようとする試みがうかがえる。それに対して，相手の失敗を許容する /M/ は場面10「いいよ」だけであり，相手の事情を察するような表現がみられないことから，まだ相手の立場や事情を十分に理解するだけの役割取得が身についていないと考えられる。
- 攻撃的な表現について検討すると，前半の場面12の /E/ スコアは，/E/ がGCR であり，内容も「そっちがよわむし」という平凡な反応である。しかし，

後半の21「ずるいよ，のらせろよ」，22「うるせー」，23「なんでだよー」，24「あらったよ，くそ」というように，相手かまわずに強い攻撃的な表現が続いている。これはP-F場面のフラストレーション連続によって耐性が弱くなり，受検者の攻撃的な心理内的特徴が終盤になって現われたと見ることができるだろう。

・釈明の/I/の内容は，いずれも「ごめんなさい」といった導入的な反応がなくて，場面7「だってきれいだもの」，とか場面8「あそびたかったから」といった，いわば自分勝手な言い訳にすぎない。

e. まとめ（1回目との比較を含む）

　フラストレーションに対する反応は自責型であるが，自己に原因がある場面でも，その責任を率直に認めるのではなくて，なんとか自分勝手な理由をつけて言い逃れをする傾向が強い。また攻撃をかなり抑制していることがうかがわれる。

　前回との違いは適応度の指標であるGCRをはじめ，プロフィール全体の反応が標準に近くなっていることから，適応度は向上しているといえる。前回にみられたほとんどの場面での激しい攻撃的反応が消え，一転して自責的な反応が増加しているのは，社会的に望ましい反応を意識的に答えようとした心理的構えの影響も考えられる。

　2回目（A2）の反応は，過剰な自責の表明，およびフラストレーションが重なってくるテスト終盤で攻撃的反応が続くといった，一般的な傾向とは違った反応となっている。このような一時的に過剰に自罰的反応がみられる現象は，社会的に好ましい方向に変化していく過程では十分にあり得ることである。しかし，その一方でフラストレーション耐性が弱くて，それがまだ十分に身についていないことを示している。

　そのような状況を考えると，おそらく最初の時期（A1）のP-Fは，行動水準からいえば，かなり暗黙水準に近い反応であったことがうかがわれる。つまり，自ら攻撃をしかけるよりも，攻撃されることからくる敵意の増大を示しており，実際に衝動的な攻撃行動がみられないにしても，おそらく一触即発の心理状態にあったことが推測される。2回目の結果は，1回目にみられた攻撃的な様相は表に出なくなり，一般的な反応傾向にかなり近づいている。しかし，まだそれは十分に統制されたものになっていないことは，フラストレーションが蓄積される後半の反応が一般とは違った攻撃的なものが目立つことから，依然として攻撃的な行動に走る可能性があると考えられる。

　このテスト結果は，P-F反応が受検者の心理的状態を敏感に反映することを示している。これを行動水準という面からみると，1回目では暗黙水準であったのが，2回目では顕現水準に近い反応へと変化したことが読み取れる。結局このケースは，2回目のテスト時ではフラストレーションに対して攻撃を抑制しているが，フラス

トレーション耐性はまだ十分に身についていない状態にある。しかし，少なくとも適応に向かって変化しつつあるといえるだろう。

　以上の結果は，明らかに教育的指導効果を裏づけている。できれば自己中心的な考え方から，相手の立場を少しでも理解した対応がとれるように指導することが望ましい。

3. 児童用の事例［B］

① 反応記録票

P–Fスタディ・反応記録票（児童用）

名前：事例B　　性別：女　　学年：中1　　所要時間：25分　　担当者（　KH　）

主訴：不登校
テスト状況：個別法で実施。かなり時間をかけている。テスト中に質問はないが，ときどき考え込む様子がみられた。
筆記特徴：長い文章もきちんと枠内に書いている。

場面	L	R	プロトコル	GCR	スコア	人物	質疑（内的反応）
1	女性	女子	じゃ，別の時 私にお菓子ちょうだい			母子	まあいいわ，それほどほしくはなかったもん
2	女子	男子	わかった，すぐ返すよ	e		姉弟	勝手にとらなきゃよかったな，ちょっと悪いことをしたな
3	男子	女子	そうよ，私もしゃべるつもりはなかったのよ			友達	自分から勝手に話しかけてきたくせに。でも私も少しは悪かったかな
4	女性	男子	じゃあ，お父さんが帰ったらみてもらう	e		母子	お母さんがだめでも，お父さんに見てもらうからいいや
5	男性	女子	いいよ，大きくなったらお金ためて，自分で買うから，お父さんは無理しないでね			父子	お父さんたら無理してさ，私そんなにほしくないの
6*	男子	男子	大きくなったら，遊んでちょうだい	e		兄弟	大きくなったら遊んでくれるんなら，まあいいや
7*	女性	女子	きれいだったから…，ごめんなさいね，もうしないから	I		隣人／近所の子	勝手につんでいけなかったかな
8*	女子	女子	ごめんなさい，こわすつもりはなかったの	I		姉妹	勝手にさわったりしていけなかったんだ
9	男子	男子	そうだね，君は強いなあ，もういっぺんしよう，こんどは負けない	e		友達	あいつも強くなったな。でもこんどは負けないぞ
10	女性	女子	僕も悪かったんだもの，ごめんね，もうしないよ	I		母子	お母さんがあんなこと言うなんて，思っていなかったよ。僕が悪いのにな

11	男性	男子	ごめんなさい，もうしません，静かにする，ぜったい	I		兄弟	やかましくする気はなかったんだ。お母さんがねむるのに悪いことしたな
12*	男子	男子	そうかもしれないね，君は強いから，でもこれでもいいんだよ，僕は	E		友達	弱虫だってみんなにもそう見えるのかなあ。でも弱虫ってはっきりいう子ね
13*	男性	男子	ごめんよ，あいつらも取ったけど，僕も取ったから悪いんだ，もうしないから許して			隣人/近所の子	取ったりする気をおこさなきゃよかったんだ。ばかだな僕は
14*	男性	男子	ちょっと片づけものをしているの	M', E		父/仲良しの子	お父さんも気がきかないな。ときどきは一人でいたいものなんだ
15	女性	男子	うん大丈夫，ちょっと痛いけど，心配しなくてもいいよ	I'		母/仲良しの子	びっくりしたな。この階段はものすごくすべりやすいんだな
16	女性	女子	そりゃそうだけど，遊んであげなかった私も悪いの，（小さい子に）ごめんね，いっしょに遊ぼ	M		母子/近所の子	最初から遊んでいれば，こんなことなかったろうにな
17	大人	男子	わかったよ，でもなるべく早く帰ってきてね，いってらっしゃい	m		父母/子	留守番はかまわないけど，たいくつするな。まあせいぜい楽しんでいらっしゃい
18	女子	男子	ごめんね，でも君も悪いんだ，お誕生日に呼ぶのは君の勝手だからね			友達	すぐ怒るんだから。呼んでもらえないのはさびしいな。わかってくれるかな
19*	女性	男子	ごめんなさい，ついつい忘れちゃって，できるだけしないようにするよ，こんどから	I		母子	またしちゃった。やらないでおこうと思うのにな
20	男子	男子	そんなことないよ，あやまるほどのことはないんだ，僕もさっきやったから，おあいこだ	M		友達	こんなことなんでもないのにな。いちいちあやまらなくてもいいんだよ
21	女子	女子	じゃあ私は明日乗る，でももしよければかわりばんこに乗せてよ	e		友達	今日はもう乗れないかもしれないな。かわりばんこくらいしてくれないかな
22*	女性	男子	ごめんなさい，うっかり寝ぼうしちゃって，できるだけしないようにします	I		先生/生徒	ずっと遅刻してなかったのにな。夜は早く寝るもんだな
23	女性	男子	かまわないよ，僕が遅く帰ってきたんだもの，自分で温めるよ，いいだろう			母子	道草したのはまずかった。おかげでおつゆもまずくなる
24	女性	男子	ごめん，ごめん，忘れてた，手を洗ってからもういっぺん来るよ	m		友達	手ぐらい洗わなくてもいいのにな。でも手がきたないと本もよごれるかな

事例Bの反応記録票

P-Fスタディ整理票（児童用）

名前　B　□男　☑女　年齢 13：3　学年 中 1　所要時間 25 分　評定者 KH

(1) 場面別スコア

場面	O-D	E-D	N-P	GCR
1			m	
2			m　e	0
3		I		
4			e　e	1
5		M	i	
*6			e;m　e	0.5
*7		I　I	i	0.5
*8		I　I		1
9		M	e　e	0.5
10		I　I	i	0.5
11		I	i;m	0
*12		I　E		
*13		E	i	
*14	M'　M'	E		1
15	M'　I'			0
16		I　M	m	
17			e;m　m	0.5
18		E;I		
*19		I	e;m	0
20		M　M		0.5
21			e;m　e	0
*22		I　I	i	0.5
23		I	i	
24			m　m	0.5

* 下線は超自我阻碍場面　　計　7

(2) GCR

全　体	8 ／ 18	44 ％	↓
自　我	4 ／ 11	36 ％	↓
超自我	4 ／ 7	57 ％	↓
前　半	4 ／ 9	44 ％	↓
後　半	4 ／ 9	44 ％	↓

(3) プロフィール

	O-D		E-D		N-P		合計		％
E-A	0	0	0	1	2	3	2	4	17
	0	↓	1	↓	1		2		↓↓
I-A	0	0	4	7	2	4.5	6	11.5	48
	0	↓	3	↑	2.5	↑↑	5.5		↑↑
M-A	0	1.5	1	2.5	3	4.5	4	8.5	35
	1.5		1.5		2	↑	4.5		
合計	0	1.5	5	10.5	7	12	12	24	
	1.5		5.5		5		12		
％	6		44		50				
	↓				↑↑				

(4) 超自我因子

$\underline{E} = \boxed{0} = \boxed{0}$ ％　↓

$\underline{I} = \boxed{4} = \boxed{17}$ ％　↑

$\underline{E} + \underline{I} = \boxed{4} = \boxed{17}$ ％　↑

$\mathbf{E} - \underline{E} = \boxed{1} = \boxed{4}$ ％　↓

$I - \underline{I} = \boxed{3} = \boxed{13}$ ％

$(M-A) + \underline{I} = \boxed{12.5} = \boxed{52}$ ％　↑↑

(6) 主要反応

I(7) > i(4.5) = m

(5) 反応転移

1 (E', I', M')

なし

2 (E, I, M)

なし

3 (e, i, m)

e ← 0.33
M ← 0.33

4 (E-A, I-A, M-A)

なし

5 (O-D, E-D, N-P)

なし

(7) その他

U スコア = 0
結合スコア = 16

事例 B の整理票

　この事例の受検者は不登校を主訴とする女子中学生である。プロトコルを一見して，事例Aとは随分違った印象をもたれるだろう。そのような反応から受ける印象の違いが，分析の結果としてどのような解釈の違いになってくるかに注目してほしい。

　Bは幼いころからよく泣き，万事消極的で人見知りをする子どもだった。就学以来転校が多く，不登校は転校に伴って小学時代から始まっていた。知的水準は高くて，WISC-ⅢでIQが140である。

④ スコアリングの解説

　やや複雑な反応があり，結合スコアが多くなっている。主な場面のスコアリングについてコメントしておく。

- ・場面1「じゃ，別の時　私にお菓子ちょうだい」：この反応は，相手に対して要求しているので//eのスコアがつけられるのではないかと考えられるが，時期を特定せずに相手の都合に合わせた要求なので//mのみのスコアにした。
- ・場面6「大きくなったら，遊んでちょうだい」：大きくなったらという条件を自分で持ち出して，遊んでほしいという要求をしているので//e;mである。これが，「いつでもいいから，遊んでちょうだい」という反応ならば，相手の都合に合わせて問題解決を図る反応なので//mのみのスコアになる。
- ・場面9「そうだね，君は強いなあ，もういっぺんしよう，こんどは負けない」：前半の「君は強いなあ」は相手を賞賛している/M/である。後半は「もういっぺんしよう（//e）」と，「こんどは負けない（//m）」に分けることもできるが，主な内容は「もう一度することを要求している」とみて/M/eとした。
- ・場面10「僕も悪かったんだもの，ごめんね，もうしないよ」：前半の「僕も悪かったんだもの」は明らかに自己の非を認めているので/I/，最後の「もうしないよ」は//iなので/I/iとスコアする。仮に「ごめんね，もうしないよ」という反応であれば，前半の反応語は吸収されて//iのみのスコアになる。
- ・場面11「ごめんなさい，もうしません，静かにする，ぜったい」：「ごめんなさい，もうしません」は//i，「静かにする」は//m，この組み合わせで//i;mとスコアした。
- ・場面12「そうかもしれないね，君は強いから，でもこれでもいいんだよ，僕は」：「君は強いから」という反応は，自我阻碍場面であれば/M/とスコアされるような表現であるが，ここは超自我阻碍場面なので反応全体として/I/のみのス

コアにした。

- 場面 13「ごめんよ，あいつらも取ったけど，僕も取ったから悪いんだ，もうしないから許して」：この反応は「……あいつらも取ったけど，僕も取った……」が主な内容なので /E;I/ であるが，「……もうしない」と言っているので /E/i/ とした。

- 場面 18「ごめんね。でも君も悪いんだ，お誕生日に呼ぶのは君の勝手だからね」：この反応は「ごめんね（/I/）」，「でも君も悪いんだ（/E/）」，「お誕生日に呼ぶのは君の勝手だからね（/M/）」という 3 種のスコアが可能である。ここから 2 種のスコアを選ぶので /E;I/ としたが，/E;M/ のスコアも間違いとはいえない。採用されなかったスコアは，解釈で考慮しなければならない。

- 場面 20「そんなことないよ。あやまるほどのことはないんだ，僕もさっきやったから，おあいこだ」：前半の「そんなことないよ。あやまるほどのことはないんだ」は，フラストレーション事態を軽く見ている M' // か，相手を許容している /M/ か，は意見の分かれそうなところである。「僕もさっきやったから」は現在のフラストレーション状況の自己責任ではないので /I/ はスコアしないで，/M/ とした。

[5] 解釈

a. テスト状況

個別法で実施している。所要時間は 25 分で，かなり時間を要している。

b. スコアリング

U スコアはないが，結合スコアとなるような表現が多くて，全 24 場面中 16 場面に出現していた。

c. 形式分析

- GCR：一致度は 44% で標準よりも著しく低い。ただし，1/2 一致の場面が 8 場面もあるので，実際の数値よりもやや高い値を想定してもよいだろう。自我阻碍の一致率は 4/11，超自我阻碍は 4/7 で自我阻碍場面での一致率がとくに低い。これはフラストレーションの原因が自分にあるときは一般的な反応傾向と変わらないものの，他者による阻碍場面の反応では他者を責めることを極端に抑える傾向を示していることによっている。前半と後半の一致率に差はない。

- プロフィール：アグレッション方向は他責（E-A）が著しく低く，自責（I-A）と無責（M-A）が標準よりも高いので非他責型といえる。型では障碍優位型（O-D）が低くて欲求固執型（N-P）が標準よりも高い値である。

因子をみると //e を除いたすべての因子が標準よりも高いか低い値であり，明らかにアンバランスなパターンを示している。つまり，高いのは自責の /I/ と //i，無責の //m であり，低いのは他責に属する E´ // と /E/ である。

　　　以上のプロフィールから，フラストレーションに対して反応方向を外に向けることを極端に避けて，専ら自己に向けるとか，自他どちらにも向けずに避けようとする傾向がみられる。

- 超自我因子：否認や反論の /E/ を欠いている反面，釈明の /I/ が 4 個で標準よりも高く，結合スコアの数も含めると全場面中 5 回も出現している。攻撃的に否定する力はないが，釈明という形で自己を防衛する傾向がある。
- 反応転移：反応転移はほとんどみられない。
- 主要反応：主要反応は I＞m＝i で，いずれも非攻撃的な因子であり，一般的な主要反応である /E/ や //e がみられない。

d. 内容分析

- 全体の反応傾向は丁寧な言葉遣いで，相手に対する気遣いが感じられる。
- 結合スコアは他責と自責または無責の組み合わせよりも非他責同士の組み合わせが多く，とくに同方向で /I/i という組み合わせが 6 場面もある。これは，単純な表現で済ませることができないで，謝罪の気持ちを徹底的に表現しようとする意図があり，強い罪悪感や強迫的傾向を思わせる
- 攻撃的な反応 /E/ が出現しているのは，わずかに場面 13 と 18 にすぎない。しかも，これらの場面はいずれも他者の非をとがめながらも，同時に自己の非も認める自責方向の反応との結合スコアの形をとっている。
- 相手に欲求充足を求める //e は標準よりも少なくて，内容はほとんどが結合スコアである。単独で出現している場面 4 でも母親ではなくて，その場にいない父親になおしてもらおうという反応である。このように，欲求自体は決して弱いわけではないが，自分の欲求を表現することがあっても，直接相手に対してストレートに表現することを避けている。しかし，スコアは //e ではないが，場面 1，6，13 などの反応も欲求充足を求める反応が含まれている内容である。これらを含めると，//e の出現場面数は 24 場面中 8 場面（33％）にもなるので，相手に対する要求自体は低いわけではない。
- 自己を責める傾向の強さは単に数が多いだけでなくて，場面 16，18，23 などの自我阻碍場面で，被碍者に非がないとみられる場面でも，自分が悪かったと認知しているところにも表われている。また典型的なのは，場面 11 の太鼓をたたいているところを注意された場面で，「ごめんなさい，もうしません，静

かにする，ぜったい」というように自己の非に対して徹底的に自己を責める反応にみられる。

・言い訳が多いが，その内容はそれほど個性的ではない。

e. まとめ

　フラストレーション反応の特徴として，他責的な反応を極端に抑え，自己に非があるときはもっぱら自分を責め，他者に原因があるときは許容や服従する傾向が著しい。したがって非社会的な不適応状態にあるだろう。

　他責方向の反応の特徴として直接攻撃がほとんどなく，しかも不平不満の反応も欠いているが欲求の表現は他の反応に絡めてかなりの出現がみられる。以上のことから，他者に対して極端に攻撃を抑えているが，それを他者に対して要求するという形で出しているとも考えられる。

　精神的には超自我のはたらきが強すぎて自由に動けず，自己の欲求を強く制して自縛の状態にあると思われる。精神的エネルギーの向かう方向は内向きで，外部に対して抑制的であり，外に対して発散できない状態にあるだろう。

　自尊心は低い。消極的ではあるが問題解決への意欲はある。しかし，それを率直に表現することを控えて，間接的な表現になってしまう。問題への対処について積極的な主張性が乏しい。

　このケースは，質疑法によって各場面の人物認知と「心の中でどのように思ったか」という内的反応を標準のテスト終了後に求めている。その結果，人物認知では多くの場面で親子・きょうだいなどの家族と認知している。これは社会性の乏しさや，非社交的であることを示している。また，一般的には家族のような近親者と認知した場合は，他責や他罰の反応が増える傾向にあるが，Bはそのような場面でも他責に属する反応をほとんど出していない。このことからも，受検者がいかに自責や無責のような内向きで，自己を抑制する傾向が強いかを示している。

　不登校は怠学ではなくて神経症的なパーソナリティの要因がかなりかかわっており，対人関係においてきわめて消極的なことが原因となっていると考えられる。考え方や物事のとらえ方に偏りがあって狭いが，反応内容は必ずしも紋切り型ではなくて比較的豊かであり，カウンセリングによる心理療法，あるいは認知行動療法などにより，もっと柔軟で多面的な物事のとらえ方をするようにはたらきかけることが望ましい。

4. 青年用の事例 [C]

1 反応記録票

P-Fスタディ・反応記録票（青年用）

名前：事例C　性別：女　学年：大学3年　所要時間：13分　担当者（　KH　）

主訴：健常者
テスト状況：集団で実施したが所要時間は測定した。とくに目立った行動はない。
筆記特徴：しっかりした筆跡である。

場面	L	R	プロトコル	GCR	スコア	備考
1	男性	男	そんなによごれませんでしたから。これからは気をつけてください。	M		
2	女	女	すみません。でもわざとじゃないんです。	(I', I, i)		
3	女	女	そうなの。それで困っているの。			
4	男	男	車の故障なら仕方ないですよ。次の電車に乗ります。	M		
5	女	男	申し訳ありません。新品と交換します。	i		
6	男	女	そうですか。じゃあ，この2冊はなおしてきます。			
7	女	男	私は，当たり前のことを言っているだけだよ。	E		
8	男	男	そうなんだ。明日は別の用事があるんだ。			
9	男	男	わかりました。出直します。	(m)		
10	男	男	別に，ぼくはうそなんてついてないよ。	(E)		
11	男性	女	今，何時だと思ってるんですか。	E		
12	男性	女	じゃあ，彼女にたしかめてみて下さい。	E'		
13	男性	女	約束したでしょ。会ってもらわないと困ります。			
14	女	女	もう少し待ってみましょう。	E'		
15	女	女	気にしないで。次はがんばろう。	M		
16	男性	女	あなたが急にまがるからよ。	(E)		
17	女性	男	ごめんなさい。探してくるよ。	(I,i)		
18	女	男	次は，いつ入りますか。	(E')		
19	男性	男	すみません。急いでいたものですから。	I		
20	女	女	知らない人ばかりだからじゃないですか。			
21	女性	女	そうなんですか？　はじめて聞きました。	I'		
22	男	男	はい，大丈夫です。	I'		
23	男	男	時間がないんだけど。	m		
24	女性	男	いいですよ。捨てるつもりでしたから。	M		

注：GCRのカッコ内因子は，GCRに準ずる因子である

事例Cの反応記録票

P-Fスタディ整理票（青年用）

名前　C　　□男　☑女　　年齢21：5　学年 大3　所要時間15分　評定者KH

(1) 場面別スコア

場面	O-D	E-D	N-P	GCR
1	M'	E　M		0
*2		I		
3	E'			
4		M　M	m	0.5
*5			i　i	1
6			i	
*7		E　E		1
8	M'			
9			i	
*10		E		
11		E　E		1
12	E'		e	0
13		E	e	
14	E'		m	0
15		M　M	m	0.5
*16		E		
*17			i	
18			m	
*19		I　I		1
20		M		
*21	I'　I'	I		0.5
22	I'　I'			1
23	E'		m	0
24	M'	M		0

* 下線は超自我阻碍場面　　計 6.5

(3) プロフィール

	O-D		E-D		N-P		合計		%
E-A	1	2	3.5	5	1	1.5	5.5	8.5	35
	1		1.5		0.5		3		
I-A	0	1.5	1	2.5	3	4	4	8	33
	1.5		1.5		1 ↑		4		
M-A	1.5	2.5	0.5	2	0.5	3	2.5	7.5	31
	1		1.5 ↓		2.5		5.5		
合計	2.5	6	5	9.5	4.5	8.5	12	24	
	3.5		5		3.5		12		
%	25		40		35				

(4) 超自我因子

$E = \boxed{2} = \boxed{8}$ %　↑

$I = \boxed{2.5} = \boxed{10}$ %　↑

$E + I = \boxed{4.5} = \boxed{19}$ %　↑

$E - E = \boxed{3} = \boxed{13}$ %

$I - I = \boxed{0} = \boxed{0}$ %　↓

$(M-A) + I = \boxed{10} = \boxed{42}$ %

(6) 主要反応

E(5)>i(4)>m(3)

(5) 反応転移

1 (E', I', M')
なし

2 (E, I, M)
E ← 0.4

3 (e, i, m)
i ← 0.5,
0.7 → m

4 (E-A, I-A, M-A)
0.33 → M-A

5 (O-D, E-D, N-P)
なし

(2) GCR

全 体	6.5 / 13	50 %	
自 我	3 / 9	33 %	↓
超自我	3.5 / 4	88 %	↑
前 半	3.5 / 6	58 %	
後 半	3 / 7	42 %	

(7) その他

Uスコア＝0
結合スコア＝5

事例Cの整理票

事例Cは臨床例ではなくて，健常な女子大生である。P-Fは，心理テスト実習の授業として集団で実施した。集団であるが，テストの所要時間は測定できた。

④ スコアリングの解説

このケースはスコアリング上でむずかしかったり，迷ったりすることは少ない反応である。

- 場面4「車の故障なら仕方ないですよ。次の電車に乗ります」：前半と後半の文章はそれぞれ独立した反応とみられるので，/M/mとした。たとえば，「次の電車に乗りますから，いいですよ。」という反応であれば//mのみのスコアになる。
- 場面13「約束したでしょ。会ってもらわないと困ります」：会ってほしいという要求が強く感じられ，しかもかなり強制的なニュアンスを含んだ表現なので/E/eとした。
- 場面15「気にしないで。次はがんばろう」：前半の反応は相手を慰めているので/M/，後半は今後の取り組みについての発言なので//m，全体としては/M/mである。
- 場面19「すみません。急いでいたものですから」：後の反応語は言い訳であり，前の反応語の「すみません」は，後の反応の導入的な意味合いとしてスコアされないので/I/のみのスコアとなる。
- 場面20「知らない人ばかりだからじゃないですか」：呼ばなかった人に対して，事情があったと見ている反応なので/M/である。
- 場面21「そうなんですか？　はじめて聞きました」：前半は予期しないことを聞いたことによる疑問ないし驚きの反応なのでI'//であり，後半は言い訳の/I/との結合スコアI'/I/になる。
- 場面24「いいですよ。捨てるつもりでしたから」：後の反応語は相手に対する嫌味（/E/）ともとれなくはないが，はっきりとそれを指摘できるほどの表現ではないのでM'//とした。前半の「いいですよ」は，後半の反応に対する導入的な表現と判断してスコアしなかった。

⑤ 解釈

a. テスト状況

集団法で実施している。テスト所要時間は13分であった。実施上でとくに目立った行動はみられなかった。

b. スコアリング

　スコアリング上でさほどむずかしい反応はなく U スコアもなかった。結合スコ
アは 5 個で標準の範囲にある。

c. 形式分析

- ・GCR：全体の一致率は 50% で標準の範囲にある。自我阻碍場面と超自我阻碍
  場面の一致率は，超自我阻碍場面が高くて，自我阻碍場面は低いという偏りが
  ある。前半と後半との一致率は，後半がやや低い。
- ・プロフィール：アグレッション方向と型ともに標準的範囲にある。ただし，ア
  グレッション型では，欲求固執型（N-P）がやや高い。因子の出現状況は，す
  べての因子が出現しており，反応の多様性が認められる。欲求固執型において
  は，自分で責任を取ろうとする反応（/i）が高い。自我防衛型の無罰（/M/）
  が低い値であり，他者を許容する反応が乏しい。
- ・超自我因子：/E/ と /I/ がともに高くて，しっかりと自己主張することが認
  められる。さらに，自己の非を認めて謝罪する /I/ がまったく出現せずに，す
  べてが言い訳の /I/ 反応であることは注目すべきである。すなわち，超自我
  阻碍場面で自己の非を認めはするものの，単純に謝るだけでは気がすまずに，
  なんとか理由をつけて少しでも自分の立場を守ろうとする傾向が強い。
- ・反応転移：前半に /E/ や //i，後半に M-A や //m などへの多少の反応転移が
  あるが，いずれも一般的な傾向と大差がない。
- ・主要反応：E(5)>i(4)>m(3) である。一般的な傾向は /E/，/M/，//m などの
  スコアが高いのであるが，この受検者は //i が高くなっている。

d. 内容分析

- ・全体として多様な反応であり，また文章表現は明確である。規範的反応や自己
  解決的反応が多くみられる。
- ・GCR で自我阻碍場面の一致率が低かったが，それは同じ方向の反応や他の因
  子との結合が影響していることや，各反応内容に特異な感じはないことなどか
  ら，問題として取り上げるほどのことはないだろう。
- ・超自我阻碍場面では，自己の非を認めて謝罪するものの，それはやむを得ない
  事情があったと自己の立場を主張するような防衛的傾向が目立っている（場面
  2, 19, 21）。単純に謝罪で済ませるような反応がないので /I/ の素点は低いが，
  /I/ や //i の前に導入的な謝罪の表現を用いている場面が 4 個あるので（場面
  2, 5, 17, 19），謝罪については一応常識的な範囲にあるとみられる。
- ・明らかに相手に非がある自我阻碍場面における反応には 2 つの方向がある。す

なわち，相手の過失による場面（4，15，20，24）では，相手の事情を思いやって許容することができる。一方，相手の社会的役割や責任を果たしていない場面では許容することが少なくて，なんらかの形で相手に圧力をかけるような表現がしばしばみられる（1，13，16）。これは，人は社会的役割をきちんと果たすべきだという考えを強くもっていて，他者に対してもそのような言動を強く期待していることを示している。

・//e 反応は 2 個とも「依存的」反応というよりも場面 12「じゃあ，彼女にたしかめてみて下さい。」や 13「約束したでしょ。会ってもらわないと困ります。」のように，自己の欲求を充足させようとする内容である。したがって，依存的な内容ではない。

・自己主張ははっきりとするほうであり，自己の欲求をさまざまな方法でなんとか実現させようとする傾向が強い（場面 4，5，6，9，12，15，17，18）。

・感情的な表現がみられるものの，それに流されることなく統制されている。

e. まとめ

　フラストレーションに対する反応は全体としてほぼバランスがとれており，おそらく社会的適応の状態にあるだろう。認知機能やパーソナリティ面でもとくに問題とすべき著しい偏りはなく，全体としては健全な人物という印象である。

　フラストレーション反応の特徴として，感情的な反応にとどまることなく，あくまでも解決を図ろうとする欲求充足の意思が強い。その解決法として自らの責任で対応することが目立っているが，社会的な慣習に従った解決も適度にみられる。

　他者にフラストレーションの原因があるときに相手を許容する傾向が少ないが，これは他の反応傾向からみて次のように考えられる。つまり，自分は何事もきちんと問題解決をするので，他者も当然そのようにすべきだという期待が根底にあるために，他者に対する要求水準が高くなり，他者の失策に対してやや厳しい態度をとる傾向にあるのだろう。

　自己の非を認めたくない反応が多いことから，自尊心が高いことがうかがわれる。また，攻撃に関しては，適度な範囲にあって，その内容は敵意的攻撃よりも主張的な反応を示している。

　パーソナリティの特徴は，親切で温和な人というよりも，自信があって，感情に流されることなく，万事に合理的で理性的に統制のある処理をしていることがうかがわれる。おそらく芯のしっかりした主張性のある女性であろう。

　プロトコルを一覧しただけで，健常者であることが直ちに推測できる。健常者の目安として，場面認知の正確さ，バランスのとれた因子の出現，スコアリング上で

問題になるようなあいまいな反応や複雑な反応が少ないなどがあげられる。

　形式分析では，健常者の場合に GCR をはじめとして，プロフィールでも偏りが少ないことが多い。そのために，形式分析では「標準的である」ということ以外には，スコアの上で個性的な特徴をとらえるのが一般的にむずかしい。しかし，内容分析を加えることによって，受検者らしい個性を解釈するための重要な手がかりが得られるだろう。

5. 成人用（III版）の事例［D］

① 反応記録票

P-Fスタディ・反応記録票（成人用III版）

名前：事例D　　性別：女　　年齢：30代前半　　所要時間：21分　　担当者（　IK　）

主訴：人（とくに年上の男性）と話すのが怖い。会社で男性と話をすると胃痛，めまい。仕事に行きたくない。誰かに見られていると思うと怖い。確認行為。ASD か ADHD か検査希望。

テスト状況：例には「すみません，確認して直します。」と書いた。教示後質問があるか検査者が尋ねると，「一番最初にパッと思いついたものですよね」と受検者は確認した。全場面記入後，全場面について「この人はどうしてこういうことを言ったんでしょうか」との質疑を行なった。

筆記特徴：枠内左右を少しあけてバランスよく書く。読みやすい文字。

場面	L	R	プロトコル	GCR	スコア	質疑の反応
1	男	男	いいえ，大丈夫です。こちらこそすみません。			相手が謝ってくれてますし，相手もそんなに悪くないので，同じように謝り返したという感じですね。
2*	女	女	申し訳ないです，弁償します。お母様にも謝らせて下さい。	I,i		そのままですね。自分が割ってしまったので，弁償させてほしいということと，直接謝らせてほしい。
3	女	男	仕方ないよ。	e		まあ，その，なんですかね。前の人も多分悪気があって帽子をぬいでないわけではないと思うので，仕方ないなと。
4	男	男	いえ，仕方ないことです。どうにかして他の方法を探します。	M		これもその，故障してしまったということで，相手に悪気があったわけではないので，仕方のないことだと。で，相手に気を遣わせないように，こちらでなんとかします，ということです。
5*	女	男	大変申し訳ございません。すぐにお取りかえ致します。	i		まあ，あの，お客様の言ってることで，まああの，こちら側の，なんというんですかね，ミ，ミスというか，こちら側が悪いので，えっと，とりあえず，えっと，謝罪もするんですけど，まずお取り替えをして，第一の謝罪とするというか。

6	女	女	規則を知らずすみません。他の本は元の場所に戻します。	m		規則を知らなかった自分が悪いので，謝りました。で，余分な本は自分で元に戻しますと。
7*	女	男	申し訳ありません。そちらの可能な範囲でお願いします。	m		ええとー，お店側の都合もありますし，店員さんがこう言うということは自分のほうが悪いので，可能な範囲でお願いできれば，という感じです。
8	男	男	そうか，分かった。楽しんできて。			これちょっとシチュエーションがよくわからなかったんですけど，私。とりあえず，シチュエーションがよくわからなかったので，とりあえずピクニックに行くんだったら，思い思いに楽しんできてほしい。〈どんなシチュエーションだと思いました？〉最初は，彼女が，自分に内緒で，友だちとピクニックに行くのかと思ったんですけど，文面だけだと，自分も彼女もピクニックの話をしていて，自分は行かない，彼女は行く，で友だちを誘った，ともとれるので，どちらの状況でも，自分なら楽しんできて，と言うなと思って。
9	男	男	分かりました，無理を言ってすみません。			えっとー，ま，仕方のないことなので，こちらこそ，無理を言ってすいませんということです。
10*	男	男	すみません，その通りかもしれないです。	E		ええとー，そうですね，その，相手から何か言われるということは，自分に悪気はなくても，少なからず相手にそう思わせているということなので，謝罪をして，自分を省みよう。
11	男	女	いえ，大丈夫です。ご丁寧にありがとうございます。	M		向こうに悪気があったわけではないので，大丈夫です。ご丁寧に謝ってくれているので，こちらもありがとうございますと返したということです。
12	男	女	分かりました。私のマフラーはよいので，今度彼女に会ったらこのマフラーを彼女に返してあげてもらえますか？			ええとー，そうですね，間違えてしまったものは仕方がないので，自分のマフラーはよいです，で，えっとー，自分から彼女に直接渡すことも考えたんですけど，そうすると彼女が間違えたと考えて罪悪感を抱かせてしまうと思って，多分彼女が間違えたと気づいたら取りに来ると思うので，この店員さんかわからないけど，男の人に預けた。
13	男	女	承知しました，お忙しい時にすみません。また連絡させていただきます。	m		ええとー，まあ，先方の都合上仕方ないので，忙しいときにこちらのほうこそすいませんと。で，忙しそうなので，アポイントはまた，のちほどこちらからご連絡させてください，ということです。
14	女	女	すみません，すぐに彼女に確認してみます。			相手がこのセリフを言うということは，自分のほうが，何ていうんですかね，彼女と近しいというか彼女の予定を把握しているということだと思ったので，自分から，確認してみよう。

事例 D の反応記録票

15	女	女	そんなことないです，気にしないで。私も下手な部分があったのだから。	M	相手に気を遣わせないように，気にしないでと言ったあと，自分にも非があったと伝えて，相手が罪悪感を抱かないようにしたかったです。
16*	男	女	申し訳ありません，弁償します。保険屋さんを呼んでも良いでしょうか？	I	あ，これ，私が，免許を持っていないので詳しくわからない面があったんですが。とりあえず言われている内容から，自分に非があったと。ただ，細かい処理がわからないので，保険屋さんを呼びたいと伝えた，ということです。
17*	女	男	本当にごめん，僕のミスだ。すぐに探してくるよ。	i	えっとー，どう考えても自分の責任なので。まずは謝って，でまあ，大事なものなので，すぐに探してきますということです。
18	男	女	承知しました，ありがとうございます。	E',m	えっとー，店員さんに言われたので，わかりましたと。伝えてくださって，ありがとうございます。
19*	男	男	申し訳ありません，以後気を付けます。	I	ええとー，まあ，注意をされたので，えとー，その，気づいてなかった自分が悪い，ので，まず謝罪して，今後は，もうしないように，ということです。
20	女	女	彼女なりの付き合いがあるのだから仕方ないと思うよ。		うんー，とー，そのまあ，ですね。誘ってくれなかったのは，他に参加するメンバーの都合とか，何ていうんですかね，自分たちとは合わない性格をしてるだとか，理由はいろいろ考えられるので，仕方がないと。
21*	女	女	そうなんですね，大変なときに悪口なんて言ってごめんなさい。具合はどうですか？	I'	えっとー，まずその悪口を言っていたということ自体が，よくないことなので，まずは，謝りました。それで，大変な状況なので，心配して具合を聞きました。
22	男	女	いえ，大丈夫です。こちらこそすみません。	M'	ええとー，多分ぶつかった状況だと思ったので，この絵だけだとどちらが悪いということもわからないですし。わざわざ手を差し伸べてくれているので，大丈夫ですということを伝えて，こちらこそぶつかってすいませんと。
23	女	男	分かった，来るまで待ってようか。	m	ええとー，そうですね，お別れがしたいと，もう一度会いたいということだったので，それは好意からだと思うので，えとー，待っていて，もう一度会おうと思いました。ですけど，あの，途中で，二人ともが待たなければいけないことに気がついたので，一応問いかけの口調で待っていようかと返した，ということです。
24	女	男	いえ，大丈夫ですよ。子供のしたことだから気にしないで下さい。	M	えっとー，相手に気を遣わせないように，まず，大丈夫ですよと。また，子どもがしたことなので，仕方のない部分が大きいので，そのまま言葉にして，気にしないでと伝えました。

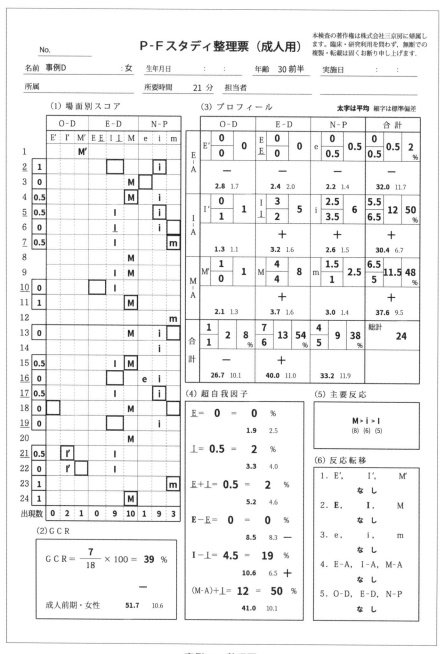

P-Fスタディ整理票（成人用）

本検査の著作権は株式会社三京房に帰属します。臨床・研究利用を問わず，無断での複製・転載は固くお断り申し上げます．

No.

名前 事例D ：女　生年月日 ：：　年齢 30前半　実施日 ：：

所属　　　　　　　所要時間 21 分　担当者

（1）場面別スコア

	O-D			E-D						N-P		
	E′	I′	M′	E	E̠	I	I̠	M	e	i	m
1			M′								
2	1				□					i	
3	0							M		□	
4	0.5					M				i	
5	0.5					I				i	
6	0					I̠				i	□
7	0.5					I					m
8								M			
9						I		M			
10	0			□		I					
11	1							M			
12											m
13	0							M		i	□
14										i	
15	0.5					I		M			
16	0				□				e	i	
17	0.5					I				i	
18	0		□					M			
19	0				□					i	
20								M			
21	0.5	I′				I					
22	0	I′		□		I					
23	1										m
24	1							M			
出現数	0	2	1	0	9	10	1	9	3		

（2）GCR

$$GCR = \frac{7}{18} \times 100 = 39 \%$$

—

成人前期・女性　　51.7　10.6

（3）プロフィール　　**太字は平均** 細字は標準偏差

	O-D		E-D		N-P		合 計	
E–A	E′ 0 / 0	0	E E̠ 0 / 0	0	e 0 / 0.5	0.5	0.5 / 0.5	2 %
	—		—		—		—	
	2.8 1.7		2.4 2.0		2.2 1.4		32.0 11.7	
I–A	I′ 0 / 1	1	I I̠ 3 / 2	5	i 2.5 / 3.5	6	5.5 / 6.5	12 50 %
	1.3 1.1		+		+		+	
			3.2 1.6		2.6 1.5		30.4 6.7	
M–A	M′ 1 / 1	1	M 4 / 4	8	m 1.5 / 1	2.5	6.5 / 5	11.5 48 %
	2.1 1.3		+		+		+	
			3.7 1.6		3.0 1.4		37.6 9.5	
合 計	1 / 1	2 8 %	7 / 6	13 54 %	4 / 5	9 38 %	総計 24	
	—		+		+			
	26.7 10.1		40.0 11.0		33.2 11.9			

（4）超自我因子

E = 0 = 0 ％
　　　　　1.9　2.5

I̠ = 0.5 = 2 ％
　　　　　3.3　4.0

E+I̠ = 0.5 = 2 ％
　　　　　5.2　4.6

E−E̠ = 0 = 0 ％
　　　　　8.5　8.3　—

I−I̠ = 4.5 = 19 ％
　　　　　10.6　6.5　+

(M-A)+I̠ = 12 = 50 ％
　　　　　41.0　10.1

（5）主要反応

M > i > I
(8) (6) (5)

（6）反応転移

1. E′,　　I′,　　M′
　　なし
2. E,　　I,　　M
　　なし
3. e,　　i,　　m
　　なし
4. E-A, I-A, M-A
　　なし
5. O-D, E-D, N-P
　　なし

事例 D の整理票

本表並びに本検査の著作権は株式会社三京房に帰属します。

30代前半。女性。人（とくに年上の男性）と話すのが怖い。主訴として会社で男性と話をすると胃痛，めまいがして仕事に行きたくない。誰かに見られていると思うと怖い。確認行為があるということで，ASDないしADHDの可能性があるか検査を希望された。

④ スコアリングの解説

初発反応のスコアを判断するときに，質疑の内容が参考になる例がかなりみられた。

- ・場面1：「すみません」の反応は，この場面で起きた事態に責任があるというよりも，相手の反応に応じたという軽い意味しかもたないと判断してカッコに入れ /M/（I）とした。
- ・場面4：2つの文章はそれぞれ独立しているとみなして M//i とした。
- ・場面5：最初の反応で「大変申し訳ございません」と強調した謝罪なので I//i とした。
- ・場面7：質疑で〈自分のほうが悪い〉という反応があるので /I/ もスコアした。
- ・場面12：この反応は，今すぐに解決してほしいと言っているわけではなく，将来の適当な時期に解決を求めているので //e ではなくて //m のみにした。
- ・場面13は，M, I, i の3つのスコアが可能であるが，異方向と欲求固執型を優先して /M/i（I）とした。
- ・場面16：「申し訳ありません（I）」は「弁償します（i）」に吸収されてスコアしない。
- ・場面17：「本当にごめん」と謝罪を強調しているので結合スコアの /I/i になる。
- ・場面22：「いえ，大丈夫です」は障碍を否定しているので I′// であり，質疑でも〈自分からぶつかった〉と言っているので I′/I/ の結合スコアになる。

⑤ 解釈

a. テスト状況

所要時間は21分でやや長い。

例には「すみません，確認して直します。」と書いた。教示後質問があるか尋ねると，「一番最初にパッと思いついたものですよね」と受検者は確認した。

テストに記入後，全場面について「この人はどうしてこういうことを言ったんでしょうか」という質疑を行なった。質疑終了後に感想や印象に残ったことを尋ねる

と，「印象に残ったのは，私謝ってばかりだなと思いました。ただ，建前でも本音でも，この状況なら謝るだろうなと思った場面ばかりでした」と述べた。続けて「あ，そうですね，私なら謝るんですけど，正解がわからないなと思いました」と述べた。検査者が「……大事にしたいものがあるんでしょう」と聞くと，「相手を大事にしたいのと，どうしても自分のほうが悪いと思ってしまうのが半々かなと思います」と述べた。さらに「それで不利益になることもありますか」と聞くと，「金銭が絡まなければ，いい方向に転ぶことばかりだと思います」と答えた。

b. スコアリング

Uスコアはなし。結合スコアは12個で，一般的に成人女性の結合反応は3～5個といわれているので，非常に多い。同方向が5個，異方向が7個。ただ異方向といっても，ほとんどがI-AとM-Aの結合で，非他責すなわち非攻撃という面では共通している。/I/ の結合スコアが10個，//i は6個，/M/ は8個である。

c. 形式分析

- GCR：GCR の一致率は39%（7/18）で低い。前半の一致率は44%（3.5/8），後半の一致率は35%（3.5/10）。自我阻碍場面の一致率は40%（4/10），超自我阻碍場面の一致率は38%（3/8）で，いずれも大きな差はない。GCR の一致状況は，E-A の場面での一致がまったくみられないのが特徴である。GCR が //e の場面3で /M/，/E/ の場面10で /I/ が出現している。GCR が E′// と //m の場面18では /M/ が出現している。これらは，攻撃や主張的な反応ができない受検者のユニークな側面が表われているといえるだろう。

- プロフィールと主要反応：アグレッション方向は，E-A（他責方向）は標準範囲を大きく下回り，I-A（自責方向）は標準範囲を大きく上回り，M-A（無責方向）は標準よりも高い値である。

  アグレッションの型は，O-D（障碍優位型）は標準範囲を下回り，E-D（自我防衛型）は標準範囲を上回り，N-P（欲求固執型）は標準範囲内である。因子では，E′// と /E/ が出現していない。//e と M′//，//m が少ない。/M/，/I/ と //i が多い。

  主要反応は M（8），i（6），I（5）であり，いずれも標準を超えている。逆に，/E/ の出現がまったくないのは大きな特徴といえる。E′// も出現していないことから，攻撃性や主張性は，表現が抑制されているというよりも，主張性自体が育っていないことが推察される。

  行動面では，他人を責めることがなく，自責的に振る舞いやすいだろう。気が弱くて，すぐに自分の非を認めて謝り，罪悪感から弁償や行為の改善といっ

た補償的行動をとったり，相手に非がある場合でも，相手を許容し，自分で解決しようとすることが推察される。

・**超自我因子**：/<u>E</u>/ は 0 で /<u>I</u>/ は 0.5 なので，自己の正当性を主張することができにくいだろう。

・**反応転移**：反応転移はみられない。

d. 内容分析

・誤字はなく，質疑での説明も表現の仕方は適切であり，知的能力の高さがうかがえる。

・超自我阻碍場面では必ず謝っているうえに，自我阻碍場面でも謝っている場面が多い。まず謝ってから話を続けることが多く，罪悪感が強いだけでなく，何事にもまず謝ることから話を始めることが習慣化しているようである。テストの感想でも，受検者は「私謝ってばかりだなと思いました」「どうしても自分のほうが悪いと思ってしまう」と述べている。その一方で，そうすることが自分にとって利益になるという発言から，罪悪感のみでそのような対応をしているわけではないことを示している。

・自我阻碍場面では，質疑で〈相手に気を遣わせないように〉という発言が場面 4 と 24 に，〈相手（他者）が罪悪感を抱かないように〉という発言が場面 12 と 15 にみられる。とくに場面 12 は，相手のマフラーの処理だけを気にして，自分のマフラーには一切ふれていないことが印象的である。場面 23 でも相手に気をつかっている。これらのことからも，他者を不快にさせないようにしようとする傾向が強い。また場面 7 と 10 の反応からは，相手の言うことや考えが正しくて，自分が悪いと思ってしまう傾向も認められる。

・前述のように結合スコアが多発し，その内容の多くが非他責，すなわち非攻撃スコアの結合であり，単なる丁寧さを越えた強迫的傾向を伺わせる。

e. まとめ

場面認知の誤りはなく，反応内容も理解できる表現であり，質疑の応答にも不合理なところがみられない。認知的な機能に問題はないと考えられる。

フラストレーション反応は，大きな偏りが認められる。他責方向の反応がほとんどみられず，フラストレーションの原因が自分にある場面では，アグレッションの方向が内部すなわち自己に向けられ，フラストレーションの原因が他者にあるか自他いずれとも不明な場面では，アグレッションの方向が内外ともに向けられずに回避，妥協されるという，パターン化した反応を示している。反応転移がまったくみられないことも考えると，フラストレーション反応が固定化して，柔軟性に乏しい

といえるだろう。

　主張性を含めて，攻撃性が強く抑圧されており，適応機制としては，抑圧と自己犠牲による対処が特徴といえる。攻撃性や主張性の乏しさは，おそらく幼少期に抑制あるいは抑圧され，その後育っていないことが推察される。年上の男性が怖いという訴えは，父が気分屋で理不尽に本人を叱責していたことの影響を受けているのではないだろうか。

　自己犠牲の特徴は，人から嫌われたくない，自信がないといった消極的な要因から生じているものと思われる。そのような行動について受検者は「いい方向に転ぶことばかり」と述べている。しかし，他者を大切にするあまりに自分を大事にしていないことの抵抗として，さまざまな症状が生じていると考えられる。おそらく表立って人との衝突は少ないだろうし，そのメリットを本人は感じている。その半面，主張性に乏しいことなどから，自身の欲求充足を抑えすぎた結果として，不適応を生じやすくさせていることが推察される。

　場面認知や反応などについて奇異なところはなく，ASDとかADHDというよりも，神経症性障害で「対人恐怖」あるいは「対人不安」の傾向が強いと考えられる。

　検査者の指摘ではなく，自発的に「一番印象に残ったのは，私謝ってばかりだなと思いました」と述べている。この自分の特徴を自覚できることは，自己改善の効果が期待できるとみてよいだろう。質疑における発言内容は貧弱ではないので，カウンセリングの効果が予想できる。しかし，現在のあり方についてこれでよいとする固い信念があることから，それを修正するには相当な抵抗と混乱が予想されるので，その点についての配慮が必要であろう。

10章

10章

各場面の特徴

　本章では，P-F の各場面における特徴の概要をあげた。左の話しかけている人物は直接的または間接的に右の人物に対してフラストレーショの原因になっているので阻碍者（frustrater）としているが，真の阻碍者は別人の場合もある。右の人物は常にフラストレーションを感じている立場にあるので被阻碍者ないし被碍者（frustratee）と呼んでいる。

　取り上げた項目は以下のとおりである。

---

　1. 場面の特徴
　（1）場面：家庭・学校・社会など
　（2）阻碍者（左の人物の年代・性別）：成人用は性別のみ，青年用と児童用は大人（男性・女性）と仲間（男・女）に分かれる
　（3）被阻碍者（右の人物の性別）：男・女
　（4）人物関係：被阻碍者からみた阻碍者との関係
　（5）阻碍要因：自我阻碍か超自我阻碍

　2. スコアリング
　スコアリング上の諸問題や注意事項について記載

　3. 反応の特徴
　　反応数の多い因子については，手引きの因子欄に出現率が書かれているので参考にしてほしい。なお，各因子欄の数値は，成人用は全体としての比率，青年用は 2 位までの頻出反応，児童用は結合スコアを除いた出現率である。その他，特徴的な反応や解釈上で参考となる事柄（場面の刺激特性と反応との関係，心理的に重要な意味をもつと考えられる反応，他の類似した場面など）を記載した。

---

1. 成人用（Ⅲ版）の特徴

　まずは，成人用の各場面についてみてみよう。成人用は 2020 年に改訂され，第Ⅲ版として新たに出版されている。旧版との大きな違いは人物構成であり，ほぼ青

年用と同じような性別の構成に変更したところにある。したがって，阻碍者と被阻碍者について旧版から変更があった人物の性別に注意してほしい。

各場面について

場面1「服にどろ水をかけられて，運転手から謝罪されている。」

1. 場面の特徴
   - (1) 場面：路上
   - (2) 阻碍者：男性
   - (3) 被阻碍者：男性
   - (4) 人物関係：見知らぬ他人か知人
   - (5) 阻碍要因：自我

2. スコアリング
   - ・「はあ」というような簡単すぎる反応は，フラストレーションをどのように感じているかがわからないのでUとスコアする。
   - ・「そうですか」という反応は質疑がなければUであるが，質疑の答えによってはスコアできることもある。
   - ・「大丈夫です」の反応は，「自分にとって大したことがない」という意味であればM′//であるが，相手に対して「気にしなくてもよい」という意味であれば/M/になるので，その見極めが大切である。

3. 反応の特徴
   - ・最も多い反応は，障碍軽視のM′//（34％），許容の/M/（28％）でM-A傾向が多く，続いて攻撃的な/E/（21％）が続いている。
   - ・この場面はP-Fの最初の図版であり，その後の反応で，ここでみられた反応特徴が持ち越されるかどうかに注目したい。一般的には，相手が謝っているので許容する/M/の反応が多い。
   - ・その他の反応として，弁償を要求する//eもある。ときには，「自分が避けるべきだった」という自罰の/I/が出現することもあるが，そのようなときは，強い自責傾向にあると考えられる。

場面2「お母さんが気に入っていた花瓶を割ったと，非難されている。」

1. 場面の特徴
   - (1) 場面：家庭か友人宅
   - (2) 阻碍者：女性

（3）被阻碍者：女性

（4）人物関係：友人のほかに親戚のおばさん，姉などの見方がある場面である

（5）阻碍要因：超自我

2. スコアリング

・「どうしてそんなことをしたの？」という反応は，相手が花瓶を割ったと誤認している可能性があるので質疑が必要である。

・「気にしない」という反応は，自分に責任のある超自我阻碍場面なので，相手に対して失礼な反応とみられる。したがって他罰の /E/ のスコアになる。ただし，「心配しないでください」に「自分でなんとかしますから」という反応が続いたときは，/M/i の結合スコアとなる。

3. 反応の特徴

・最も多い反応は戸惑いの I'// が 45％で，続いて直接母に謝罪する //i が 37％であり，I-A が大半を占める。

・この場面は，友人の家で起きたと認知されることもあれば，自宅で起きたと認知されることもある。自宅の場合は，人物関係が家族であり，他罰の /E/ 反応が生じやすい。また，人物関係も目上か目下か同僚かといった，社会的な上下関係が反応に影響する。

・「自分はしていない」という否定の /E/ 反応が出たときは，強い防衛的傾向があるとみられる。

・超自我阻碍場面なので自責に属する反応がみられるのが一般的である。したがって，この場面で他責の反応が生じたときは，自責が弱いのか他責が強いのかをその後の反応と関連してみていくことが望ましい。

場面 3「前の女性の帽子がじゃまになって，見えないのではないかと聞かれている。」

1. 場面の特徴

（1）場面：映画館

（2）阻碍者：女性（真の原因は前席の見知らぬ女性）

（3）被阻碍者：男性

（4）人物関係：恋人や夫婦などと認知することが多い

（5）阻碍要因：自我

2. スコアリング

・「見るほどの価値があるかしら」の反応は，攻撃的な他罰の /E/ か，欲求不満を強く感じるほどのことはないという意味の M'// かは，質疑によらないとス

コアできないので U である。

・「帽子を脱いでください」などと，阻碍者に直接要請するだけでなく，「…言ってみようか」という反応も //e である。ただし，「帽子を脱いでくれたらいいのに」の反応は，願望を口にしているだけで，相手にはっきりとした要求を表明していないので //e ではなくて不満の E′ // とスコアする。

・「首を傾ければ見えるから」は，障碍を軽くみなす反応とみられるので M′ // であり，「首を傾けて見よう」であれば自らの行為で問題解決する //i のスコアになる。

3. 反応の特徴

・最頻反応は //e の 41％，次いで E′ // が 28％であり，他責（E-A）に属する反応が多い。

・ 映画を見ることが妨げられた場面なので，攻撃的な反応 /E/ は，直接の阻碍者である前席の女性の非常識さに非難を向ける反応が多い。しかし，ときには反応が「そんなこと言うものではありません」という /E/ 反応が，話し手に対して向けられることもある。

場面 4「送ってもらったけれども，車の故障で間に合わなかったと謝罪されている。」

1. 場面の特徴

(1) 場面： 駅のプラットホーム

(2) 阻碍者：男性

(3) 被阻碍者：男性

(4) 人物関係：知人，その中でも友人・部下・同僚など，さまざまな人物認知がみられる

(5) 阻碍要因：自我

2. スコアリング

・「こん畜生」などの反応は，相手を攻撃している他罰の /E/ か，不運を嘆いている E′ // かが不明なので，質疑をしなければスコアできない U である。

・「いいよ」だけの反応であれば，無罰の /M/ とスコアするのが普通である。もし，この後に「次の汽車に乗りますから (//m)」とか，「たいしたことではありませんから (M′ //)」という反応が続いたときは，「いいよ」は後の反応の導入的な意味しかもたないとみなされるので，/M/ はスコアされない。

・「どうもすみませんでした」という反応がときどきみられる。この反応は相手への感謝の気持ちをこのように表現する場合が少なくないので，単純に謝罪の /I/ とスコアしないように注意すべきである。

- 最頻反応は，仕方がなかったと相手を許容する無罰の /M/ が 49％で，GCR スコアに設定されている。ほとんどが無責（M-A）の反応で 70％以上になる。
- 日ごろから仕事などをきっちりと計画を立てて行動するタイプの人は，この場面に対して不満，攻撃，相手への要求といった他責方向の反応を示すことが多い。

場面 5「1 週間前に買った新品の時計が，家に帰るとすぐ止まってしまうと苦情を言われている。」

1. 場面の特徴

(1) 場面：店頭

(2) 阻碍者：女性

(3) 被阻碍者：男性

(4) 人物関係：顧客と店員

(5) 阻碍要因：超自我

2. スコアリング

- 「時計がよくないんだ」という反応は，自分の責任で壊れたという自罰の /I/ か，相手に対するあてつけである他罰の /E/ 反応かは，質疑をしなければスコアできないので U である。
- 「明日にしてくれませんか (//e)」と「直しておきますから明日取りにきてください (//i)」の反応は，「明日きてもらう」点では同じようにみえる。しかし，両者には自分が直すことを伸ばしてもらいたい要求の //e と，直すことを強調している自己解決の //i という違いがある。
- 「修理に出しておきますから」の反応は，自分の責任を転嫁する反応とみられやすいが，それは店員としての責任を果たすことになるので //i のスコアになる。

3. 反応の特徴

- 最頻反応は，責任をもって直すという //i が 63％で，GCR スコアになっている。次いで，謝罪の /I/ が 27％である。もちろん i// には「すみません，すぐに直します (//i)」のように，前半の /I/ が後半の //i に吸収されている場合が多い。
- 店員としては，この種のクレームには責任をもって対応するのが常識である。したがって，「すみません，すぐに直します」というような反応が一般的である。もし，この場面で GCR スコアと違った，単なる謝罪 (/I/)，言い訳 (/I̲/)，否定 (/E̲/)，攻撃 (/E/) などの反応が出てきたときは注目される。

場面6「図書館の規則で1回に2冊しか持ち出せないと注意されている。」

　1. 場面の特徴

　（1）場面：学校または図書館

　（2）阻碍者：女性

　（3）被阻碍者：女性

　（4）人物関係：図書館員

　（5）阻碍要因：自我阻碍場面であるが，規則を知らなかったという超自我阻碍
　　としてとらえることが多い

　2. スコアリング

　・この場面での「そうですか」の反応は，場面を自我阻碍場面とみているか，超
　　自我阻碍場面とみているかによってスコアの仕方が違うので，それを質疑で確
　　かめられないときはUである。

　・この場面での欲求固執型（N-P）の中で//iと//mの区別に注意が必要である。
　　//iは「では2冊の本を返してきます」「今度また借りにきます」などのように，
　　自分でなんらかの行為をして問題解決を図ろうとする反応語に対してスコアす
　　る。//mの場合は，「じゃ，2冊にします」または「2冊を選びます」という
　　ような図書館の規則に従うことを意味する反応語にスコアされる。

　3. 反応の特徴

　・最頻反応は，規則に従う//mが53%，次いで規則に違反したことを謝罪する
　　/I/が17%であり，自ら解決するという//i反応もかなり多く出現する。つまり，
　　全体としてE-A以外の他責方向ではない非他責の反応が多い。

　・規則に対する一般的な態度がうかがえる場面であり，規則を曲げてでも借りた
　　いという反応がみられるかどうかが注目される。

場面7「レストランで，ウエイトレスから注文が細かすぎると言われている。」

　1. 場面の特徴

　（1）場面：レストラン

　（2）阻碍者：女性

　（3）被阻碍者：男性

　（4）人物関係：店員と客

　（5）阻碍要因：超自我

　2. スコアリング

　・「これくらいでよしましょう」とか，「君もそう思いますか」などは意味があい
　　まいであり，質疑で確かめないとスコアできないのでUである。

- この場面は，先に客のほうで発言したことに対する阻碍者の反論が刺激語として書かれているので，客の先の発言を記入する間違いが生ずることがある。これは誤認なので，書き直しを求めるか，それができなればUである。
- 反論 (/E/) と言い訳 (/I/) の違いは，/E/ では「細かいことを言っているわけではない」という点と，「客として当然のことだ」という正当性を主張したときのスコアである。/I/ は，基本的に自分の責任を感じていながらそれを素直に認めたくない意味があって，自分の都合や事情を述べた弁解のときのスコアである。

3. 反応の特徴

- //m が 40%，次いで /I/ が 18% であり，それ以外の因子は 10% 程度で分散している。
- この場面では，店の事情に合わせて注文し直す反応が圧倒的に多い。これは超自我阻碍場面であるが，I-A が必ずしも多くないところに場面としての特徴がある。

場面8「被碍者の彼女が明日のハイキングに自分（阻碍者）をさそってくれた，と言われている。」

1. 場面の特徴

(1) 場面：不明
(2) 阻碍者：男性
(3) 被阻碍者：男性
(4) 人物関係：友人
(5) 阻碍要因：自我

2. スコアリング

- 「彼女って誰のこと？」の反応は，応答としては不自然ではないが，もしこれに続く会話がなければ，フラストレーション反応としてスコアできないのでUである。
- 「たいしたことはない」という意味の M′ // 反応と，負け惜しみの「女なんていくらでもいるよ」などの M′/E/ との区別に注意が必要である。M′ // のフラストレーション事態を軽くみなす反応の背景に，負け惜しみの心理がはたらいていると感じられることがしばしばある。しかし，スコアリングは，あくまでも反応の表明された語義的水準で行なわれるべきであり，明らかに負け惜しみと確認できるような表現があるときにのみ M′/E/ とスコアする。

3. 反応の特徴

- 不快の E′ // が 30%，フラストレーションを軽くみなす M′ // が 21% である。

・この場面では，対人的な反応方向が話し相手の「阻碍者」と「彼女」の2つに分かれるので，どちらの人物に向けられた反応かに注目したい。

場面9「主人が午後でないと帰らないので，それまではレインコートが出せないと言われている。」

1. 場面の特徴

(1) 場面：クリーニング店

(2) 阻碍者：女性

(3) 被阻碍者：男性

(4) 人物関係：店員と客

(5) 阻碍要因：自我

2. スコアリング

・「君は誰だ？」というような反応語は相手をからかっているように思われるが，それを確認できなければスコアできないのでUである。

・「じゃ傘を貸してください」という反応は，レインコートの代わりに傘を借りることを申し出ているので代償の//mと要求の//eとの結合スコアである//e;mになる。

・「わかりました」という反応は，青年用では刺激語が「……お待ち願えませんか」に対する答えなので//mであり，成人用では「……店長が帰るまではお渡しできないのです」に対する反応なので/M/とスコアする違いがある。

3. 反応の特徴

・最頻反応は相手に解決を求める//eの34％，待っていることを意味する//mの18％である。この場面は，問題を解決しようとする欲求固執型（N-P）の反応が多く，約50％を占めている。

・この場面では，今困っている状態にあるので，なんとかして問題解決をしようとする反応が多い。したがって，単に相手を非難するような，解決につながらない反応をする場合は，感情的で合理的解決に乏しい反応とみなされる。

場面10「君は嘘つきだと非難されている。」

1. 場面の特徴

(1) 場面：不明

(2) 阻碍者：男性

(3) 被阻碍者：男性

(4) 人物関係：友人

（5）阻碍要因：超自我

2. スコアリング

- 「誰でも自分の意見はもっているよ」のような反応は，相手を非難している他罰の /E/ か，相手の言ったことを否定する他罰変型因子の /E/ か，相手の意見を認める無罰の /M/ かは，質疑で確認しなければわからないのでUである。
- /E/ には相手の言ったことを否定する「嘘つきではない」と「本当のことを言った」という正当性を主張する反応が含まれる。

3. 反応の特徴

- 否定や反撃の他罰が多い場面であり，/E/ が56％で最も多くGCRスコアとして設定されている。次いで，「どうしてそんなことを言うの」などの I′// が17％となっている。超自我阻碍であるが，素直に認める，謝罪するなどの自罰反応は高くない。
- 「嘘つき」という厳しい非難に対して感情的な攻撃反応の /E/ か，自己の正当性を主張する /E/ スコアが多いが，両者ではその意味が違う。前者は感情的統制が弱い反応であり，後者は理性的な主張的反応である。この場面で /E/ や /E/ が出ていないと攻撃が乏しいか，抑制されているとみられる。
- 言い訳の /I/ 反応は弱い主張性を示しているが，言い訳が妥当な内容であるかどうかに注目する。

場面 11「夜中に間違い電話で起こされた。」

1. 場面の特徴

（1）場面：自宅
（2）阻碍者：男性
（3）被阻碍者：女性
（4）人物関係：見知らぬ人または知人

2. スコアリング

- 「さようなら」「おやすみ」の反応は，穏やかな無罰の /M/ 反応とも考えられるが，質疑が必要な反応である。また「……」とか，無記入の場合も意味が確認できなければ U スコアである。
- 「おやすみ，ガチャン」とか，「おやすみ!!」のような怒りを表わしていることが明らかなときは，他罰の /E/ とスコアすることになる。
- 「もう，眠たいのに」という反応は，怒りをもった反応でも，相手にそのことを伝えている場合は /E/ になるが，独り言であれば不快の E′// とスコアするので，質疑で確認が必要な反応である。

3. 反応の特徴

- 最も多い反応は，仕方がないという無罰の /M/ が 43％で GCR 因子に設定されている。次いで怒りのこもった攻撃の他罰スコア /E/ が 34％である。
- この場面は電話でのやりとりなので，不快に基づいた独り言の反応 E′ // か，直接相手に対して発言された場合の /E/ になるのかの区別に注意する必要がある。

場面 12「自分のスカーフを，彼女が間違ってもっていったにちがいないと言われている。」

1. 場面の特徴

- (1) 場面：外出先
- (2) 阻碍者：男性（彼女）
- (3) 被阻碍者：女性
- (4) 人物関係：見知らぬ人または友人。間違ってもっていった人（彼女）も知らない人と知人に認知が分かれる場面である
- (5) 阻碍要因：自我

2. スコアリング

- 「これは誰のマフラーですか？」というのは，フラストレーション反応としてあいまいなので U となる。
- 「その人はどこに住んでいるのですか？」などの住所を聞く反応は，自分からなんらかの方法で間違って持って帰った人に連絡する可能性が高いとみて，//i とスコアすることになっている。しかし，念のため質疑でその後の処理についてどうするつもりかを確認することが望ましい。

3. 反応の特徴

- 相手にマフラーを返すように依頼する //e が 31％で最も多く，次に自分でなんとかしようとする反応 //i が 21％であり，すぐに解決しようとする反応が約半数を占める。

場面 13「昨日約束したけれど，今朝は会えないと断られている。」

1. 場面の特徴

- (1) 場面：会社
- (2) 阻碍者：男性
- (3) 被阻碍者：女性
- (4) 人物関係：会社の人（秘書・受付）や仕事の関係者と認知されることが多い
- (5) 阻碍要因：自我

2. スコアリング

・単に「さようなら」という反応はスコアできない。

・同じ欲求固執型（N-P）に属する //e と //m は，次の点で違いがある。//e は，すぐに会ってほしいという反応と，あとで会うにしても自分の都合に合わせて，時期を特定して会ってほしいという反応にスコアする。//m は，相手の都合に合わせて，時期を特定せずに会うときのスコアである。また，「都合のよいときに連絡してください」の下線部分は相手への依頼なので //e として，結合スコアの //e;m になる。

3. 反応の特徴

・相手の都合に合わせる //m が 38% で最も多く，次いで相手を非難する /E/ が 30% になっている。

・個人的な約束を破られた場面なので，単に攻撃的な傾向のある人だけでなく，仕事に対する責任感の強い人や，誠実さを求める人では主張的な反応になりやすい。したがって，この場面での他罰反応の /E/ は必ずしも不適切とはいえない。

場面 14「彼女は 10 分前に来るはずだと言われている。」

1. 場面の特徴

(1) 場面：外出先
(2) 阻碍者：女性（真の阻碍者は遅れている第三者の女性）
(3) 被阻碍者：女性
(4) 人物関係：友人
(5) 阻碍要因：自我

2. スコアリング

・「時間を間違えたのかしら」の反応は，自分たちが間違えたのか（/I/），相手が間違えたのか（/E/）によってスコアが違うので，確かめなければスコアできないので U である。

・攻撃の /E/ には，待たせている真の阻碍者に対する非難だけでなく，話し手に対する攻撃や，待たないで行ってしまう行為を意味する反応が含まれる。

3. 反応の特徴

・阻碍者の事情を察する /M/ の 26%，不快の表現である E' // が 25%，待っている //m などが主な反応である。

・登場人物が二人とも若い女性として描かれているので，ほとんどが待たせている阻碍者も友人と認知している。なお，最近では携帯をもつことが一般化しているので，「電話をしてみる（//i）」という反応が増えている印象がある。

場面15「相手から，私が失敗さえしなかったら，自分たちの方が勝っていたでしょうに，と言われている。」

1. 場面の特徴
  (1) 場面：家庭または友人宅
  (2) 阻碍者：女性
  (3) 被阻碍者：男性
  (4) 人物関係：友人
  (5) 阻碍要因：自我

2. スコアリング
  ・「どうもすみません」という反応は，何について謝っているのかが不明であり，誤認の可能性もあるのでUである。また，阻碍者はチームメイトとして設定されているが，相手チームの発言としてとらえる間違いもある。
  ・「これは遊びだからいいじゃないの」という反応は，相手に気遣いをしている発言とみられなくはないが，発言の内容は「事態」について向けられたものとみられるので，/M/ ではなくて M′ // とスコアする。
  ・この場面で「大丈夫」「全然大丈夫」の反応は M′ // や I′ // よりも /M/ の可能性が高い。

3. 反応の特徴
  ・最頻反応は，相手を許容する /M/ が 60％で GCR スコアであり，次はがんばろうという //m が 20％である。
  ・他罰の /E/ の内容は，相手の失敗を非難することのほかに，相手の言い方が嫌味に聞こえるために非難する反応もある。この場面は，状況の理解がむずかしい受検者もいるので注意することが望ましい。

場面16「君が追い越そうとしたからだと非難されている。」

1. 場面の特徴
  (1) 場面：路上
  (2) 阻碍者：男性
  (3) 被阻碍者：女性
  (4) 人物関係：車で通りがかりの人，ときには知人
  (5) 阻碍要因：超自我

2. スコアリング
  ・「どうしようもないわ」という反応は，相手に対する非難の /E/ か，事故を起こした当惑の I′ // かが不明なので，U とスコアする。

- 「警察官に来てもらおう（//e）」と「示談にしましょう（//m）」の違いは，//e は他者に入ってもらって解決するのに対して，//m は自分たちで解決を図ろうとするところである。

3. 反応の特徴
- 自罰の /I/ が 38％, 他罰の /E/ が 28％, //e が 25％となっている。//e では「警察に判断してもらう」という反応が多い。
- この場面は，相手から自己の責任を追及されているが，必ずしもそのように受け取らずに，相手を非難したり否定する反応がかなりある。これに対して，自分の責任を認める反応も少なからず認められる。つまり，この場面は超自我阻碍として設定されているが，自己の責任を認めないで相手を攻撃するか，自分の責任を認めるかに認知の仕方が分かれるところに特徴がある。

場面 17「キーをなくしたと非難されている。」

1. 場面の特徴
- (1) 場面：駐車場
- (2) 阻碍者：女性
- (3) 被阻碍者：男性
- (4) 人物関係：妻・恋人・母親など親しい関係者とみられることが多い
- (5) 阻碍要因：超自我

2. スコアリング
- 超自我阻碍場面であるが，困った事態だという E′ // か，原因が自分にあるという戸惑いの I′ // かの区別が必要である。
- 否定の /E/ 反応として，「失くしていない」や「ここにあるよ」という反応も含まれる。

3. 反応の特徴
- 自分で解決する //i が 44％で最も多く，自分の責任を認める自罰の /I/ が 28％で続いており，ほとんどが自責（I-A）の反応である。
- 場面の人物間の関係について，女性と男性はほぼ同じ年齢とみられる人物として描かれているので「夫婦」と認知されることが多い。

場面 18「希望していた品物が，売り切れてしまったと言われている。」

1. 場面の特徴
- (1) 場面：商店
- (2) 阻碍者：男性

(3) 被阻碍者：女性

(4) 人物関係：店員と客

(5) 阻碍要因：自我

2. スコアリング

・「ではさようなら」の反応は，フラストレーション事態に対する反応としては判断しがたいので U である。

・「今度きたら，知らせてください」は，解決を先に延ばしている //m と，この反応語に「知らせてください」という依頼の表現が加わっているので，結合スコアの //e;m になっている。

3. 反応の特徴

・「残念だ」という E' // が 37％で最も多く，後で手に入れようとする //m が 35％で続いている。

・買いにきた品物が売れてしまったという場面であり，相手に特段の過失があるわけでもないので，残念だという反応や穏やかな反応が多い。したがって，この場面で相手を非難するような反応が出てくると，かなり攻撃的な傾向があるとみられる。

場面 19「学校の前で，スピード違反を注意されている。」

1. 場面の特徴

(1) 場面：学校の前

(2) 阻碍者：男性

(3) 被阻碍者：男性

(4) 人物関係：警官

(5) 阻碍要因：超自我

2. スコアリング

・この場面は U スコアの出現は少ない。

・釈明の /I/ 反応は，「うっかりしていた」という自分の落ち度を認めるような反応も含まれる。

3. 反応の特徴

・責任を認めて謝罪する /I/ か，言い訳をする /I/ を含む /I/ が 61％で最も多い反応で，それに //i が 28％で続いている。

・反応のほとんどが自責方向 (I-A) である。したがって，この場面で他責方向の反応がみられると，攻撃傾向が強い可能性がある。

場面 20「なぜ彼女は自分たちを呼んでくれなかったのか，と聞かれている。」

　1. 場面の特徴

　　(1) 場面：家の中

　　(2) 阻碍者：女性（真の阻碍者は招待してくれなかった第三者の女性である）

　　(3) 被阻碍者：女性

　　(4) 人物関係：友人

　　(5) 阻碍要因：自我

　2. スコアリング

　　・「わからないわ」の反応はあいまいであるが，疑念をもっているので E′ // とスコアできるだろう。

　　・この場面は，「あの人たちは，私たちを呼ぶほどの人間だと思っていないんでしょう」という自己に原因があることを認めながら阻碍者を攻撃する意味をもった $\boxed{/\text{E};\text{I}/}$ と，「どうせ行っても面白くないでしょう」という負け惜しみの $\boxed{\text{M}′/\text{E}/}$ という 2 つの融合反応が出現する可能性がある。

　3. 反応の特徴

　　・相手の事情を察する /M/ が 31％で，次に不快な反応の E′ // が 19％，自分たちに原因があるという /I/ が 17％になっている。

　　・いわゆる仲間はずれの場面であり，このような事態をどのようにとらえるかが，受検者の対人関係の特徴を反映するだろう。

場面 21「彼女の悪口を言っているけど，昨日事故にあって入院中だと注意されている。」

　1. 場面の特徴

　　(1) 場面：不明

　　(2) 阻碍者：女性

　　(3) 被阻碍者：女性

　　(4) 人物関係：先生などの目上の人か，先輩と後輩といった社会的上下関係という見方が一般的である

　　(5) 阻碍要因：超自我

　2. スコアリング

　　・「彼女って誰のことですか？」という反応は，場面の誤認ではないが，フラストレーション反応としてスコアできないので U である。

　　・「どこの病院ですか？」の反応は，病院名を聞く以上は見舞いに行く可能性が高いと判断されるので i// とスコアすることになっている。ただし，質疑でそ

れを確認することが望ましい。

3. 反応の特徴

- 最頻反応は，驚きを示す I' // が 49％で GCR スコアになっている。次いで多い反応は，自分が悪かったことを認める /I/ が 24％である。

- この場面は，人物の上下関係の認知の違いが反応に影響する。反応としては自責 (I-A) が多いので，もし場面にいない第三者や阻碍者を非難するような反応がみられたときは，攻撃的な傾向をもつと考えられる。

場面 22「怪我はなかったか，と聞かれている。」

1. 場面の特徴

(1) 場面：道路

(2) 阻碍者：男性

(3) 被阻碍者：女性

(4) 人物関係：見知らぬ人で通りすがりの人

(5) 阻碍要因：自我阻碍であるが，ときには超自我阻碍場面と認知することもある

2. スコアリング

- 「うーん」という反応は，痛さをこらえている E' // か，恥ずかしさを表わした I' // の表現かが不明なので質疑で確認できなければ U になる。

- この場面では，障碍優位型 (O-D) に属する E' //, I' //, M' // の区別がポイントである。E' // は痛いとか怪我をしたという反応に，I' // は障碍を否定する反応に，M' // は怪我の程度は軽かったという反応にそれぞれスコアされる。「まだわからない」という反応は，「たいしたことがない (M' //)」とみられなくはないが，相手に心配をさせている反応とみて，E' // とスコアすることになっている。

- 「大丈夫」の反応は，怪我の完全否定とはいえないので I' // ではなくて M' // とスコアする。「はい，大丈夫です」は，怪我を否定しているとみて I' // になる。

- 「あなたは大丈夫ですか？」や「あなたのせいではありません」という反応は /M/ になる。

3. 反応の特徴

- 最頻のスコアは，たいしたことはないという反応の I' // で 49％で，怪我をしたという E' // が 18％，怪我をしなかったという M' // が 11％であり，ほとんどが怪我の程度に関する O-D の反応である。

- この場面は，自分に責任がない自我阻碍場面とされているが，実際は自分の不

注意で転んだと認知することが少なくない。したがって，相手のせいで転んだと認知して非難する場合は敵意的，攻撃的傾向が強いと考えられる。

場面23「叔母さんから，もう一度お別れがしたいから，待ってほしいと言われている。」

1. 場面の特徴

(1) 場面：駅

(2) 阻碍者：女性（真の阻碍者は叔母さん）

(3) 被阻碍者：男性

(4) 人物関係：夫婦と認知されることが多い

(5) 阻碍要因：自我

2. スコアリング

・「私が電話に出よう」の反応について，自分で解決する //i とスコアする間違いがしばしばみられる。実際は電話に出るだけでは問題の解決にならず，電話でどのような応答がなされたかによってスコアされるので，この点について確認できなければ U である。

・待つことはたいしたことではないという M′ // と，待っている //m との区別が重要である。

・許された時間内で待つことは，自己都合の意味もあるので //e;m の結合スコアになる。M′ // には，当然「待つ」//m という意味が含まれている。

3. 反応の特徴

・待っているという //m が 55％で最も多い反応であり，GCR スコアになっている。次いで /E/ が 16％である。/E/ の中では叔母さんを非難する内容よりも，待たずに行ってしまおうとする表現が多い。

場面24「借りていた雑誌を子どもが破ってしまったと謝罪されている。」

1. 場面の特徴

(1) 場面：自宅

(2) 阻碍者：女性（真の阻碍者は子どもで性別は不明）

(3) 被阻碍者：男性

(4) 人物関係：近所の人

(5) 阻碍要因：自我

2. スコアリング

・「……」はスコアの対象にならないので，質疑が必要である。

・無責方向（M-A）内の雑誌を軽視する M′ // と，相手を許容する /M/ との区別

が重要である。

3. 反応の特徴

- 相手を許容する /M/ が 43％で GCR スコアに設定されている。次に被害を軽視する M′// が 23％であり，ほとんどがこれらのどちらかの反応で占められている。
- 成人用旧版とⅢ版との違いは，旧版では「赤ちゃん」になっていたのがⅢ版では「子ども」に，「新聞」が「雑誌」に変更されているところである。

2. 青年用の特徴

　青年用は成人用をもとにして作成されているので成人用と重複するところがある。違いとしては，人物関係において，性別のほかに青年同士や年長者との上下関係が加わっていることがあげられる。

　各因子欄には出現頻度の高い 2 つの因子のみ出現率が記入されている。なお，青年用の GCR は，7 章の形式分析（p.93）で解説しているように，出現率が高い因子のすべてが GCR として設定されているわけではない。

場面 1「服にどろ水をかけられて，運転手から謝罪されている。」

1. 場面の特徴
　(1) 場面：路上
　(2) 阻碍者：成人男性
　(3) 被阻碍者：男
　(4) 人物関係：見知らぬ他人（通りがかりの人）
　(5) 阻碍要因：自我

2. スコアリング

- 「はあ」というような簡単すぎる反応は，フラストレーションをどのように感じているかがわからないので U とスコアする。
- 「そうですか」という反応はこれまで自我阻碍場面では E′ ; M′//，超自我阻碍場面では I′// とスコアされていた。この種の反応は，もともとあいまいな反応であり，成人用Ⅲ版の改訂（2020 年）に伴って基本的に質疑を参考にしてスコアすることになった。
- 「大丈夫」の反応は，被害がたいしたことでないという意味（M′//）か，気にしなくてもよいという意味（/M/）かを区別する必要がある。

3. 反応の特徴

・最も多い反応は，許容の /M/ であり，続いて男性では攻撃する /E/，女性ではたいした被害ではないという M' // が多い反応であり，男女で反応の違いがみられる。

・この場面は P-F の最初の図版であり，その後の反応に，ここでみられた反応特徴が持ち越されるかどうかに注目したい。一般的には，相手が謝っているので許容する /M/ の反応が多い。

・その他の反応として，弁償を要求する //e も少なくない。ときには，「自分が避けるべきだった」という自罰の /I/ が出現することもあるが，そのようなときは，強い自責傾向にあると考えられる。

場面 2「お母さんが気に入っていた花瓶を割ったと非難されている。」

1. 場面の特徴

(1) 場面：自宅または友人宅

(2) 阻碍者：青年女性

(3) 被阻碍者：女性

(4) 人物関係：友人のほかに親戚のおばさん，姉などがあり，多様な人物の見方がある場面である

(5) 阻碍要因：超自我

2. スコアリング

・「どうしてそんなことをしたの？」という反応は，相手が花瓶を割ったと誤認している可能性があるので質疑が必要である。

・「気にしない」という反応は，自分に責任のある超自我阻碍場面なので，相手に対して失礼な反応とみられる。したがって他罰の /E/ とスコアする。ただし，「心配しないでください」に「自分でなんとかしますから」という反応が続いたときは，/M/i の結合スコアとなる。

3. 反応の特徴

・最も多い反応は I' // の 35％で，続いて //i が 32％であり，自責方向の反応 (I-A) が大半を占める。

・この場面は，友人の家で起きたと認知されることもあれば，自宅で起きたと認知されることもある。自宅の場合は，人物関係が家族であり，他罰の /E/ 反応が生じやすい。また，人物関係も目上か目下かといった，社会的な上下関係が反応に影響する。

・「自分はしていない」という否定の /E/ 反応が出たときは，強い防衛的傾向が

あるとみられる。いずれにしても，超自我阻碍場面なので自責に属する反応が
みられるのが一般的である。したがって，この場面で他責の反応が生じたとき
は，自責が弱いのか他責が強いのかをその後の反応と関連してみていくことが
望ましい。

場面3「前の女性の帽子がじゃまになって，見えにくいのではないかと聞かれている。」

1. 場面の特徴

(1) 場面：映画館

(2) 阻碍者：成人女性（真の阻碍者は別の女性）

(3) 被阻碍者：女性

(4) 人物関係：知人が多い。成人用では，妻や恋人などの認知がある

(5) 阻碍要因：自我

2. スコアリング

・「見るほどの価値があるかしら」の反応は，攻撃的な他罰の /E/ か，欲求不満
を強く感じるほどのことはないという意味の M′ // か，質疑によらないとス
コアできないので U である。

・「帽子を脱いでください」などと，阻碍者に直接要請するときは //e であるが，
「帽子を脱いでくれたらいいのに」の反応は，願望を口にしているだけで，相
手にはっきりとした要求を表明していないので不満の E′ // とスコアする。

・「首を傾ければ見えるから」は，たいしたことはないという意味なので M′ //
であり，「首を傾けて見よう」であれば自らの行為で問題解決する //i とスコ
アする。

3. 反応の特徴

・最頻反応は E′ // の 33％，次いで //e が 33％であり，他責（E-A）に属する反
応が多い。

・映画を見ることが妨げられた場面なので，攻撃的な反応 /E/ は，直接の阻碍
者である前席の女性の非常識さに非難を向ける反応が多い。しかし，ときには
反応が「そんなこと言うものではありません」という /E/ 反応が話し手に対
して向けられることもある。

場面4「送ってもらったけれども，車の故障で間に合わなかったと謝罪されている。」

1. 場面の特徴

(1) 場面：駅のプラットホーム

(2) 阻碍者：青年男性

(3) 被阻碍者：男性

(4) 人物関係：知人，その中でも友人や同僚などの人物認知がみられる

(5) 阻碍要因：自我

2. スコアリング

- 「畜生！」などの反応は，相手を攻撃している他罰の /E/ か，不運を嘆いている E′ // かが不明なので，質疑をしなければならない。

- 「いいよ」だけの反応であれば，無罰の /M/ とスコアするのが普通である。もし，この後に「次の汽車に乗りますから (//m)」とか，「たいしたことではありませんから (M′ //)」という反応が続いたときは，「いいよ」は後の反応の導入的な意味しかもたないとみなされるので，/M/ はスコアされない。

- この場面で「どうもすみませんでした」という反応がみられたときに，単純に自罰の /I/ とスコアするには問題がある。相手への感謝の気持ちをこのように表現する人が少なくないので，そのときは無罰の /M/ とスコアすることになる。いずれにしても，この種の反応には質疑が必要である。

3. 反応の特徴

- 最頻反応は，仕方がなかったと相手を許容する無罰の /M/ が57％で，GCR スコアに設定されている。続いて，次の汽車に乗るという //m が31％であり，ほとんどが無責 (M-A) の反応である。

- 日ごろから仕事などをきっちりと計画を立てて行動するタイプの人は，この場面に対して不満, 攻撃, 相手への要求といった他責方向の反応を示すことが多い。

場面5「1週間前に買った新品の時計が，家に帰るとすぐ止まってしまうと苦情を言われている。」

1. 場面の特徴

(1) 場面：店頭

(2) 阻碍者：青年女性

(3) 被阻碍者：男性

(4) 人物関係：顧客と店員

(5) 阻碍要因：超自我

2. スコアリング

- 「時計がよくないんだ」という反応は, 自分の責任で壊れたという自罰の /I/ か, 相手に対するあてつけである他罰の /E/ 反応かは, 質疑をしなければスコア

できないので U である。

・「明日にしてくれませんか (//e)」と「直しておきますから明日取りにきてください (//i)」の反応は，「明日きてもらう」点では同じようにみえる。しかし，両者には自分が直すことを伸ばしてもらいたい要求の //e と，直すことを強調している自己解決の //i という違いがある。

3. 反応の特徴

・最頻反応は，責任をもって直すという //i が 65％で，GCR スコアになっている。次いで，謝罪の /I/ が 18％である。もちろん //i には「すみません，すぐに直します (//i)」のように，前半の /I/ が後半の //i に吸収されている場合が多い。

・店員としては，この種のクレームには責任をもって対応するのが常識である。したがって，「すみません，すぐに直します」というような反応が一般的である。もし，この場面で GCR スコアと違った，単なる謝罪 (/I/)，言い訳 (/I̲/)，否定 (/E̲/)，攻撃 (/E/) などの反応が出てきたときは注目される。

場面 6「4 冊持っているけど，図書館の規則で 1 回に 2 冊しか持ち出せないと注意されている。」

1. 場面の特徴

(1) 場面：学校または図書館

(2) 阻碍者：成人女性

(3) 被阻碍者：女性

(4) 人物関係：図書館員

(5) 阻碍要因：自我阻碍場面であるが，規則を知らなかったという超自我阻碍としてとらえることが多い

2. スコアリング

・この場面での「そうですか」の反応は，場面を自我阻碍場面とみているか，超自我阻碍場面とみているかによってスコアの仕方が違うので，それを確かめられないときは U である。

・この場面での欲求固執型 (N-P) の中で //i と //m の区別に注意が必要である。//i は「では 2 冊の本を元に戻してきます」「今度また借りにきます」などのように，自分でなんらかの行為をして問題解決を図ろうとする反応語にスコアする。//m の場合は，「じゃ，2 冊選びます」という反応も，図書館の規則に従うことを意味するので //i ではなくて //m である。

3. 反応の特徴

・最頻反応は，規則に従う //m が 29％，次いで規則に違反したことを謝罪する

/I/ が22%であり，自ら解決するという //i 反応もかなり多く出現する。つまり，全体として E–A 以外の他責方向ではない非他責反応が多い。

- ・規則に対する一般的な態度がうかがえる場面であり，規則を曲げてでも借りたいという反応がみられるかどうかが注目される。

場面7「レストランで，ウエイトレスから注文が細かすぎると言われている。」

1. 場面の特徴

- (1) 場面：レストラン
- (2) 阻碍者：青年女性
- (3) 被阻碍者：男性
- (4) 人物関係：店員と客
- (5) 阻碍要因：超自我

2. スコアリング

- ・「これくらいでよしましょう」とか，「君もそう思いますか」などは意味があいまいであり，質疑で確かめないとスコアできないので U である。
- ・この場面は，先に客のほうで発言したことに対する阻碍者の反論が刺激語として書かれているので，客の先の発言を記入する間違いが生ずることがある。これは誤認なので，書き直しを求めるか，それができなければ U である。
- ・反論（/E/）と言い訳（/I/）の違いは，/E/ では「細かいことを言っているわけではない」という点と，「客として当然のことだ」という正当性を主張したときのスコアである。/I/ は，基本的に自分の責任を感じていながらそれを素直に認めたくない意味があって，自分の都合や事情を述べた弁解のときのスコアである。

3. 反応の特徴

- ・他罰の /E/ が76％で最も多く，GCR スコアとして設定されている。/E/ の中には，反論の /E/ がかなり含まれる。次いで，自罰の /I/ が14％になっており，多くは言い訳の /I/ である。
- ・この場面では，相手を攻撃するとか反論する反応が圧倒的に多い。したがって，この場面で攻撃的な反応がないときや，自罰の /I/ 反応の中でも，言い訳をする /I/ でなければ，かなり攻撃性が乏しいか，抑制しているとみられる。

場面8「被碍者の女友達が明日のハイキングに自分（阻碍者）をさそってくれた，と言われている。」

1. 場面の特徴

（1）場面：不明

（2）阻碍者：青年男性

（3）被阻碍者：男性

（4）人物関係：友人

（5）阻碍要因：自我

2. スコアリング

・「彼女って誰のこと？」の反応は，応答としては不自然ではないが，もしこれに続く会話がなければ，フラストレーション反応としてスコアできないのでUである。

・「たいしたことはない」という意味の M′// 反応と，負け惜しみの「女なんていくらでもいるよ」などの M′/E/ との区別に注意が必要である。M′// のフラストレーション事態を軽くみなす反応の背景に，負け惜しみの心理がはたらいていると感じられることがしばしばある。しかし，スコアリングは，あくまでも反応の表明された語義的水準で行なわれるべきであり，明らかに負け惜しみと確認できるような表現があるときにのみ M′/E/ とスコアする。

3. 反応の特徴

・フラストレーションを軽くみなす M′// が32％，次いで，不満の E′// が14％である。

・この場面では，対人的な反応方向が「阻碍者」と「彼女」の2つに分かれるので，どちらに向けられた反応かに注目したい。

場面9「主人が午後でないと帰らないので，それまではレインコートが出せないと言われている。」

1. 場面の特徴

（1）場面：クリーニング店

（2）阻碍者：成人男性

（3）被阻碍者：男性

（4）人物関係：店員と客

（5）阻碍要因：自我

2. スコアリング

・「君は誰だ？」というような反応語は相手をからかっているように思われるが，それを確認できなければスコアできないのでUである。

・「じゃ傘を貸してください」という反応は，レインコートの代わりを要求しているので代償の //m と要求の //e の結合スコアで //e;m になる。

- 「わかりました」という反応は，青年用では刺激語が「……お待ち願えませんか。」に対する答えなので //m であり，成人用では「……店長が帰るまではお渡しできないのです。」に対する反応なので /M/ とスコアする違いがある。

3. 反応の特徴
- 最頻反応は待っていることを意味する //m の37％であり，次いで，相手に解決を求める //e の20％である。この場面は，問題を解決しようとする欲求固執型（N-P）の反応が多い。
- ここでは，今困っている状態にあるので，なんとかして問題解決をしようとする反応が多い。したがって，単に相手を非難するような，解決につながらない反応をする場合は，感情的で合理的解決に乏しい反応とみなされる。

場面 10「君は嘘つきだと非難されている。」

1. 場面の特徴
(1) 場面：不明
(2) 阻碍者：青年男性
(3) 被阻碍者：男性
(4) 人物関係：友人，上司
(5) 阻碍要因：超自我

2. スコアリング
- 「誰でも自分の意見はもっているよ」のような反応は，相手を非難している他罰の /E/ か，相手の言ったことを否定する他罰変形因子の /E̲/ か，相手の意見を認める無罰の /M/ かは，質疑によらないとわからないので U となる。
- /E̲/ には相手の言ったことを否定する「嘘つきではない」と「本当のことを言った」という正当性を主張する反応が含まれる。

3. 反応の特徴
- 否定や反撃の他罰である /E/ が42％で最も多いが，/E/ は GCR スコアとして設定されていない。次いで，言い訳を含む自罰の /I/ が25％となっている。自罰の内容は，釈明の /I̲/ が多い。
- 「嘘つき」という厳しい非難に対して感情的な攻撃反応の /E/ か，自己の正当性を主張する /E̲/ スコアが多いが，両者ではその意味が違う。前者は感情的統制が弱い反応であり，後者は理性的な主張的反応である。この場面で /E/ が出ていないと攻撃が乏しいか，抑制されているとみられる。他罰の /E/ は出現率が高いので，GCR スコアとして設定されていないが，/E/ が出現しているかどうかに注目する。

・言い訳の /I/ 反応は弱い主張性を示しているが，言い訳が妥当な内容であるかどうかに注目する。

場面 11「夜中に間違い電話で起こされた。」

1. 場面の特徴

(1) 場面：自宅

(2) 阻碍者：成人男性

(3) 被阻碍者：女性

(4) 人物関係：見知らぬ人または知人

(5) 阻碍要因：自我

2. スコアリング

・「さようなら」「おやすみ」の反応は，穏やかな無罰の /M/ 反応とも考えられるが，これだけでは判断できないので質疑が必要である。また「……」とか，無記入の場合も意味が確認できなければ U スコアである。

・「おやすみ，ガチャン」とか，「おやすみ!!」のような怒りを表わしていることが明らかなときは，他罰の /E/ とスコアすることになる。「もう，眠たいのに」という反応は，怒りをもった反応でも，相手にそのことを伝えているわけではないので不快の E′ // とスコアする。

3. 反応の特徴

・最も多い反応は怒りのこもった攻撃の他罰スコアの /E/ が 53％で，続いて仕方がないという無罰の /M/ が 25％である。この場面は，成人用では /M/ が GCR 因子として設定されているが，青年用では /E/ になっているところが違っている。

・この場面で出てくる「交換手」の意味がわからない受検者がいるので，実施にあたってこの点に注意する。夜中に起こされたので，不快に基づいた反応が多い。

・反応が電話なので，直接相手に対して言った言葉か独り言なのかの区別が必要である。

場面 12「自分のスカーフを，彼女が間違って持っていったにちがいないと言われている。」

1. 場面の特徴

(1) 場面：外出先

(2) 阻碍者：青年男性（真の阻碍者は第三者の彼女）

(3) 被阻碍者：女性

(4) 人物関係：見知らぬ人または友人。間違って持っていった人も知らない人と知人に認知が分かれる場面である

(5) 阻碍要因：自我

2. スコアリング

・「これは誰のスカーフですか？」というのは，フラストレーション反応としてあいまいなので U となる。

・「その人はどこに住んでいるのですか？」などの反応は，住所を聞くことは本人がなんらかの方法で間違って持って帰った人に連絡する可能性が高いとみて，//i とスコアすることになっている。

3. 反応の特徴

・困ったという E′ // が 44％で最も多い反応であり，GCR スコアとなっている。次いで，自分でなんとかしようとする //i が 22％である。

・阻碍者の人物を友人と見ることもあるが，レストランのウエイターとみる受検者もいる。そのときは，ウエイターとしての不注意をとがめる反応が出やすい。

場面 13「昨日約束したけれど，今朝は会えないと断られている。」

1. 場面の特徴

(1) 場面：会社

(2) 阻碍者：成人男性

(3) 被阻碍者：女性

(4) 人物関係：ほとんどが会社の人（秘書・受付）や仕事の関係者と認知される

(5) 阻碍要因：自我

2. スコアリング

・単に「さようなら」という反応はスコアできない。

・同じ欲求固執型 (N-P) に属する //e と //m は，次の点で違いがある。//e は，すぐに会ってほしいという反応と，あとで会うにしても自分の都合に合わせて，時期を特定して会ってほしいという反応にスコアする。//m は，相手の都合に合わせて，時期を特定せずに会うときのスコアである。また，「都合のよいときに連絡してください」の下線部分は //e として，結合スコアの //e;m になる。

3. 反応の特徴

・相手を非難する /E/ が 32％で最も多く，次いで相手の都合に合わせる //m が 27％である。

・仕事上の約束を破られた状況なので，単に攻撃的な傾向のある人だけでなく，仕事に対する責任感の強い人や，誠実さを求める人では主張的な反応になりやすい。したがって，この場面での他罰反応の /E/ は必ずしも不適切とはいえない。

場面 14「彼女は 10 分前に来るはずだと言われている。」

1. 場面の特徴

(1) 場面：外出先
(2) 阻碍者：青年女性（真の阻碍者は第三者の女性）
(3) 被阻碍者：女性
(4) 人物関係：友人
(5) 阻碍要因：自我

2. スコアリング

・「時間を間違えたのかしら」の反応は，自分たちが間違えたのか (/I/)，相手が間違えたのか (/E/) によってスコアが違うので，確かめなければスコアできないので U である。

・攻撃の /E/ には，待たせている真の阻碍者に対する非難だけでなく，話し手に対する攻撃や，待たないで行ってしまう行為を意味する反応が含まれる。

3. 反応の特徴

・不快の表現である E′ // が 50％で GCR スコアであり，次いで，阻碍者の事情を察する /M/ の 15％が主な反応である。

・成人用では，登場人物が二人とも若い女性として描かれていたので，ほとんどが待たせている阻碍者も友人と認知していた。しかし，青年用では話し手が成人女性として描かれているために，場面の人物だけでなく，待たせている阻碍者を含めた人物関係をどのように見るかが多様化している。

・最近では携帯をもつことが一般化しているので，「電話をしてみる (//i)」という反応が増えている印象がある。

場面 15「相手から，私が失敗さえしなかったら，自分たちの方が勝っていたでしょうに，と言われている。」

1. 場面の特徴

(1) 場面：家庭または友人宅
(2) 阻碍者：青年女性
(3) 被阻碍者：女性

(4) 人物関係：友人

(5) 阻碍要因：自我

2. スコアリング

・「どうもすみません」という反応は，何について謝っているのかが不明であり，誤認の可能性があるので質疑がなければ U である。また，阻碍者はチームメイトとして設定されているが，敵の発言としてとらえる間違いもある。

・「これは遊びだからいいじゃないの」という反応は，相手に気遣いをしている発言とみられなくはないが，発言の内容は「事態」について向けられたものとみられるので，/M/ ではなくて M′// とスコアする。

3. 反応の特徴

・最頻反応は，相手を許容する /M/ が 55％で GCR スコアであり，次はがんばろうという //m が 19％である。

・他罰の /E/ の内容は，相手の失敗を非難することのほかに，相手の言い方が嫌味に聞こえるために非難する反応もある。この場面は，認知的能力が低い受検者では場面状況の理解がむずかしいことがある。

場面 16「君が追い越そうとしたからだと非難されている。」

1. 場面の特徴

(1) 場面：路上

(2) 阻碍者：青年男性

(3) 被阻碍者：女性

(4) 人物関係：車で通りがかりの人，ときには知人

(5) 阻碍要因：超自我

2. スコアリング

・「どうしようもないわ」という反応は，相手に対する非難の /E/ か，事故を起こした当惑の I′// かが不明なので，U とスコアする。

・「警察官にきてもらおう (//e)」と「示談にしましょう (//m)」の違いは，//e は他者に解決をしてもらうのに対して，//m は自分たちで解決を図ろうとするところである。

3. 反応の特徴

・他罰の /E/ が 52％で最頻反応であるが，GCR として設定されていない。これに自罰の /I/ が 33％で続いている。

・この場面は，相手から自己の責任を追及されているが，必ずしもそのように受け取らずに，相手を非難したり否定する反応がかなりある。これに対して，自

分の責任を認める反応も少なからず認められる。つまり，この場面は超自我阻碍として設定されているが，自己の責任を認めないで相手を攻撃するか，自分の責任を認める超自我阻碍かに認知の仕方が分かれるところに特徴がある。

・この場面は，/E/ が GCR スコアとして設定されていないが，出現率が高いので他の GCR 場面と同様に，/E/ が出現しているかどうかに注目する。

場面 17「キーをなくしたと非難されている。」

1. 場面の特徴
(1) 場面：駐車場
(2) 阻碍者：成人女性
(3) 被阻碍者：男性
(4) 人物関係：妻・恋人・母親など親しい関係者で目上の女性とみられることが多い
(5) 阻碍要因：超自我

2. スコアリング
・「スペアキーがあったはずだけど……」という発言は，キーをなくしたことに対する戸惑いとして I'// が妥当と思われるが，質疑で確認することが望ましい。
・否定の /E/ 反応として，「失くしていない」や「ここにあるよ」という反応も含まれる。

3. 反応の特徴
・自分の責任を認める自罰の /I/ が 38％で最も多く，自分で解決する //i が 31％で続いており，ほとんどが自責 (I-A) の反応である。
・場面の人物間の関係について，成人用では，女性と男性はほぼ同じ年齢であるように描かれているので「夫婦」とみられることが多い。青年用では，人物関係の見方が一定していない。ときには阻碍者が雇い主で男性が運転手と認知されることがある。この場合は，自分で解決する //i 反応が多い。夫婦とみたときは，相手を攻撃する /E/ や解決を依頼する反応の //e がしばしばみられる。

場面 18「ひとつだけ残っていたのも，売り切れてしまったと言われている。」

1. 場面の特徴
(1) 場面：商店
(2) 阻碍者：青年女性
(3) 被阻碍者：男性
(4) 人物関係：店員

（5）阻碍要因：自我

2. スコアリング
- 「ではさようなら」の反応は，フラストレーション事態に対する反応としては判断しがたいので U である。
- 「今度きたら，知らせてください」は，解決を先に延ばしているので //m であるが，この反応語に「知らせてください」という表現が加わっているので //e；m とスコアすることになっている。

3. 反応の特徴
- 残念だという E′ // が 35％で最も多く，後で手に入れようとする //m が 26％で続いている。
- 買いにきた品物が売れてしまったという場面であり，相手に過失があるわけでもないので，残念だという反応や穏やかな反応が多い。したがって，この場面で相手を非難するような反応が出てくると，かなり攻撃的な傾向があるとみられる。

場面 19「学校の前で，スピード違反を注意されている。」

1. 場面の特徴
（1）場面：学校の前
（2）阻碍者：成人男性
（3）被阻碍者：男性
（4）人物関係：警官
（5）阻碍要因：超自我

2. スコアリング
- たとえば「家に帰るところです」というような具体的な状況をあげただけでは，釈明のフラストレーション反応の /I/ としてスコアすることはできないので質疑が必要な反応である。
- U スコアの例で具体的な状況をあげたが，その状況が「警察だよ！」といった相手を挑発するような失礼な内容であれば，当然他罰の /E/ とスコアする。

3. 反応の特徴
- 責任を認めて謝罪する /I/ か，言い訳をする /I/ を含む /I/ が 77％で最も多い反応で，それに //i が 12％で続いている。
- 反応のほとんどが自責方向 (I–A) である。したがって，この場面で他責方向の反応がみられると，攻撃傾向が強い可能性がある。

場面 20「なぜ彼女は自分たちを呼んでくれなかったのか，と聞かれている。」

1. 場面の特徴

(1) 場面：家の中

(2) 阻碍者：青年女性（真の阻碍者は招待してくれなかった第三者の女性である）

(3) 被阻碍者：女性

(4) 人物関係：友人

(5) 阻碍要因：自我

2. スコアリング

・「あなたは行きたかったの？」の反応は，相手に対する嫌がらせなどの攻撃的意味をもった反応かどうかがはっきりしないので，質疑が必要である。

・この場面は，「あの人たちは，私たちを呼ぶほどの人間だと思っていないんでしょう」という自己に原因があることを認めながら阻碍者を攻撃する意味をもった $\boxed{/\text{E};\text{I}/}$ と，「どうせ行っても面白くないでしょう」という負け惜しみの $\boxed{\text{M}'/\text{E}/}$ という 2 つの融合反応が出現する可能性がある。

3. 反応の特徴

・なぜかよくわからないという E′// が 29％で最も多く，次に相手の事情を察する /M/ が 29％である。

・いわゆる仲間はずれの場面であり，このような事態をどのようにとらえるかが，受検者の対人関係の特徴を反映するだろう。

場面 21「彼女の悪口を言っているけれど，昨日事故にあって入院中だと注意されている。」

1. 場面の特徴

(1) 場面：不明

(2) 阻碍者：成人女性

(3) 被阻碍者：女性

(4) 人物関係：先生などの目上の人か，先輩と後輩といった社会的上下関係という見方が一般的場面である

(5) 阻碍要因：超自我

2. スコアリング

・「彼女って誰のことですか？」という反応は，場面の誤認ではないが，フラストレーション反応としてスコアできないので U である。

・「どこの病院ですか？」の反応は，病院名を聞く以上は見舞いに行く可能性が高いと考えられるので i// とスコアすることになっている。

3. 反応の特徴

・最頻反応は，当惑を示す I′ // が 48％で GCR スコアになっている。次いで多い反応は，自分が悪かったことを認める /I/ が 20％である。

・青年用では阻碍者が成人女性になっているので，人物関係の認知の違いが反応に影響する。この場面は自責 (I-A) の反応が多いので，もし場面にいない第三者や阻碍者を非難するような反応がみられたときは，攻撃的な傾向をもつと考えられる。

場面 22「けがはなかったか，と聞かれている。」

1. 場面の特徴

(1) 場面：道路

(2) 阻碍者：青年男性

(3) 被阻碍者：女性

(4) 人物関係：見知らぬ人で通りすがりの人

(5) 阻碍要因：自我

2. スコアリング

・「うーん」という反応は，痛さをこらえている E′ // か，恥ずかしさを表わした I′ // の表現かが不明なので質疑が必要となる。

・この場面では，障碍優位型 (O-D) に属する E′ //，I′ //，M′ // の区別がポイントである。E′ // は痛いとかけがをしたという反応に，I′ // は障碍を否定する反応に，M′ // はけがの程度は軽かったという反応にそれぞれスコアされる。「まだわからない」という反応は，「たいしたことがない (M′ //)」とみられなくはないが，相手に心配をさせている反応とみて，E′ // とスコアすることになっている。

・「大丈夫」の反応は，けがの完全否定とはいえないので I′ // ではなくて M′ // とスコアする。

・「あなたは大丈夫ですか？」や「あなたのせいではありません」という反応は /M/ になる。

3. 反応の特徴

・最頻のスコアは，けがを否定する I′ // が 63％で GCR スコアになっている。続いて相手を非難する /E/ が 11％である。

・この場面は，自分に責任がない自我阻碍場面とされているが，実際は自分の不注意で転んだと認知することが少なくない。したがって，相手のせいで転んだと認知して非難する場合は敵意的，攻撃的傾向が強いと考えられる。

場面23「叔母さんから，もう一度お別れがしたいから，待ってほしいと言われている。」

1. 場面の特徴

(1) 場面：駅

(2) 阻碍者：青年男性（真の阻碍者は叔母さん）

(3) 被阻碍者：男性

(4) 人物関係：きょうだいまたは親族が多い。なお成人用は妻と認知されることが多い

(5) 阻碍要因：自我

2. スコアリング

・「私が電話に出よう」の反応について，自分で解決する //i とスコアする間違いがしばしばみられる。実際は電話に出るだけでは問題の解決にならず，電話でどのような応答がなされたかによってスコアされるので，この点について確認できなければ U である。

・待つことはたいしたことではないという M' // と，待っている //m との区別が重要である。

・許された時間内で待つことは，自己都合の意味もあるので //e;m の結合スコアになる。M' // には，当然「待つ」//m という意味が含まれている。

3. 反応の特徴

・待っているという //m が52%で最も多い反応であり，GCR スコアになっている。次いで /E/ が19%である。/E/ の中では叔母さんを非難する内容よりも，待たずに行ってしまおうとする表現が多い。

・人物構成で，成人用では夫婦とみられる人物像になっているが，青年用では男性の青年同士として描かれているところに違いがある。

場面24「借りていた雑誌を赤ん坊が破ってしまったと謝罪されている。」

1. 場面の特徴

(1) 場面：自宅

(2) 阻碍者：成人女性（真の阻碍者は赤ちゃん）

(3) 被阻碍者：男性

(4) 人物関係：近所の人

(5) 阻碍要因：自我

2. スコアリング

・「……」はスコアの対象にならないので，質疑が必要である。

・「お子さんがいたのですか？」という反応は，それ自体は場面としてふさわしくない反応とはいえないが，フラストレーション反応分類には該当しないのでUである。

・無責方向（M-A）内の雑誌を軽視するM′//と，相手を許容する/M/との区別が重要である。

2. 反応の特徴

・相手を許容する/M/が53%でGCRスコアに設定されている。次に被害を軽視するM′//が32%であり，ほとんどがこれらの反応で占められている。

3. 児童用（III版）の特徴

最後に児童用の各場面をみてみよう。児童用では，手引きの各因子欄には出現率が1%以上の数値が記載されているが，これは結合反応を除いた数値なので，全体の因子を含んだ数値よりも多少低くなっている。

場面1「お菓子は兄さんにあげたから，残っていないと言われている。」

1. 場面の特徴

（1）場面：家庭

（2）阻碍者：女性

（3）被阻碍者：女子

（4）人物関係：母親

（5）阻碍要因：自我

2. スコアリング

・Uは5%である。

・「そうなの」という反応は，不満をあまり感じていない（M′//）とも考えられるが，あいまいすぎる表現のためにUである。

・不満のE′//と，母に対する非難・攻撃の/E/との区別が重要である。兄は直接の阻碍者ではないが，兄を非難する反応も/E/とスコアする。お菓子についての発言で「お菓子を食べたかったのに」は不満のE′//で，「お菓子がほしい」は要求の//eである。

・「なぜお兄さんにあげてしまったの」という反応は，この場面では相手の行為を非難しているとみて，他罰の/E/とスコアすることになっている。

・「今度お菓子をちょうだいね」という反応は，欲求充足の遅延である「今度

（//m）」と要求「ちょうだい（//e）」との結合スコア（//e；m）とも考えられる。しかし，この反応は欲求充足の時期が特定されていないので「欲求充足の遅延」を意味する反応として //m のみのスコアとなる。また，「明日はちょうだいね」の反応は，自分のほうから欲求充足の時期を申し出ているので，//e；m の結合スコアになる。

3. 反応の特徴

- GCR スコアは設定されていないが，他責（E-A）の反応が圧倒的に多い。/E/ が 34%，E' // が 29%，//e が 17% である。
- 反応の方向が，お菓子を食べられなかったという食べ物についての欲求不満に向けられるか，親和欲求と関連した母子関係に向けられるかの反応方向の違いが注目される。さらに，きょうだい間の差別と関連した母との関係が反映される可能性があるが，実際にきょうだいのある家族かどうかの情報をもっていると解釈に役立つ。
- この場面は P-F の最初の刺激場面という点でも反応内容が注目される。その後にどのような反応が展開していくかについてみていくこと（系列分析）は，テスト中における心理的構えの変化をみる反応転移とあわせて検討すると解釈に役立つ。

場面 2「使っていたローラースケートを返してほしいと言われている。」

1. 場面の特徴

(1) 場面：家庭

(2) 阻碍者：女子

(3) 被阻碍者：男子

(4) 人物関係：きょうだいか友人

(5) 阻碍要因：超自我

2. スコアリング

- U スコアは 1% 以下である。
- 欲求固執（N-P）の //e に //m が加わるかどうかは，「スケートを返す」という明確な言語表現がある場合に限って //e；m の結合スコアになることが判断のポイントである。たとえば，「もうちょっとだけ」は //e であり，「もうちょっとしたら返す」といえば //e；m とスコアする。「いやだ，ぼくは遊びたいんだ」という反応は //e ではなくて，相手の要求を拒否しているので他罰の /E/ になる。

3. 反応の特徴

- 最頻反応は，N-P 型の //e が 45％で GCR スコアになっている。その他に /E/ が 26％を占めている。
- この場面は人物関係の認知が反応に影響しやすい。きょうだい関係とみた場合に，阻碍者が姉か妹で反応の仕方が違い，姉または友人とみた場合に，返すという // m 反応が出やすく，妹と認知したときは攻撃の /E/ や要求の //e 反応が出やすい。
- 自分が悪かったという自責的 (I-A) の反応が生ずることもあるが，必ずしも多くない（約 3％）ので，この場面で自責方向の反応が出現したときは，自責的傾向が強いとみられる。

場面 3「男の子が授業中に話すつもりはなかったと言われている。」

1. 場面の特徴

(1) 場面：家庭
(2) 阻碍者：男子
(3) 被阻碍者：女子
(4) 人物関係：級友
(5) 阻碍要因：自我

2. スコアリング

- 単に「そうなの」という反応は，あいまいな反応なので U である。
- 低学年では，授業中に話をして居残りをさせられるという状況の理解が困難な場合もある。そのために，この場面は U が 24 場面中で最も多くて 11％となっている。
- 自責的反応で，「いいよ，私が悪いんだから (/I/)」と，「いいよ，私も悪いんだから (/I;M/)」のスコアの違いは，前者は自分の責任を認める内容なので /I/ のみであり，後者は相手を許容しながら自分の責任も認める意味なので /I;M/ の結合スコアとなる。
- 「今度から気をつけてね」という反応は，「今回はいいよ」という /M/ の意味を含んでいるようにみえるが，明確な言語表現をしていないので，/M/ のスコアはつけないで他罰の /E/ だけである。また，「気をつけて」という表現は，相手に対する要求の e// ではなくて，忠告の /E/ とスコアすることになっている。多くの場合に，「……しないで」という反応も忠告の意味ならば /E/ とスコアする。

3. 反応の特徴

- 自我防衛 (E-D) が多く，/E/ が 29％，/I/ が 14％，/M/ が 13％である。

・「なぜ話しかけてきたの」という反応は，従来は I′ //e とスコアすることになっていたが，解説書 2020 年版（秦・安田，2020）より他責（E-A）方向の反応としてスコアすることになったので，注意が必要である。

場面 4「壊れたおもちゃの自動車を直せないと言われている。」

1. 場面の特徴

(1) 場面：家庭

(2) 阻碍者：女性

(3) 被阻碍者：女子

(4) 人物関係：母親

(5) 阻碍要因：自我阻碍場面であるが，自分が壊したという超自我阻碍場面として認知することがある

2. スコアリング

・U スコアは 3% である。

・自分で直すという反応は //i であり，誰か他者に直してもらうのは //e とスコアされるのが基本である。しかし，誰か他の人に直してもらう場合でも，自分でそれを依頼する場合は //i となる。ただし，これは，おもちゃ屋さんなどに持って行く場合であって，父親に直してもらうのは //e とスコアされる。

・「仕方がない」という反応は，フラストレーションを軽くみなしている M′ // ともとれなくはないが，一般的には，相手を許容している反応とみて /M/ とスコアする。しかし，質疑で確認することが望ましい。

・「どうして？」という反応は，不満の E′ // か攻撃の /E/ かは質疑によって確認することが望ましい。

3. 反応の特徴

・最頻反応は //e の 37% であり，GCR スコアとして設定されている。次いで E′ // が 22%，//i が 17% になっている。

・母子関係を反映するが，母親の能力に対する見方，自動車が壊れたこと，自動車に対する事後処理をどうするかなどの，どの側面を強調するかによって受検者の関心の方向がうかがえる。

・この場面は，自動車を直すという建設的な処理を取りうるかどうかが一つの観点である。つまり，欲求固執型 (N-P) 内における依存的な方法 (//e) か，自立的な方法 (//i) か，または我慢をする (//m) などの解決方法の中で，どの解決方向が強調されるかが注目される。

場面5「お金がないので人形が買えないと言われている。」

 1. 場面の特徴
　(1) 場面：家庭
　(2) 阻碍者：女性
　(3) 被阻碍者：女子
　(4) 人物関係：母親
　(5) 阻碍要因：自我阻碍

 2. スコアリング
　・U スコアは4％である。
　・ときには「ありがとう」という反応がみられる．これは誤認の可能性が高いのでUになるが，質疑によって確認する必要がある。
　・単に「そうなの」という反応がよく出てくるが，意味があいまいなのでUである。
　・「人形がほしい」は要求の //e であり，「人形がほしかったのに」は不満の E′ // とスコアする。欲求固執型 (N-P) で，その場で手に入れることを要求しているときには //e である。代わりのものを要求したり，時期を特定して買ってもらうことを要請している場合は //e;m の結合スコアになるが，時期を特定していなければ //m だけをスコアする。
　・「なぜお金持ちではないの」という反応は，相手を非難しているというよりも不満感情を表現しているとみなして E′ // とスコアする。

 3. 反応の特徴
　・この場面は GCR が設定されていない。N-P 型が多く，//e が30％，//m が20％，//i が3％の出現率である。
　・/E/ の出現率は少なくて4％にすぎない。
　・反応が人形を手に入れることに向けられるか，父子関係に向けられるかが注目される。

場面6「小さいから一緒に遊べないと言われている。」

 1. 場面の特徴
　(1) 場面：近隣
　(2) 阻碍者：年長の男子
　(3) 被阻碍者：男子
　(4) 人物関係：兄とその友人，または年長の仲間
　(5) 阻碍要因：超自我（自我）

2. スコアリング

- U スコアは 2%である。
- 「一人で遊ぶよ」という反応は，自分で解決する //i のようにもみえるが，社会的に適応した解決なので //m とスコアする。//i は単独の反応よりも，「ちゃんとするから遊んでよ (//e;i)」のような結合スコアとして出現することが多い。
- この場面では，「こっちも遊びたくないよーだ」というような，負け惜しみの融合反応 $\boxed{\text{M}'/\text{E}/}$ がしばしばみられる。
- フラストレーション事態を軽くみる M′ // の反応と，負け惜しみの反応との区別が重要である。明確な負け惜しみと理解できる表現がないかぎり，M′ // だけをスコアする。
- 「今度遊んでね」という反応は，場面 1 の説明と同様に，要求の //e を含んだ結合スコアの //e;m ではなくて，//m 単独のスコアである。

3. 反応の特徴

- この場面では，他責方向 (E-A) の反応が約 7 割を占めている。その中で //e が 21%で最も多く（GCR），次いで /E/ が 21%，E′ // が 4%と続いている。その他は /M/ が 6%，//m が 5%である。
- 兄ないし年長者に対する態度を反映する。遊びたいという欲求を重視する反応と，「小さい子」という表現に対して反発して「小さくても遊べる」というように，自尊心の保持にかかわる反応に大別できる。また攻撃的な反応 (/E/) でも「お母さんに言いつけてやる」といった幼稚な反応か，直接相手を攻撃する反応かなどの反応内容で解釈に違いが出てくる。
- この場面でのアグレッション方向は，自責方向 (I-A) がいずれも 1%以下であるのに対して，無責方向 (M-A) の因子がそれぞれ 2 〜 6%出現している。また，他罰の /E/ は 20%以上であるが自罰の /I/ は 1%に満たない。これらのことから，この場面は超自我阻碍場面として設定されているが，むしろ自我阻碍場面と認知する受検者が多いことを示している。

場面 7「花を盗ったと非難されている。」

1. 場面の特徴

- (1) 場面：自宅または近隣
- (2) 阻碍者：女性
- (3) 被阻碍者：女子
- (4) 人物関係：母または近所のおばさん
- (5) 阻碍要因：超自我

2. スコアリング

- U スコアは 1％である。
- この場面は，超自我阻碍場面なので自責方向 (I-A) の反応が多くなる。「許してください」という反応は，自己の責任を認めていることが前提となっている反応なので，依存的欲求の //e ではなくて，/I/ とスコアすることになっている。もし，「許してください」とか「私が悪かった」という罪を認める反応が //i 反応と同時に表現されたときは，結合スコア（/I/i）となる。
- この場面で //e とスコアされるのは，「花がほしい」という意味に限られており，許しを乞う反応は /I/ とスコアされる。

3. 反応の特徴

- 自責方向 (I-A) が 8 割を超えている。その中で，自罰の /I/ が 74％で最も多い (GCR)。その内容は，結合スコアを含めると，謝罪の /I/ が 33％，釈明の /I/ が 42％であり，釈明する反応のほうが多く，//i が 7％と続いている。その他として，/E/ の 12％がある。
- この場面は，超自我阻碍場面の中でも最も自罰的な反応が多い。とくに左の人物を近所のおばさんと認知した場合は，謝罪や言い訳をする反応が多くなる。阻碍者を母とみた場合は，他罰反応の /E/ が出現することがある。このように，人物認知と反応は関連しているが，この場面で自責的な反応がみられなければ，自己の不正行為についての処理に問題のあることがうかがわれる。
- この場面は，花を盗った非行行為という点で場面 13 と共通したところがあるので，場面 13 の反応も参照することが望ましい。

場面 8「人形を壊したと非難されている。」

1. 場面の特徴

- (1) 状況：友人宅または自宅
- (2) 阻碍者： 女子
- (3) 被阻碍者：女子
- (4) 人物関係：友人または姉妹
- (5) 阻碍要因：超自我

2. スコアリング

- U スコアは 1％である。
- この場面は超自我阻碍場面なので，自責方向 (I-A) の反応が最も多い。弁償するという反応に「すみません」という単なる慣用的な謝罪の反応が加わったときは，//i だけのスコアである。弁償する反応に「許してください」という明ら

かに自己の非を認めるような表現が加わった場合は，/I/i の結合スコアになる。

3. 反応の特徴

・自責方向 (I-A) が約 7 割であり，その中で /I/ が 56％で最も多くて，GCR に
設定されている。内容的には結合スコアを含めた謝罪の /I/ が 35％，言い訳
の /I/ が 23％であり，謝罪のほうが多く出現している。次いで，//i が 12％，
その他は /E/ が 26％出現している。

・左の人物を友人と認知した場合は，謝ったり，言い訳をする反応が多く，姉妹
と認知したときは，否認 (/E/) や攻撃 (/E/) が出やすい。

・この場面では，明らかに相手から人形を壊したと非難されているにもかかわら
ず，壊したことを否定する反応がみられたときは，罪悪感の処理に問題がある
だろう。また，超自我因子の否認や言い訳の内容をみると，個別的な解釈に役
立つことが多い。

場面 9「勝ったからおもちゃは全部自分のものだと言われている。」

1. 場面の特徴

(1) 状況：自宅または友人宅

(2) 阻碍者：男子

(3) 被阻碍者：男子

(4) 人物関係：友人

(5) 阻碍要因：自我

2. スコアリング

・U スコアは 2％である。

・欲求固執反応 (N-P) の中で，「もう 1 回やってくれ」は相手に直接要求してい
るので //e であるが，「今度またやろう」は欲求充足の遅延でとくに時期を特
定していないので //m となる。

・自分が負けたことを認める反応は /M/ ではなくて /I/ とスコアする。

3. 反応の特徴

・最も多い反応は //e の 46％で全体の半数以上を占めている (GCR：//e)。次
いで /E/ が 19％である。

・負けたことを受け入れるか，あくまでも自分のものにしたい欲求が強いかに分
かれるが，自分が負けたことを認める反応 /I/ は 5％にすぎない。

・勝負についての態度が問われる場面でもある。自分の負けをどのように受け入
れるかが注目され，ときには負けたことを認めたくなくて否定するような反応
もみられる。また，所有欲が強ければ「もっていくな (/E/)」とか「分けてちょ

うだい（//e）」などの反応になるだろう。

場面 10「悪いことをしたばつに家から閉め出して悪かったと謝られている。」

1. 場面の特徴

（1）場面：家庭

（2）阻碍者：女性

（3）被阻碍者：女子

（4）人物関係：母子

（5）阻碍要因：自我阻碍とされているが，超自我阻碍も関係している

2. スコアリング

・U スコアは 4％である。

・ときには「ありがとう」という反応がみられる。この反応は無責方向（M-A）に属する反応とも考えられるが，場面誤認の可能性もあるので確認が必要である。

・この場面で「いいよ」という反応だけであれば無罰の /M/ とスコアするが，その後に続く表現によってスコアの仕方が変わってくる。すなわち，「いいよ，私が悪かった」は，自分に責任があることを認めているので自罰の /I/ であり，「いいよ，私も悪かった」は，自分の責任を認めているものの，相手の許容も含まれているので /I;M/ の結合スコアになる。

3. 反応の特徴

・場面は自我阻碍と超自我阻碍の両方が含まれているので，どちらの場面として認知したかが反応に影響する。実際は，自責方向（I-A）の反応が約 55％で，他責（E-A）が 20％，無責（M-A）が 20％なので，超自我阻碍場面と認知する受検者が多い。

・/I/ が 45％で最も多い反応で GCR に設定されており，同じ自責の //i は 8％である。その他，/E/ が 14％，/M/ が 13％みられる。

・自我阻碍場面として設定されているが，自責方向（I-A）が多くて GCR スコアも自罰の /I/ であることから，一般的にはむしろ超自我阻碍場面とみるほうが妥当だろう。したがって，GCR の一致度の内容を調べるときは，この場面を超自我阻碍場面として検討することが望ましい。

場面 11「太鼓をたたいている男の子が，お母さんが寝ているから静かにするように注意されている。」

1. 場面の特徴

（1）場面：家庭

(2) 阻碍者：男性

(3) 被阻碍者：男子

(4) 人物関係：父子

(5) 阻碍要因：自我（超自我）

2. スコアリング

・Uスコアは1％で，「だって……」という中途半端な答えがよくある，続く言葉が確認できればそれにしたがって釈明の /I/ とスコアできるが，それ以上の表現がなければ U である。

・この場面で「いいよ」という反応は，相手を許容している /M/ ではなくて，指示に従うという意味なので //m とスコアする。

3. 反応の特徴

・最頻反応は /I/ の39％（GCR），続いて //m が27％，/E/ が10％となっている。この場面では，「外でならすよ」などの //e;m 反応が4％みられた。

・無責方向（M-A）の反応が32％で，自責方向（I-A）の反応が40％あるところからみても，この場面を超自我阻碍場面と認知するものがかなりいることを示している。

・人物では，父子関係ないし母子関係を反映するとみることができる。素直に親の注意に従うかどうかが注目される。課題を成し遂げなければならない義務感の強いときは，「宿題だから」という弁明の /I/ や，欲求固執の「宿題でしなければならない（//e）」などの反応として現われる。

・この場面も場面10と同様に自我阻碍場面として設定されているが，自罰の /I/ が GCR スコアになっていることから，超自我阻碍場面とみられることが多い。

場面 12「弱虫だと言われている。」

1. 場面の特徴

(1) 場面：近隣または学校

(2) 阻碍者：男子

(3) 被阻碍者：男子

(4) 人物関係：友人，ときにはきょうだい

(5) 阻碍要因：超自我

2. スコアリング

・Uスコアは3％であり，多くは「あっそう」といったあいまいな反応である。

・攻撃的な「お前も弱虫だ」という反応は，自分が弱いことを認めていると思わ

れるが，全体的な表現として相手に対する挑戦的な意味が強いので，他罰の /E/ とスコアする。

・この場面では，負け惜しみの反応（ M′/E/ ）がしばしば出てくるが，気にしていないという M′ // 反応との区別が必要である。

・「なんで？」とか「どうして？」という反応は，I′ //e とスコアすることになっていたが，解説書 2020 年版（秦・安田，2020）よりそれぞれが意味するところを慎重に判断してスコアすることになった。

3. 反応の特徴

・GCR は他罰の /E/ であり，反応比率も単独で 65％を占めている。結合スコアを含めると 72％で圧倒的に多い反応であり，その中で否定の /E/ は 26％である。

・「弱虫のどこが悪い」といった負け惜しみの M′/E/ の反応も 6％みられる。

・弱虫といわれて，それを否定する /E/ や相手を攻撃する /E/ 反応が一般的であり，全場面の中で最も多くの他罰反応がみられる場面である。したがって，この場面で弱虫だといわれて他罰反応の /E/ が出ないようであれば，劣等感の強いことや相当気が弱いことが考えられる。

場面 13「（果物を）盗っただろうと非難されている。」

1. 場面の特徴

(1) 場面：近隣

(2) 阻碍者：男性

(3) 被阻碍者：男子

(4) 人物関係：果樹園の持ち主

(5) 阻碍要因：超自我

2. スコアリング

・U スコアは 11％で，場面 3 の次に U スコアが多い場面である。

・敵意的攻撃が，捕まえた男性または逃げていく友人に対して表現された場合でも，相手に関係なく他罰の /E/ とスコアするのが原則である。「おーい，逃げるな」という反応は，不快の E′ // よりも，逃げている友人に対する非難とみて /E/ とスコアするのが妥当であり，「あいつらだけ逃げてしまったか」というような，自問自答的な発言は，不満の E′ // とスコアできるだろう。

3. 反応の特徴

・最も多い反応は /E/ の 22％である。この中には，直接捕まえている大人に対して向けられた攻撃的反応と，逃げていく子どもたちに向けられた非難の反応

がある。

・この場面は，盗みという非行行為についての対応をみていることは場面7との共通性がある。したがって，この場面の反応と場面7も参照することが解釈上有効である。

　児童用の旧版は，捕まえられた男子の顔が捕まえた男性のほうを向いていたが，Ⅲ版では原図版と同じように逃げていく子どもたちの顔の向きが変更されている。このことによって，旧版に比べて，逃げていく子どもたちに向けられた反応が増加している。

場面14「部屋の中にいる男の子が，何をしているかと聞かれている。」

1. 場面の特徴

（1）場面：家庭

（2）阻碍者：男性

（3）被阻碍者：男子

（4）人物関係：父子

（5）阻碍要因：超自我（自我）この場面が超自我阻碍として設定されているのは，一人で部屋にいる男の子が何か悪いことをしたために部屋に閉じこもっている場面と想定されるからである。自分の非について説明ないし告白が求められるが，超自我阻碍場面としてはあまり明確でないために，単に父から何をしているかと説明を求められた場面で，フラストレーションとは受け取らない受検者が少なくない。

2. スコアリング

・Uスコアは2％であり，ときには無言と記入してあることもある。反抗的な意味で無言であることが明確であれば，/E/ とスコアできる。

・「何もしていない」という反応は，フラストレーションをあまり感じていないM' // のように受け取れなくはないが，父親の要求に応えていないという意味で，/E/ のスコアになる。

・M' // は，「宿題をしている」などのなんらかの合理的な説明があるときにスコアされる。もし，答えの内容が状況からみて合理的でなくて，相手を馬鹿にするような「逆立ちしている」などの反応ならば他罰の /E/ になる。

3. 反応の特徴

・/E/ が48％，M' // が44％であり，この2つの因子が代表的な反応で，両者ともにGCRスコアに設定されている。/E/ スコア中で /E/ は約1/3出現しており，その内容は，「何もしていないよ」という表現が多い。

・この場面は，フラストレーションの内容が判断しにくい場面であるが，親の指示にどのように応えるか（支配一服従関係）が注目される。単に父親が子どもの様子を聞いている場面と認知すれば，素直に何かをしていると答える M′ // 反応になるだろう。しかし，自分にとって不都合なことがあるときや，父に対する反抗心があれば攻撃的な反応となることもある。前述の「何もしていない」という答えは /E/ とスコアされるが，否定としての意味は弱い。

・児童用旧版では女性（母）が阻碍者として描かれていたが，III 版では原図版と同じように男性（父）に変更されている。

場面 15「倒れている男の子が，けがはなかったかと聞かれている。」

1. 場面の特徴

(1) 場面：家庭

(2) 阻碍者：女性

(3) 被阻碍者：男子

(4) 人物関係：母子

(5) 阻碍要因：自我阻碍場面であるが，自分で倒れたという超自我阻碍場面と認知することもある

2. スコアリング

・U スコアは 1％以下である。

・ここでは，主として障碍を感じる程度がスコアリング上のポイントになる。障碍を認める反応が E′ //，障碍を否定するのが I′ //，障碍を認めたうえでたいしたことはないといういわば中間的な反応が M′ // である。ただし，「まだわからない」という反応は中間的反応で M′ // のように思えるが，相手に懸念させるという意味から，E′ // とスコアすることになっている。

・「うわーっ！」というような簡単な反応でも，驚きを示しているので E′ // とスコアできるだろう。

3. 反応の特徴

・ほとんどが障碍優位 (O-D) の反応である。その中で，I′ // が 61％，E′ // が 19％，M′ // が 9％になっている。助けを求める //e 反応は 1％以下なので，この場面で //e 反応が生じることは依存心の強さをうかがわせる。

・けがについてどの程度強調するかがこの場面の中心であるが，母親らしき人に対する男の子の態度にも注目したい。助けを求める反応は，依存的な傾向を示している。

・この場面は，全場面の中で最も /E/ が少ない場面であり，階段から落ちたのは，

自分の不注意とみるのが一般的である。しかし，ときには女性から突き飛ばされたという敵意的な見方をして，攻撃的反応をする受検者もいる。

場面 16「小さい子が女の子のボールをとったのはいけないことだと言われている。」

1. 場面の特徴

(1) 場面：近隣

(2) 阻碍者：小さい女子

(3) 被阻碍者：女子

(4) 人物関係：対話をしているのは，母または小さい女の子の母

(5) 阻碍要因：自我

2. スコアリング

・U スコアは 6％である。この場面で「すみません」という謝罪の反応がみられたときは，右の被阻碍者が叱られていると誤認した可能性があるので，確認が必要である。

・他罰の /E/ は，怒りや非難が話しかけている女性に向けられた場合と，小さい女の子に向けられた場合がある。

3. 反応の特徴

・/M/ が 34％で最も多い（GCR）。次いで M′ // が 20％，//m が 1％と続き，無責方向（M-D）が半数以上を占めている。

・この場面の話し相手は大人の女性である。しかし，多くの反応は，フラストレーションの原因になっている小さい女の子の行為に対するものである。無責以外では，非難の /E/ が 18％，要求の //e が 12％などの他責方向（E-A）の反応がみられる。

・小さな子どもに対する見方や態度を反映する場面である。養護の欲求に基づいて，小さい子どものしたことだからと許容的な反応をするのが一般的なので，この場面で小さい子に対する攻撃的な反応がみられたときは，幼い子どもに対する受容的な態度に乏しいことがうかがわれる。

場面 17「出かけるから寝ているように指示されている。」

1. 場面の特徴

(1) 場面：家庭

(2) 阻碍者：男性と女性

(3) 被阻碍者：男子

（4）人物関係：両親

（5）阻碍要因：自我

2. スコアリング

・Uスコアは1%以下である。

・この場面で「いいよ」とか「別にいいよ」などの反応は，相手に対する許容の /M/ ではなくて，指示に従う //m とスコアする。

3. 反応の特徴

・//m が63%で最も多く，GCRスコアとして設定されている。さらに，待っているから何か買ってきてなどの結合スコアの //e;m も16%出現している。

・両親の指示に対する反応が注目される場面である。両親の指示を守るのか，一緒に行きたいと訴えるのか，代償を求めるのかなどに反応の方向が分かれる。

・一人で留守番をする不安と自立心との葛藤がみられる場面でもある。

・この場面で他罰の /E/ は4%できわめて少ないので，攻撃的な反応があれば，両親への反発心が強いとみられる。

場面18「誕生会に招待しないと言われている。」

1. 場面の特徴

（1）場面：近隣

（2）阻碍者：女子

（3）被阻碍者：男子

（4）人物関係：友人

（5）阻碍要因：自我

2. スコアリング

・Uスコアは4%である。「ありがとう」という反応がみられることがあるが，これは「呼んでくれる」と誤認した可能性があるので，質疑が必要である。

・「いいよ」という反応は，相手に対して許容しているので無罰の /M/ とスコアする。M′// との区別は反応方向の違いにあり，M′// は人ではなくて障碍に対する反応である。M′// は，フラストレーションを軽くみなす反応であるが，それが明確に言葉で表現されていないにもかかわらず，負け惜しみで言っているのではないかと判断して M′/E/ とスコアする誤りがしばしばみられる。もちろん，この表現に負け惜しみの感情が背景としてかかわっている場合が少なくないが，スコアリングは客観的な表現に基づいてなされるべきである。

・「なんで？」とか「なぜ？」という反応は，場面12と同様に機械的に I′//e とスコアしないように注意すべきである。

3. 反応の特徴

・最頻反応は M´ // の 22％であるが，負け惜しみの融合スコア M´ /E/ も 10％
出現するので，M´ // の総計は 27％になる。この場面は，結合スコアが全場面
中で最も多く出現しており，39％になっている。

・この場面は友人関係を反映しているので，相手から拒否されたときの親和欲求
や，自尊心の維持にどのような態度を示すかが注目される。とくに，学校でい
じめやのけ者にされた経験のある子どもにとっては関心の深い場面だろう。

場面 19「寝小便をするなんて弟よりもだめだと非難されている。」

1. 場面の特徴

(1) 場面：家庭

(2) 阻碍者：女性

(3) 被阻碍者：男子

(4) 人物関係：母子（弟）

(5) 阻碍要因：超自我

2. スコアリング

・U スコアは 5％である。単に「だって……」という反応がときにみられる。こ
れは言い訳として /I/ とスコアするには釈明の内容が表現されていないので U
となる。

・否定の /E/ と言い訳の /I/ がよく出現する場面であり，この両者の区別が重
要である。たとえば，「水をこぼしたんだ」という反応は，寝小便とは違うこ
とを主張しているので，言い訳の /I/ ではなくて否定の /E/ である。

・単に「はい」という反応は簡単な表現であるが，寝小便を認めたことを意味し
ているので /I/ とスコアする。

・「弟がしたんだ」という反応は，自分ではないという意味を含んでいるが，表
現としては弟のせいにしているので /E/ ではなくて /E/ である。

3. 反応の特徴

・最頻反応は，寝小便したことを認めて謝罪する自罰の /I/ が 45％であり，
GCR スコアに設定されている。その中で，言い訳の /I/ は約半数含まれている。
他罰反応の /E/ も 23％みられるが，その内容はほとんどが攻撃的な /E/ であり，
否定の /E/ は 4％程度である。

・寝小便した事実を認めないで，否定する受検者もいる。寝小便という事実に対
する反応か，弟と比較されているところに反応の方向が向けられるかによって，
受検者の関心の違いがうかがわれる。後者の場合はきょうだい関係を反映する。

場面 20「間違ってこまを跳ね飛ばしたと謝られている。」

1. 場面の特徴

(1) 場面：近隣または自宅

(2) 阻碍者：男子

(3) 被阻碍者：男子

(4) 人物関係：友人

(5) 阻碍要因：自我

2. スコアリング

・U スコアは 1％である。この場面で「ごめんね」という謝る反応は，場面認知の誤りと考えられるので U であり，質疑が必要である。

・「今度から気をつけろ (/E/)」は，今回はいいから (/M/) という意味を含んでいるようにみえるが，「いいけど，今度から気をつけて」などのように，それがはっきりと表現されているときにかぎって無罰の /M/ を採用して /E;M/ の結合スコアになる。

3. 反応の特徴

・最頻反応は /M/ が 38％で，GCR スコアに設定されている。その他としては，M'// が 21％，//m が 18％でほとんどが無責方向 (M-A) である。直接相手を攻撃する反応の /E/ は 12％で少ない。

・コマ遊びではよく起こりがちな状況であり，相手のこまを飛ばすのもルールのうちだとみる受検者も少なくない。比較的フラストレーションの程度が低い場面なので，許容的な無責方向 (M-A) に属する反応が多い。したがって，この場面で攻撃的な反応が出るときは被阻碍者意識が強くて攻撃性の強いことがうかがわれる。

場面 21「昼からもブランコに乗るつもりだと言われている。」

1. 場面の特徴

(1) 場面：近隣

(2) 阻碍者：女子

(3) 被阻碍者：女子

(4) 人物関係：友人，姉妹，見知らぬ女の子

(5) 阻碍要因：自我

2. スコアリング

・U スコアは 9％で 3 番目にスコア不能が多い場面である。これは「そうなの」，とか「へぇー」といったあいまいな反応が多いことによる。

- //mと //e;m の違いは，//mは「じゃ他の遊びをしよう」というような，漠然とした代理による問題解決を図る反応のスコアである。これに対して //e;m は，「かくれんぼしないか」などのように，相手に特定の遊びを自分から誘いかけるような意味が含まれているときの反応に対するスコアである。

3. 反応の特徴

- 他責方向 (E-A) の反応が 86％であり，他責方向の反応に集中している場面である。最頻反応は，「かわってほしい」という //e スコアが 51％で GCR スコアになっている。次いで，相手を非難攻撃する /E/ が 21％であり，E′// が 4％で続いている。
- 人物関係をどのように認知するかが反応に影響する場面である。ぶらんこは比較的幼い子どもの遊びであるが，自分も乗りたいという反応が最も多い。人物関係では，ぶらんこに乗っているのが幼い子どもと認知したときは，ぶらんこに乗っている阻碍者に注意する /E/ の反応がしばしばみられる。

場面 22「先生から遅刻だと言われている。」

1. 場面の特徴

(1) 場面：学校

(2) 阻碍者：女性

(3) 被阻碍者：男子

(4) 人物関係：先生と生徒

(5) 阻碍要因：超自我

2. スコアリング

- U スコアは 2％である。
- この場面でのスコアリングで，障碍優位型 (O-D) の E′// と I′// の区別がつきにくいことがある。E′// は不満や不快の表現であり，I′// は自責を根底にした驚きや羞恥の反応にスコアされる。
- 「しまった」という反応は，不快な感情には違いないが，自分の失敗を認めて後悔している意味にとれるので，E′// よりも I′// とスコアするのが妥当だろう。
- /I/ の反応で，たとえば自己の過失によるのか，他人のせいにするのがなどの釈明の内容が注目される。

3. 反応の特徴

- ほとんどが自責方向 (I-A) の反応である (68％)。その中で，/I/ は 67％であり，GCR スコアとして設定されている。言い訳の /I/ は結合スコアを含めて 19％

であり，その内容は「寝坊をした」という答えが多い。

・他責方向（E-A）の中では，攻撃的な /E/ が 5％，不快の E′ // が 4％でほぼ同じ程度に出現している。

・級友のいるところで，遅刻という明らかな過失を指摘された自尊心にかかわる障碍場面である。とくに，登校に問題のあるような受検者の反応が注目される。学校場面として，場面 3 と共通点がある。

場面 23「スープが冷めたことを謝られている。」

1. 場面の特徴

（1）場面：家庭
（2）阻碍者：女性
（3）被阻碍者：男子
（4）人物関係：母子
（5）阻碍要因：自我

2. スコアリング

・U スコアは 2％である。

・無責方向（M-A）の反応が多いが，その中でアグレッション型の区別は，M′ // はフラストレーションの軽視，/M/ は相手を許容する，//m はそのまま食べるというように反応の内容的な違いがある。たとえば「冷めてもたいしたことない」が M′ //，単に「いいよ」という反応は /M/，「そのまま食べる」は //m となる。

3. 反応の特徴

・この場面は，すべての因子が 1％以上出現する。したがって，多様な反応がみられるという特徴をもった場面でもある。アグレッション方向では無責方向（M-A）の反応が約 55％であり，最頻反応はたいしたことはないという M′ // が 30％であり，次いで /M/ が 24％となっている。他責方向（E-A）では，「温めてほしい」という要求の //e が 21％である。自責方向（I-A）は全体で約 10％出現している

・おつゆが冷めてしまった原因について，自分が遅かったためだという自罰的反応の /I/ が出ることもある。しかし，出現数は少ないので，この場面で自罰的な反応がみられると，フラストレーションの原因を必要以上に自己の責任と認知する傾向があるといえる。

・食べ物についてのフラストレーションだけでなく，母が自分のことを十分にかまってくれない親和欲求の阻碍という母子関係に関する見方もある。

場面24「手が汚れているから本を出す前に洗うように注意されている。」

1. 場面の特徴

(1) 場面：図書館

(2) 阻碍者：女性

(3) 被阻碍者：男子

(4) 人物関係：図書館員

(5) 阻碍要因：自我阻碍として設定されているが，手が汚れているという超自我阻碍場面と認知することがしばしばある

2. スコアリング

・Uスコアは1%以下である。

・この場面で「じゃいいです」という反応がときにみられる。この反応は，評定者によって受け取り方が違う。たとえば，反抗的とみて /E/ とか，慣習に従う //m とスコアする評定者がいる。しかし，書かれた言葉の表現からは，「あきらめて本を借りずに帰る」という意味にとれるので，フラストレーションの感じ方が弱い M′ // が妥当であろう。//m ならば，なんらかの方法で「本を借りる」という問題解決（欲求固執）につながる反応でなければならない。もちろん，テスト後の質疑によって反抗的表現であることが明確であれば，/E/ とスコアできる。

・「今度から洗います」の反応は，今後は行為を改めるという意味で //i とスコアされやすいが，この場面では「すぐに洗うこと (//m)」の言及があったうえで「今度からも洗う」というときに初めて //i とスコアすることができる。したがって，「今度から洗う」という反応だけならば，指示には従うという意味で //m とスコアするのが妥当だろう。

3. 反応の特徴

・最頻反応は //m の67%で，相手の指示に従う内容が多く，GCRスコアに設定されている。その他の反応は，いずれも10%以下である。

・当然守らなければならない社会的慣習や規則に対する態度と関連しているので，大人から指示されている他の場面 (11，14，17) とあわせて検討することが望ましい。

自宅のソファに座るローゼン
ツァイク（1996 年，著者撮影）

11章

ローゼンツァイクの個人史

　ソール・ローゼンツァイク（Saul Rosenzweig）は，P-F の原作者としてよく知られている。しかしそれだけではなく，臨床心理学の領域においてさまざまな創造的・先駆的な業績を残したことは，日本ではあまり知られていないように思われる。そこで，彼の経歴と業績について紹介することにした。ここで参考にした主な文献は，ローゼンツァイクが亡くなる直前に公表した彼自身による自叙伝（Rosenzweig, 2004），ダンカン（Duncan, 2002）によってローゼンツァイクの生前に行なわれたインタービュー，カウフマン（Kaufman, 2007）によるローゼンツァイクの追悼文などである。

1. 経歴

　ローゼンツァイクは 1907 年 2 月 7 日，アメリカのマサチューセッツ州ボストンで誕生し，その後ボストン近郊のモールデン市に移り青年期までを過ごした。ローゼンツァイクの祖父は 1890 年に，一人息子（ローゼンツァイクの父）の徴兵を逃れるために，ロシアからアメリカに移住してきた。祖父は正統派ユダヤ教の先唱者であり，聖像の金細工師でもあった。父は時計職人と宝石商を営んでいた。彼が 4 歳のときに弟が誕生したが，弟は 19 歳の若さで水難事故によって亡くなっている。弟の突然死はローゼンツァイクにとって忘れることのできない出来事であり，後に「統合失調症の病因におけるきょうだいの死の影響」という論文を書いたこととも関係している。

　またローゼンツァイクは，13 歳のときに夏の休暇中に出かけた農場での事故によって左目の視力を失っている。

　1921 年から 1925 年にかけてモールデン高校に在学し，在学 4 年間の成績がトップだったので，卒業式において答辞を述べる役割を与えられた。

1925 年から 1929 年はハーヴァード大学で過ごし，卒業時には最優秀生としての栄誉に輝いた。学部での主専攻は哲学であったが，精神分析にも興味をもっていた。卒業論文は「哲学者の理論と精神分析との関連」を追究したものであり，ショーペンハウアーの人生と業績はフロイトのエディプス・コンプレックス，ニーチェはアドラーの劣等感，ベルグソンはユング理論と関連づけられるとした。

　大学時代の 1927 年から 1929 年にかけて，3 名の著名な学者の講義を聴講している。それは哲学者のホワイトヘッド（Whitehead, A. N.；『プロセスと現実』の著者），ボーリング（Boring, E. G.；『実験心理学史』の著者），モートン・プリンス（Morton Prince, M. D.；『パーソナリティの臨床的実験的研究』の著者）であり，1927 年にはモートン・プリンスの著名な多重人格に関する講義を聴講している。

　1927 年から 1928 年にかけてマレー（Murray, H. A.）らが「ハーヴァード臨床クリニック」を設立したが，ローゼンツァイクは，そのメンバーになるべく応募したときのエピソードを自伝で語っている。応募のための面接の際に選考者のマレーから，指定のコースを履修していないという理由でいったん選考の承認を断られた。ローゼンツァイクは，面接の帰りぎわに「実は『哲学と心理学』というテーマで卒業論文を書いたのですが」とつぶやいた。それを聞いたマレーは，ローゼンツァイクを呼び戻し 2，3 の質問をしたあとで選考承認のサインをしたという。もし，そのときにマレーの研究室に所属していなければ，おそらくローゼンツァイクのその後の進路は大きく違っていただろう。

　当時の心理学の教員はマレーや実験心理学者ボーリングのほかに，パーソナリティの研究者として著名なオルポート（Allport, G. W.）や新進の研究者であった学習心理学のスキナー（Skinner, B. F.）などが在籍していた。スキナーとはローゼンツァイクが卒業後も親しい交流が続いた。

　ローゼンツァイクは 1927 年から 1934 年までハーヴァード臨床クリニックに所属している。その間の 1929 年から 1932 年にかけて大学院で行なった研究は，精神分析理論と実験心理学を結びつけることであり，1932 年に Ph.D. を取得している。

　大学院を修了後に最初に赴任したのはボストン市の近郊にあるウースター市の州立病院で，1943 年までの 9 年間を過ごした。その間にクラーク大学の客員教授を務めている。なお，後にローゼンツァイクの夫人になるルイーズ・リッタースカンプ（当時は精神医学的ソーシャルワーカーの実習生）と出会い，1941 年に結婚した。彼女は，これまでにローゼンツァイクとの共同研究をいくつか発表しており，1972 年に設立した個性力動学財団の副代表としても彼を支えてきたが，ローゼンツァイクが亡くなった 1 年後の 2005 年に他界した。

ローゼンツァイクは 1943 年にピッツバーグの西部公立精神医学研究所の主任心理士として赴任する。この在任期間中にピッツバーグ大学の講師としてパーソナリティ査定についての講義も担当した。またこの間に，ロジャース（Rogers, C. R.）の招聘によってシカゴ大学において「個人の理解」というテーマで講義を行なっている。

　その後 1949 年にセントルイス市にあるワシントン大学の児童クリニックの主任心理士および医学部精神医学の助教授として赴任し，教授を経て 1975 年に名誉教授として退任するまで 26 年間勤めた。なお，この間に個性力動研究財団を創設し，後進の研究者育成にも貢献している。

　ローゼンツァイクは，2004 年の 8 月 9 日に肺炎のために逝去した。享年は 97 歳であったが，同年に自身による個人史が *Journal of Personality Assessment* 誌に掲載されるなど，亡くなる直前まで執筆活動を継続していた。

　家族は，娘のジュリー・ハーンがカリフォルニアの北部にあるサンタ・ローザ短期大学の心理士として定年まで勤めていた。彼女には二人の息子（ローゼンツァイクの孫）がおり，前出の自伝にローゼンツァイク夫妻と一緒の写真が掲載されている（Rosenzweig, 2004）。現在は長男（エリック・ハーン）が外科医になり，二男（ダニエル・ハーン）は生物学者としてフロリダ大学に勤務している。この一家は日本に興味があり，これまで何度か日本を訪問している。

2. 業績

　ローゼンツァイクは，臨床心理学に関する幅広い領域で，さまざまな先駆的研究や提言を行なっている。ローゼンツァイクの主な業績について，彼自身による紹介もあるが（Rosenzweig, 2004），前述のカウフマンが 5 つの領域に分けて紹介しているので，それを参考にしながら業績の概要を述べることにしよう。

① 実験状況における心理的問題

　1933 年に「心理的問題としての実験状況」の論文を発表している（Rosenzweig, 1933）。これは，人を対象にした実験では実験者と対象者との関係が実験結果に影響を及ぼすことを指摘した研究である。この問題はその後，人を対象にした実験の場合に，対象者の実験に対する解釈などが実験結果に影響する「要求特性」や，実験場面で実験者が無意識にとる微妙な行動によって，仮説が予測した方向に実験データがゆがむ「実験者バイアス」として注目されるようになった。

2 心理療法の共通点

　1930年代には精神分析以外にもすでにさまざまな心理療法が行なわれていた。これらの諸技法について，『不思議の国のアリス』（ルイス・キャロル作）に登場するドードー鳥の裁定（動物たちの徒競争の結果，参加者のすべてが勝ったので，みんなに賞金を与えると裁定した）を引用して，心理療法にはさまざまな技法があるが，いずれにもそれぞれが効果をもたらすという見解を示した。心理療法の共通点といってもそれは1つの共通要因ではなくて，さまざまな心理療法がそれぞれの技法の特徴によって異なった効果があるという主張である（Rosenzweig, 1936）。

　なお，イギリスのアイゼンク（Eysenck, 1952）が心理療法の効果に疑問を呈する論文を発表したことはよく知られているが，ローゼンツァイクはそれに反論する論文を投稿している（Rosenzweig, 1954）。

3 精神分析の実験的検証

　大学院に在学中に，フロイトによる抑圧理論に関して，不快な経験と記憶との関連を中心にした実験的研究を行なった。これらの論文の抜き刷りをフロイトへ1934年と1937年に送ったが，それに対するフロイトの返事はあまり肯定的なものではなかったことが報告されている（Rosenzweig, 1986）。

　この一連の研究はP-Fの誕生だけでなく，その後のさまざまな心理学の領域に関する研究へと発展している。精神分析と実験的研究の流れについては「個性力動論の誕生」というローゼンツァイクによる同書で解説されている。

4 フラストレーション研究とP-Fスタディ

　ローゼンツァイクは抑圧の実験的研究のためにフラストレーション状況を条件として取り上げている。そのためにフラストレーションの定義, 種別, 反応分類, 査定, 耐性, 治療などについての理論的・実験的研究を実施している。この実験は，課題の失敗という不快な経験によって，課題についての不快な想起が抑圧されることを実証するものであった。しかし，一部の対象者からは失敗したほうをよりよく再生するという，仮説とは逆の結果を得た。そこから防衛機制が性格によってはたらき方が違うという着想を得た結果，フラストレーション反応を自我防衛型と欲求固執型に分けて査定することを始めたわけである。そういう意味では，仮説通りでなかった実験結果が，P-Fを生むきっかけになったともいえるだろう。

　彼はとくにフラストレーション査定のために考案したP-Fに関して，さまざまなアグレッション・テストに関する問題, 投映法の性質, 投映水準, 行動水準, 判

断基準，投映法の信頼性と妥当性などの諸問題について論じている。とくに P-F に関しては，500 以上の内外の論文を資料として妥当性と信頼性について幅広い検討を行なったローゼンツァイク自身による唯一のまとまった著書である『攻撃行動と P-F スタディ』（Rosenzweig, 1978c）を出版している。

P-F に関してローゼンツァイクは，日本の標準化について高い評価をしており，児童用Ⅲ版までの改訂に際して毎回序文を寄せている。なお，マレーの編纂によるパーソナリティについての多面的な研究をまとめた書籍（Murray, 1938）が出版されているが，その中にはローゼンツァイクによる「抑圧の実験的研究」と「フラストレーションに対する反応型の実験的測定」の 2 編の論文が掲載されている。

⑤ 個性力動論

ローゼンツァイクは精神分析論を基盤としながら，ゲシュタルト心理学などの当時のパーソナリティ理論を参考にして，個人理解のための独自の理論として「個性力動論（idiodynamics）」を提唱している。その概要については 2 章で紹介したが，この理論がどのようにして形成されたかの経緯について，彼自身がまとめた著作がある（Rosenzweig, 1986）。

彼は著名な作家や心理学者たちの考え，感情，行動，業績などがどのような要因によって影響を受け，それぞれの人がどのような生き方をしてきたかという伝記に強い関心があった。精神分析家ではジグムント・フロイト（Freud, S.），アンナ・フロイト（Freud, A.），ユング（Jung, C. G.）などと直接面談もしている。

アメリカの心理学会に大きな影響をもたらした出来事として，クラーク大学創立 20 周年記念事業としてフロイトやユングを招いた講演会がホール（Hall, G. S.）主催で行なわれている。これがアメリカにおける精神分析導入の契機になったわけだが，彼らを招請するまでの経緯，講演会開催中の様子，その後の交流などについての詳細な資料（手紙・日記・新聞記事など）を参照して，ローゼンツァイクは個性力動的立場から分析考察を行なっている。これは，フロイトとユング，ホストとしてのホールやアメリカ心理学の父と呼ばれたジェームス（James, W.）が加わった心理学者たちの交流をとおして，彼らを個性力動的な観点から心理的に分析したローゼンツァイクの生前最後の貴重な著作である（Rosenzweig, 1992）。

3. 学会における活動

1 学術誌の編集

以下の学会誌の編集にかかわっている。

- *Journal of Abnormal and Social Psychology* 編集委員：1950-1956
- *Journal of Consulting Psychology* 編集顧問：1959-1964
- *Journal of Abnormal Psychology* 編集顧問：1965-1967
- *Aggressive Behavior* 編集委員：1974-1990

2 学会の創設

彼は P-F をとおして交流のあった世界各地の攻撃に関心のある研究者に呼びかけて，国際攻撃研究会（International Society for Research of Aggression）の設立に主導的な役割を果たした。1972 年に東京で開催された第 20 回の国際心理学会のときには初代会長として創立集会をもった。ローゼンツァイクはこのとき初めて日本を訪問しており，日本からは P-F 日本版の作成者である林勝造が委員として参加している。なお，学会創設の経緯については学会誌で解説している（Rosenzweig, 1987）。

3 褒章

1985 年にアメリカ心理学会より，臨床心理学分野で顕著な業績のあった研究者として選出され，「優れた科学貢献賞」を授与された。

青木佐奈枝（2008）P-F スタディ　小川俊樹（編）　投影法の現在（pp. 175-184.）　至文堂

Baron, R. A.（1977）*Human aggression*. New York: Plenum Press.

Bell, R. B., & Rosenzweig, S.（1965）The investigation of projective distance with special reference to the Rosenzweig Picture-Frustration Study. *Journal of Projective Techniques and Personality Assessment*, **29**, 161-167.

Clarke, H. J., Rosenzweig, S., & Flemming, E. E.（1947）The reliability of the scoring of the Rosenzweig Picture-Frustration Study. *Journal of Clinical Psychology*, **3**, 364-370.

Duncan, B. L.（2002）The founder of common factors: A conversation with Saul Rosenzweig. *Journal of Psychotherapy Integration*, **12**, 10-31.

Eysenck, H. J.（1952）The effects of psychotherapy: An evaluation. *Journal of Consulting Psychology*, **16**, 319-324.

Haan, N.（1977）*Coping and defending*. New York: Academic Press.

秦 一士（1993）P-F スタディの理論と実際　北大路書房

秦 一士（2007）新訂　P-F スタディの理論と実際　北大路書房

秦 一士（2010）P-F スタディ　アセスメント要領　北大路書房

秦 一士・安井知己（編）（2020）P-F スタディ解説〈2020 年版〉　三京房

秦 一士・安井知己・山田尚子（2008）P-F スタディ児童用における対大人場面と子ども場面の比較　日本心理学会第 72 回大会発表論文集，p.56.

Horney, K.（1937）*The neurotic personality of our time*. New York: W. W. Norton.（我妻 洋（訳）（1973）現代の神経症的人格　誠信書房）

林 勝造（代表）（1987）P-F スタディ解説〈1987 年版〉　三京房

林 勝造・一谷 彊（1976）投影法の基礎的研究：Rosenzweig P-F Study を中心として　風間書房

林 勝造・一谷 彊（監修）（2007）P-F スタディ解説〈2006 年版〉　三京房

堀尾良弘・菊池 直（2007）青少年に対する更生援助の処遇効果に関する検証　愛知県立大学児童教育学科論集，**41**, 19-34.

一谷 彊・津田浩一・飯田美智子・出井康子（1974）登校拒否児の性格と予後（Ⅰ）：Rosenzweig P-F Study にみられる反応様式と予後調査の関係についての検討　京都教育大学紀要，Series, A, **44**, 1-20.

Kaufman, M.（2007）In memoriam: The idioverse of Saul Rosenzweig（1907-2004）*Journal of Psychotherapy Integration*, **17**, 4, 363-368.

Murray, H. A.（Ed.）（1938）*Exploration in personality*. New York: Oxford University Press.

（外林大作（訳）（1962）パーソナリティⅡ　誠信書房）

中山邦夫・矢野英男・松本友子・遠山美那子・福井太一・堀川倫弘・今里貴憲（2010）少年調査実務におけるP-Fスタディの活用　家裁調査官研究紀要，**11**，42-56.

小川俊樹（代）（2011）心理臨床に必要な心理査定教育に関する調査研究　日本臨床心理士養成大学院協議会

Rosenzweig, S. (1933) The experimental situation as a psychological problems. *Psychological Review*, **40**, 337-354.

Rosenzweig, S. (1934) Types of reaction to frustration: A heuristic classification. *Journal of Abnormal and Social Psychology*, **29**, 298-300.

Rosenzweig, S. (1936) Some implicit common factors in diverse methods of psychotherapy. *American Journal of Orthopsychiatry*, **6**, 412-415.

Rosenzweig, S. (1938a) The experimental measurement of types of reaction to frustration. In H. A. Murray (Ed.) *Exploration in personality.* (pp. 585-599.) New York: Oxford University Press.

Rosenzweig, S. (1938b) A general outline of frustration. *Character and Personality*, **7**, 151-160.

Rosenzweig, S. (1944) An outline of frustration theory. In J. M. Hunt (Ed.) *Personality and the behavior disorders.* (pp. 379-387.) New York: Ronald Press.

Rosenzweig, S. (1945) The picture-association method and its application in a study of reaction to frustration. *Journal of Personality*, **14**, 3-23.

Rosenzweig, S. (1950a) Frustration tolerance and the Picture-Frustration Study. *Psychological Service Center Journal*, **2**(2), 109-115.

Rosenzweig, S. (1950b) Levels of behavior in psychodiagnosis with special reference to the Picture-Frustration Study. *American Journal of Orthopsychiatry*, **20**, 63-72.

Rosenzweig, S. (1951) Idiodynamics in personality theory with special reference to projective methods. *Psychological Review*, **58**, 213-223.

Rosenzweig, S. (1954) A transvaluation of psychotherapy: A reply to Hans Eysenck. *Journal of Abnormal and Social Psychology*, **49**, 298-304.

Rosenzweig, S. (1958) The place of the individual and of idiodynamics in psychology: A dialogue. *Journal of Individual Psychology*, **14**, 3-20.

Rosenzweig, S. (1960) The Rosenzweig Picture-Frustration Study, Children's form. In A. I. Rabin & M. Haworth (Eds.) *Projective techniques with children.* (pp. 149-176.) New York: Grune & Stratton.

Rosenzweig, S. (1970) Sex differences in reaction to frustration among adolescents. In J. Zubin & A. Freedman (Eds.) *Psychopathology of adolescence.* (pp. 90-107.) New York: Grune & Stratton.

Rosenzweig, S. (1976) *The Rosenzweig Picture-Frustration Study, Adolescent form.* St. Louis: Rana House.

Rosenzweig, S. (1978a) *The Rosenzweig Picture-Frustration Study: Basic manual.* St. Louis: Rana House.

Rosenzweig, S.（1978b）*Adult form supplement to the basic manual of the Rosenzweig Picture-Frustration(P-F) Study*. St. Louis: Rana House.

Rosenzweig, S.（1978c）*Aggressive behavior and the Rosenzweig Picture-Frustration Study*. New York: Praeger.（秦 一士（訳）（2006）攻撃行動と P-F スタディ　北大路書房）

Rosenzweig, S.（1981a）*Children's form supplement to the basic manual of the Rosenzweig Picture-Frustration(P-F) Study*. St. Louis: Rana House.

Rosenzweig, S.（1981b）*Adolescent form supplement to the basic manual of the Rosenzweig Picture-Frustration(P-F) Study*. St. Louis: Rana House.

Rosenzweig, S.（1986）*The emergence of idiodynamics*. St. Louis: Rana House.

Rosenzweig, S.（1987）The origins of ISRA: Notes from the archives of the international society for research on aggression. *Aggressive Behavior*, **13**, 53-57.

Rosenzweig, S.（1992）*Freud, Jung and Hall the king-maker: The historic expedition to America（1909）* St. Louis, MO: Rana House and Seattle, WA: Hogrefe & Huber.

Rosenzweig, S.（2004）Saul Rosenzweig's purview: From experimenter/experimentee complementarity to idiodynamics. *Journal of Personality Assessment*, **82**(3), 257-272.

Rosenzweig, S., Fleming, E. E., & Rosenzweig, L.（1947）The children's form of the Rosenzweig Picture-Frustration Study. *Journal of Psychology*, **36**, 141-191.

Spache, G.（1950）Differential scoring of the Rosenzweig Picture-Frustration Study. *Journal of Clinical Psychology*, **6**, 406-408.

住田勝美・林 勝造（1956）ローゼンツァイク絵画：欲求不満テスト解説　児童用　三京房

住田勝美・林 勝造（1957）ローゼンツァイク絵画：欲求不満テスト解説　成人用　三京房

住田勝美・林 勝造・一谷 彊（1964）ローゼンツァイク人格理論　三京房

高岸百合子・堀越 勝・勝田浩章（2014）反犯罪性思考プログラムの受講が受刑者の怒りの統制と問題解決法に与える影響：認知行動モデルによる一般改善指導の効果の検討　犯罪心理学研究, **52**, 31-45.

安井知己・秦 一士（2013）P-F スタディ児童用における結合スコアの発達的変化　甲南女子大学心理相談研究センター紀要, **5**, 61-74.

Index 人名索引

Index　事項索引

著者略歴

秦 一士（はた・かずひこ）

1961年　広島大学教育学部心理学科卒業
1977年　広島大学大学院教育学研究科博士課程単位取得退学
現　在　甲南女子大学名誉教授・博士（心理学）

［著書］

　心理アセスメントハンドブック（共著）　西村書店　1993
　攻撃の心理学（共編訳）　北大路書房　2004
　攻撃行動とP-Fスタディ（訳）　北大路書房　2006
　新訂　P-Fスタディの理論と実際（単著）　北大路書房　2007
　P-Fスタディ解説〈2020年版〉（共編著）　三京房　2020

P-Fスタディ　アセスメント要領［第2版］

2024年5月20日　初版第1刷発行

著　　者　　秦　　　一　　士

発行所　　㈱北大路書房

〒603-8303　京都市北区紫野十二坊町12-8
電話代表　（075）431-0361
ＦＡＸ　（075）431-9393
振替口座　01050-4-2083

Printed in Japan
ISBN978-4-7628-3253-6

ⓒ 2024
編集・デザイン・装丁／上瀬奈緒子（綴水社）
印刷・製本／（株）太洋社